卿本好局憾未酬

隋炀帝传

丁振宇 著

远方出版社

图书在版编目（CIP）数据

卿本好局憾未酬：隋炀帝传／丁振宇著. —— 呼和浩特：
远方出版社，2019.3

（"观史明智"传记丛书）

ISBN 978 - 7 - 5555 - 1199 - 1

Ⅰ.①卿… Ⅱ.①丁… Ⅲ.①隋炀帝（569 - 618）- 传记

Ⅳ.①K827 = 41

中国版本图书馆 CIP 数据核字（2019）第 037397 号

卿本好局憾未酬：隋炀帝传
QINGBENHAOJU HANWEICHOU：SUIYANGDI ZHUAN

著　者	丁振宇	
责任编辑	孟繁龙	
责任校对	秋　藏	
封面设计	刘红刚	
版式设计	赵艳霞	
出版发行	远方出版社	
社　址	呼和浩特市乌兰察布东路 666 号　邮编：010010	
电　话	（0471）2236473 总编室　2236460 发行部	
经　销	新华书店	
印　刷	北京市艺辉印刷有限公司	
开　本	170mm × 240mm　1/16	
字　数	260 千	
印　张	18	
版　次	2019 年 3 月第 1 版	
印　次	2019 年 3 月第 1 次印刷	
印　数	1—3 000 册	
标准书号	ISBN 978 - 7 - 5555 - 1199 - 1	
定　价	48.00 元	

如发现印装质量问题，请与出版社联系调换

【序　言】

在中华民族 5000 年的历史长河中，历朝历代的皇帝占据了重要地位，是当时影响国家及民族发展的关键人物。研究他们的功过是非，对现代人具有重要的借鉴意义。

本书的主人公杨广是隋朝的第二个皇帝，在中国历史上被称为隋炀帝。他是一个亡国之君，炀帝是他死后唐朝给他的谥号。《逸周书·谥法解》里说："去礼远众曰炀，好内远礼曰炀，好内怠，政曰炀。"意思是说，这个人骄奢淫逸、不遵礼法，品行恶劣、道德败坏，可以说是评价最低的一个谥号。

隋炀帝臭名昭著，千百年来可谓家喻户晓。清代思想家王夫之提起炀帝，干脆书曰"逆广"，野史小说更把荒淫的炀帝称作"色中饿鬼"。

炀帝的事迹多见于《隋书》的其他传、志。司马光编著的《资治通鉴》按时间顺序记述了炀帝少年为帅、立为太子、北伐突厥、西巡西域、东征高句丽、南游江都以及江都被杀等事迹；至于《隋书·炀帝帝纪》，纯粹是干巴巴的流水账，可取之处是记载了炀帝所下的一些诏书，可以从中窥见炀帝治政的思想和攻伐的意图。

不过，史书的记载也不完全可靠。《隋书》由唐太宗敕诏秘书监魏徵主编，编撰者大多是由隋入唐的文士，对炀帝的事迹耳闻目睹、亲身经历，可谓知之甚清，修史态度也十分认真。但他们作为唐朝的忠实臣子，动不动就宣言"亡隋之辙，殷鉴不远"，主编魏徵更是参加过推翻炀是"以隋为鉴"，修史者主观上的政治倾向可谓根深蒂固。他们站在官方立场上，极力突出炀帝的荒淫昏暴，标榜李唐的无量功德，因而在修史材料的取舍上可能会有意无意地偏离史实，并且对炀帝抱有某种政治偏见。而炀帝的个性也着实让传统史家排斥：刚愎自用，不善纳谏，不肯安分守己，热衷于革新。这种情况在二十四史中十分常见，毕竟任何史官都做不到完全客观，所有史书都只是从某一方面记载而已。

那么，我们从另一个角度去看，会看到什么呢？炀帝又是一个怎样的人呢？

百家讲坛主讲人蒙曼评论炀帝说："他是大暴君，只是暴君不是昏君，隋炀帝虽然无德，但是有功。只是他的功业没有和百姓的幸福感统一起来……罪在当代，利在千秋，这才是隋炀帝的最大问题。"

本书以炀帝的一生为主线，从其家族渊源入手，系统地介绍炀帝一生的沉浮、性格特点、历史功绩。在语言风格方面，本书摒弃严肃、枯燥、干巴巴的"讲授"形式，以更为细腻、更加精练、更加活泼幽默的语言，全面展现隋炀帝的一生。

"以古为镜，可以知兴替；以人为镜，可以明得失。"历史是一本活生生的教科书，了解帝王的传奇人生，研究他们的功过是非，可以给予我们借鉴和警醒。希望读者从中可以得到自己需要的东西。

目　录
Contents

第一章　大隋序曲

一、军功世家

南北朝后期，中国在经历长期的分裂战乱之后，出现了三个王朝，即北周、北齐、陈。北周天和四年（569 年）的一天，北周贵族武将杨坚的家中，一个新的生命呱呱坠地，这便是他和夫人独孤氏的次子，也就是后来的隋炀帝杨广。

据史书《隋书·高祖记》中记载，杨家祖籍为弘农华阴（今陕西渭南市华阴市），往上数 14 代，其先祖是东汉太尉杨震，和汝南袁氏同为东汉世代冠冕之家，"四世三公"，算是当时汉魏头号氏族大家。从杨广往上数 5 代，其高祖名叫杨惠嘏，是平原太守，其子杨烈承袭父位，仍然是平原太守。杨烈的儿子杨祯，也就是杨广的曾祖父，做过北魏的宁远将军。杨广的祖父杨忠出生于北魏正始四年（507 年），魁梧雄壮，武艺绝伦，见识广，气量大，有将帅之略。杨忠 18 岁时外出游览泰山，刚好遇见南朝梁攻下该地。梁军将领见杨忠气度不凡，便将他抓起来带到了江南，从此杨忠开始了他那辉煌的军旅生涯。时逢北魏上层腐败严重，导致六镇将士造反。六镇是北魏的边城，是防御柔然①南

---

① 柔然：公元 4 世纪后期至 6 世纪中叶，在蒙古草原上继匈奴、鲜卑等之后崛起的部落制汗国，最高统治部落（可汗郁久闾氏本部）为鲜卑别部的一支。主要游牧范围大体为今蒙古国全境、俄罗斯联邦贝加尔湖地区，西面可达阿尔泰山西麓，东面至额尔古纳河西岸地区，核心区在今蒙古国。

侵的一道屏障，当时的守兵全部是鲜卑族强宗子弟。他们本来忠于职守，使得边境稳定，人民安居乐业，但孝文帝迁都洛阳后，随他同去新都的人都跟着富裕起来，成为汉化的贵族，而留守边镇的鲜卑将士的生活却十分贫寒。如此两极分化的现象，引起了边镇将士的强烈不满，于是便出现了从北魏孝明帝正光四年（523 年）到孝武帝太昌元年（532 年）长达 10 年的内乱局面。北魏孝昌四年（528 年），南朝梁武帝见北魏内乱不止，觉得有机可乘，决定扶植一个傀儡皇帝，以便染指北方，于是命大将陈庆之率 7000 人，护送降梁的北魏北海王元颢①去洛阳争夺帝位。这年十月，陈庆之奉命北上，于次年五月前一举攻下北魏 32 座城池，先后打了 47 场胜仗，顺利护送元颢进入洛阳。当时杨忠就在这支队伍里面，因为作战勇敢，多次立功，被元颢封为直阁将军，即皇帝身边的侍卫官，时年 23 岁。不久，北魏丞相尔朱荣派侄子尔朱兆、大将贺拔胜率军反攻洛阳，梁军大败，元颢在逃跑途中丧命，陈庆之化装为僧人只身逃回江南，杨忠则成了北魏的俘虏。尔朱荣的族弟尔朱度律看到杨忠身材魁梧、相貌出众，又武艺高强，认为是个不错的人才，于是便将他留在自己帐下，当了一名将佐。

北魏永安三年（530 年），随着北魏内部的叛乱基本平定，朝政大权也逐渐落入尔朱荣之手。为了更好地控制皇权，他把自己的女儿安排到孝庄帝的身边做皇后。孝庄帝对此忍无可忍，与中书舍人温子昇设计将尔朱荣及其随从杀死在宫中。尔朱兆侥幸逃脱，在太原扶持元晔②为皇帝，随后与尔朱度律一起率兵攻打洛阳，要为叔父报仇，当时杨忠在尔朱度律部下当一名统军。大军长驱直入，很快就攻陷洛阳，活捉孝庄帝回晋阳绞杀。杨忠因功被留在洛阳，封为昌县伯，授任都督，另封小黄县伯。

---

① 元颢（约 494—529 年）：字子明，河南洛阳人，北魏宗室，魏献文帝拓跋弘之孙，曾借助南梁军之力在睢阳登基称帝，立国三个月，兵败被杀。

② 元晔（509—532 年）：北魏第 11 位皇帝，中山王元英弟弟的儿子，也是尔朱荣的妻侄。在位四个月，年号建明。后被高欢毒死。

北魏永熙二年（533 年），高欢①奉命率军攻打尔朱家族，杨忠和贺拔胜在一次战斗中兵败被俘，投降了高欢。因为消灭尔朱家族有功，高欢渐渐掌握了北魏的朝政大权。孝武帝对此十分不满，暗中派荆州刺史贺拔胜和雍州刺史贺拔岳兄弟二人除掉高欢。杨忠于是又跟随贺拔胜去攻打高欢，被编在独孤信帐下，攻克南朝梁的下溠戍，平定南阳，多次立功。从此，杨忠和独孤信成为一生的挚友，也为两家联姻和隋朝的建立打下了基础。

独孤信本名独孤如愿，其先祖世代为部落大人，到他父亲的时候，成为领民酋长②，家居武川。北魏孝昌元年（525 年），独孤信与贺拔度一起杀死卫可孤，只身逃到中山，投到葛荣帐下。北魏孝昌四年（528 年），葛荣被尔朱荣打败，独孤信又投降尔朱荣，成为一名别将。之后他跟随尔朱荣东征西讨，在征战韩娄时，他单骑擒获渔阳王袁肆周，立下战功，被封为员外散骑侍郎，不久改任骁骑将军，镇守滏口③。元颢进入洛阳后，独孤信奉尔朱荣之命为前锋，与元颢军在黄河北作战并获胜，因功被封为安南将军，赐爱德县侯。

独孤信性格豪爽、为人仗义，而且身怀奇谋大略，和杨忠非常相似，因此二人一见如故。后来，北魏分裂为东魏、西魏，杨忠跟随独孤信加入西魏阵营，与高欢控制的东魏军队作战。

北魏永熙三年（534 年），孝武帝决定离开洛阳到长安，杨忠和独孤信带兵护送其到潼关，得知荆州已经失守，贺拔岳被侯景④打败。于是，孝武帝任命独孤信为都督三荆诸军事、尚书右仆射、东南道行台、大都督、荆州刺史等职，率军收复失地。荆州土族首领听说朝廷大军到

---

① 高欢（496—547 年）：字贺六浑，东魏权臣，专擅东魏朝政 16 年，北齐王朝奠基人，史称北齐神武帝。

② 领民酋长：官名，由依附其政权的少数民族首领担任，可世袭。北齐沿置。

③ 滏口：中国古隘道，即滏口陉，太行八陉之一。位于今河北省邯郸市峰峰矿区。

④ 侯景（503—552 年）：字万景，朔州（今山西朔州）人，羯族。剽悍好武，不良于行，擅长骑射，曾发动“太清之乱”，屠戮门阀世家。大宝二年（551 年）篡位为帝，建立汉国，后为部下所杀。

来，积极响应，攻破忻城。当时中国再一次出现了由南北对峙转化为东魏、西魏、南朝梁三国鼎立的局面，忻城归荆州管辖。东魏的荆州刺史见自己的地盘发生叛乱，不顾部下劝阻，执意派兵前去平叛，结果被独孤信打败。随后，东魏派一名太守带领土族人在独孤信前往忻城的路上拦截，另派人堵住他的后路，形成前后夹击之势。独孤信跟手下分析说："现在我军不满千人，又首尾遇敌，如果掉头攻打后面的敌军，前面的敌人必定以为我们败退而穷追不舍。不如勇往直前，打败前面的敌人，后面的敌人将不攻自破。"果然，前面的敌人被独孤信打败，接着他乘胜追击，直取荆州。荆州太守匆忙应战，只几个回合便败下阵来，向城内撤退。独孤信一声号令，杨忠即率前锋发起进攻，他攻到城门下，冲着慌乱关闭城门的东魏士兵大吼道："大军已到，城内又有我军内应，尔等想活命的还不快逃！"守城将士不知真假，果然四处奔逃，独孤信就此占领荆州。然而，仅仅过了半年，东魏大军便卷土重来，荆州再次易手，独孤信带领杨忠投奔南朝梁。梁武帝萧衍①认为杨忠是个难得的奇才，任命他为文德主帅。

西魏大统三年（537 年），杨忠与独孤信回到西魏都城长安，西魏丞相宇文泰看到杨忠勇猛非常，心中喜爱，便将他留在自己身边。有一次，杨忠跟随宇文泰到龙门打猎，忽然一只猛虎向宇文泰袭来，情急之下，杨忠以身体挡在宇文泰面前，左手紧抱兽腰，右手拔出兽舌，在其他侍卫的协助下将老虎打死，救了宇文泰一命。宇文泰对他非常感激，也赞赏他的勇猛，便把北方人对猛兽的称呼"揜于"作为他的表字。

同年，杨忠跟随宇文泰作战，捉拿高欢部下大将窦泰，在沙苑之战大破东魏的军队，升任征西将军、金紫光禄大夫，晋封襄城县公。西魏大统四年（538 年）河桥之战时，杨忠与 5 位壮士奋力作战，守卫桥梁，敌军最终不敢前进，之后杨忠被授任左光禄大夫、云州刺史，兼任

---

① 梁武帝萧衍（464—549 年）：字叔达，南北朝时期梁朝的建立者，出身兰陵萧氏，为西汉相国萧何第 25 世孙。博通文史，"竟陵八友"之一。

大都督。后来，杨忠与李远击败黑水一带的稽胡①，并同怡峰解除玉壁②之围，改任洛州刺史。西魏大统九年（543年）邙山之战③时，杨忠率先冲锋陷阵，被授任大都督，升任车骑大将军、仪同三司、散骑常侍，他的母亲盖氏也因此被朝廷追封为北海郡君。

因为杨忠在南朝梁待过很长时间，非常熟悉那里的情况，宇文泰便派他负责河南、湖北一带的防务。侯景之乱后，下溠城（今湖北随州市西北）守将马伯符投降西魏。宇文泰派杨忠都督荆襄等10州军事，镇守穰县（今河南邓州）。在马伯符的带领下，杨忠趁乱占领南朝梁的城池。西魏大统十六年（550年），杨忠在湖北安陆打败梁朝刺史柳仲礼，并笑纳了他奉送的大量金银财宝，带他回到朝中。不料柳仲礼在宇文泰面前告了杨忠一状，幸好宇文泰念及杨忠功高，不予追究。次年，杨忠又奉命攻打西陵，同样得到大量财宝。因为有前车之鉴，他将俘虏全部杀掉。

西魏恭帝元年（554年）十月，梁朝派于谨前去攻打江陵，杨忠负责截断敌人的后路，结果大获全胜。之后，萧察④登基，建立后梁，杨忠再次奉命镇守穰城，与西魏遥相呼应。

北周明帝二年（558年）三月，杨忠奉命镇守蒲坂⑤，接到东魏大将军司马消难投降的请求，当即与大将达奚武率5000兵卒前去接应。他们从小路深入敌后500里，前后派出三批使者也没能与司马消难接上头。此时距离司马消难所在的城池仅30里，达奚武担心有诈，建议退兵，但遭杨忠拒绝。杨忠独自率千余人在前面探路，沿途路两旁都是峭

---

① 稽胡：古族名，又称山胡、步落稽，源于南匈奴。南北朝时居住在今山西、陕西北部方圆七八百里的山谷间，以农业生产为主，辅以蚕桑，与汉人杂处。

② 玉壁：南北朝时军事重镇，处东魏和西魏扩展势力、向对方进发的咽喉要道。

③ 邙山之战：西魏与东魏之间的一场战役，其导火索是高敖曹的哥哥高仲密以北豫州投降西魏，更深层的原因则是高欢的儿子高澄贪色。

④ 萧察（519—562年）：字理孙，梁武帝萧衍之孙，南北朝时期西梁（后梁）皇帝，西梁政权的建立者。

⑤ 蒲坂：在今山西永济，扼蒲津关口，当秦晋要道，是古河东地区的政治、经济、文化和军事中心。

壁，可以清晰地听到东魏军营打更的声音。达奚武再次找到杨忠进行劝阻，杨忠仍然拒绝，坚持来到城下。达奚武无奈，只好独自撤退。司马消难得知杨忠到来的消息，派人悄悄打开城门，杨忠率兵入城，又派人告诉已经撤退的达奚武，让他回师接应。但达奚武心怀疑虑，没有返回。杨忠无奈，只好让司马消难带着一些财物悄悄撤退，自己率3000人断后。队伍过了洛水，杨忠命令将士就地休息。这时，北齐兵追赶过来，将士们惊慌失措，杨忠却不慌不忙地说："大家不要害怕，这里是死地，北齐军不敢过河与我们交战。"北齐军来到河边，果然停住不敢前进，杨忠带领队伍从容地撤退而去。

明帝武成元年（559 年），杨忠被封为随国公，并为儿子杨坚娶到独孤信的女儿独孤伽罗为妻，和独孤信成了儿女亲家。同时，明帝宇文毓①也纳独孤信的长女为皇后，因此，杨忠又和皇室攀上了亲戚，被加封为上柱国、大将军、大司空，成为西魏的勋臣，位高权重，为子孙后代开创了美好的前程。

二、不祥之兆

杨忠去世第二年，他的孙子杨广便降生了。大凡一个皇帝出生，民间总会有一段关于他的神话般的传奇故事，杨广也一样。据说他降生的那一天，原本碧空万里的长安城上空突然降下赤亮的红光，笼罩在随国公府邸上方，灿烂夺目。府中人惊奇不已，纷纷驻足观看，又忽然听到从那片红光之中传来一阵响亮的婴儿啼哭声。同时，京城内外的牛马牲畜也跟着嘶鸣不止，不久，杨广便降生了。这奇异的天象预示着杨广将来不是凡人。

除了天降红光之外，杨广的母亲独孤伽罗在临盆前也做了一个奇怪

---

① 宇文毓（534—560 年）：字统万突，北周王朝第二位皇帝，北周文帝宇文泰庶长子，宽明仁厚，博览群书。后为权臣宇文护所害，年仅 27 岁。

的梦。她梦见一条龙从自己的肚子里破体而出，在 10 余里高的天空中盘旋了一阵，突然落下来，发出一声天崩地裂般的炸响，杨家紧跟着房倒屋塌，眨眼间便成为废墟。独孤伽罗惊恐万分，尖叫一声醒了过来。当时杨坚正守在妻子身旁，十分不解地问妻子怎么了，独孤伽罗遂将梦中情景讲给他听。杨坚认为妻子的梦为不祥之兆，忧心忡忡地说："恐怕将来败家的必定是此子！"

尽管如此，儿子的出生还是给杨家带来了喜悦。杨坚夫妇都是虔诚的佛教徒，尤其是独孤氏——她的名字伽罗就是取自梵语，为香炉木或沉香木之意——从此更是日日烧香，求菩萨保佑，并且给儿子取了个佛名阿麽，即梵语中女子的美称。这一是因为杨广出生时面容圆润俊美，有几分观音菩萨的长相；二是希望儿子长大以后能得到大慈大悲的菩萨保佑。

阿麽慢慢长大了，英俊潇洒之中又带有几分女子的秀气，深得杨坚夫妇喜爱，于是他们又给儿子取了个学名叫杨英。

后来之所以改名为杨广，是因为杨坚登基称帝后分封诸子，封杨英为晋王，这时有臣下上奏说："千人之秀为英，故英字为布衣之美称，却非皇子之嘉名。况且，关中一般将杨字发赢音，把英字读为殃。杨英，同赢殃，因此晋王名字当改。"杨坚觉得言之有理，便将杨英之名改为杨广。

杨广聪慧过人，又勤学好问，10 岁时即对天文、地理、技艺、术数，甚至医学无不通晓，尤其对前朝史书、文学诗赋更为钟情。此外，他还特别会察言观色、随机应变，能在父母不高兴时哄他们开心，在父母发怒时又温顺乖巧。正因为如此，在兄弟五人中，杨广最受父母宠爱。

一天，杨坚从外面回来，看到杨广正依偎在独孤氏怀中撒娇，心中莫名产生了一阵醋意，拉过儿子问："阿麽，告诉爹，你最喜欢的人是谁？"杨广却出乎意料地答道："胡亥！"

杨坚没想到儿子会说出这样离奇的话来，不由得大吃一惊，一团怒火也紧跟着冲上头顶，冲着儿子大喝一声道："逆子，喜欢谁不可以，为何偏偏喜欢胡亥！"

杨广看到父亲生气了，急忙低下头不再吭声。杨坚见状，心又软了下来，想到儿子年龄尚小，不知道胡亥是什么样的人，只不过随口说说罢了，于是又和颜悦色地说："我儿生得一副富贵之相，又如此聪明，怎么能与胡亥相提并论，将来一定大有出息！"

话虽如此，从此杨坚夫妇心中总有一种不祥的预感，对儿子的教诲更加严格了。多年以后，杨广当上了皇帝，正应了他儿时的一句戏言，以秦二世胡亥为榜样，甚至有过之而无不及，将好好的大隋江山弄得一塌糊涂，最后拱手送给李家父子，自己则身死异乡。正如说书人道："将一座锦绣江山，只为着两堤杨柳丧尽；把一所金汤社稷，都因那几只龙舟看完。一十三年富贵，换了百千万载臭名。"

三、北周宫廷政变

杨广出生时，中国历史上又一次出现了北周、北齐、陈三国鼎立的局面，同时还有一个名存实亡的后梁政权。正所谓天下大势，分久必合，天下一统的序幕已经拉开，而拉开这一序幕的是北周武帝宇文邕。

宇文邕的上位，有赖于他的堂兄宇文护。宇文护，小字萨保，是北周文帝宇文泰长兄宇文颢的第三子，曾经跟随宇文泰与东魏交战，屡立战功，又与于谨南征梁朝江陵。西魏恭帝三年（556年），本想夺取元氏政权自立为帝的宇文泰在北巡途中因病去世。因诸子年幼，宇文泰遗命宇文护掌管朝政。宇文护按照叔父的遗愿，推宇文觉取代西魏，称周天王（闵帝），建立北周。宇文护为大司马①，被封为晋国公。此后，宇文护专政，三年内连杀宇文觉、拓跋廓。楚国公赵贵、开国元勋独孤

---

① 大司马：古官名，西汉武帝时罢太尉置大司马，常授于掌权的外戚。南北朝时或置或不置，北朝魏、齐的大司马与大将军并称"二大"，位居三公之上，掌武事。

信对此十分不满，暗中策划除掉宇文护，不料消息走漏，反被宇文护杀死。之后，北周政权稳定下来，宇文护又自任大冢宰，拥立宇文泰庶长子宇文毓为帝，是为北周明帝。明帝好学有识，但十分畏惧宇文护。明帝武成二年（560 年），宇文毓又被宇文护派人毒死，改立宇文泰第四子宇文邕为帝。宇文邕时年 17 岁，形同傀儡，大权实归相府。

当时，杨广的祖父杨忠幸得于谨重用，多次率兵出征，屡立战功，成为北周最有声望的统帅。宇文护重用相府僚属，但杨忠看出宇文护不安其位，为了保持自己武将的名节，他一直不肯依附宇文护。因此，武帝宇文邕多次想提拔杨忠为太傅，但都遭到宇文护反对。

武帝聪明有远识，他深知宇文护势力强大，自己短时间无力对抗，为了保全自己，他将对宇文护的不满深深地隐藏起来，诏称："大冢宰晋国公，亲则懿昆，任当元辅，自今诏诰及百司文书，并不得称公名。"在诏书之中不称晋国公宇文护之名，可见武帝对宇文护暂时"尊崇"的程度。宇文护的母亲被北齐俘虏长达 35 年，放回北周后，武帝给她的赏赐极尽奢华。每到四时伏腊，武帝还亲自率领皇族亲戚向宇文护之母行家人之礼，被称为"觞上寿"，以此竭力奉承，博得宇文护的欢心。武帝表面上的屈从，使宇文护放松了对他的戒心，没有像对宇文觉、宇文毓那样对待他。但是，宇文护仍然专横跋扈，时时暗中要挟武帝，总想取而代之。

武帝当然不愿意就这样当一个傀儡皇帝，处处受到宇文护的制约，他暗中积蓄力量，等待时机除掉宇文护。北周天和七年（572 年），一场影响北周政局及杨氏家族命运的宫廷政变发生了。

这天，宇文护从同州（今陕西大荔）回到长安，武帝在文安殿接见他后，又按以往规矩引其入含仁殿朝见皇太后。为了表示对宇文护的尊崇，武帝在宫禁中接见宇文护时，一直是以家人之礼取代君臣之礼，免去跪拜叩首的仪式。

一路上，武帝表面从容淡定，心里却一直在想一会儿如何拖住宇文护。这次行动绝不容许出现任何差池，但愿一切顺利才好。

宇文护眼明心细，武帝眼中掠过的那丝疑虑没有逃过他的眼睛，于是问道："陛下心中可有忧愁之事？"

武帝急中生智，按事先的计划叹了口气说："太后近来脾气一直不大好，每日饮酒过甚，朕十分担心太后的身体。"

宇文护豪爽地说："这有何难，正好一会朝见太后，我会好好劝劝她的。"

武帝趁机给旁边的宦官何泉使了个眼色。何泉会意，连忙将怀中的《尚书·酒诰》递给武帝。武帝一脸诚恳地对宇文护说："甚好！朕正有此意，不如堂兄替朕在太后面前诵读《酒诰》，再对太后好言相劝，这样太后一定会欣然接受。"

宇文护早已对武帝放下戒心，因此并未警觉。觐见太后时，他按武帝的意思向皇太后慢慢诵读《酒诰》，劝太后戒酒，爱惜身体。《酒诰》尚未读完，武帝突然拿起玉珽朝宇文护的后背砸去，宇文护猝不及防，被打倒在地。武帝见状，忙命令何泉说："快，把他的头颅砍下来！"

宇文护虽然倒地，但并没有死，他一边挣扎着想要爬起来，一边冲何泉怒斥道："我……乃大冢宰，谁敢动我！"

何泉因为长期以来对宇文护极为恐惧，一时慌乱，双手竟用不上力，加上宇文护甲胄在身，以至于砍了几下，宇文护仍毫发未损。

这时埋伏在户内早已按捺不住的卫王宇文直冲了出来，一把拉开何泉，骂了一声："没用的东西！"说完对着宇文护连砍数刀，将其斩首。

由于武帝谋划缜密，宇文护被顺利地除掉，没有引起宫乱。随后，武帝召宫伯①长孙览等告谕百官，宣布宇文护的罪状，收斩宇文护诸子及其私信党羽，大赦天下，改元建德。

武帝诛权相宇文护成功，对杨氏家族产生了很大影响。宇文护专政时排除异己，诛杀功臣，杨广的外祖父独孤信因反对宇文觉继位也被迫

---

① 宫伯：官名。掌侍卫之禁，为宫内侍卫之长，管理充当宿卫的贵族子弟，依功过行赏罚。

自杀，父亲杨坚嗣位大将军，也受到猜忌。宇文护几次想加害于他，多亏大将军侯伏、侯寿等匡护才得以免祸。武帝亲政后，下令恢复独孤信等功臣的名誉，并重用功臣勋贵子弟，杨坚的地位自然也得到了提升。

建德二年（573年）九月十九日，杨坚的大女儿杨丽华嫁进宫里，成为太子宇文赟的妃子，这是杨氏家族的一件大事。从此，杨坚成了武帝的亲家，武帝对他"益加礼重"，尽管杨坚没有突出的功绩，但政治地位扶摇直上。

杨坚的大女儿杨丽华嫁进宫那年应该是14岁，杨广这一年则是6岁，因为姐姐的关系，他和哥哥杨勇经常进宫玩耍。不过，宫廷内外对杨坚是否忠诚于周室的怀疑从来没有彻底消除，齐王宇文宪是武帝的异母弟，他有一次提醒武帝说："普六茹①坚相貌不凡，我每次见他都会发怵，恐怕他不会久居人下，还是早点除掉才好。"武帝认为这种话缺少根据，就引证相士的话说："杨坚顶多也就是个将军。"王轨②受武帝托付教育太子，他也经常在武帝耳旁念叨说："太子没有继承皇位的能力，普六茹坚又是一副反相。"对于这种话，武帝听了自然很不舒服，冷冷地说："命该如此，这又有什么办法。"这些话传到了杨坚耳中，为免惹祸上身，他做事更加谨慎了。

四、攻灭北齐

值得一提的是，北周武帝的确是一位具有雄才大略的英明皇帝，他的志向是"平突厥，定江南，一二年间，必使天下一统"。为此，他亲政后即开始整饬内政，积极准备讨伐北齐。

因关陇地区地瘠民贫，武帝重申均田令，很多青壮年"假慕沙门，实避调役"，出家当了和尚。他们不纳租调，编户齐民的赋役负担加重，

---

① 普六茹：杨坚的鲜卑姓氏。

② 王轨（？—579年）：太原祁人，北周名将，官至上大将军，封郯国公。智勇双全，颇有远见，曾劝周武帝改立太子，后被周宣帝杀害。

佛教寺院已成为国家的大蠹。北周建德三年（574 年）五月，为了尽早完成自己的宏图伟业，武帝毅然下诏废佛，所谓"求兵于僧众之间，取地于塔庙之下"，将百万僧侣以及依附于寺庙的僧祇户、佛图户编为均田农民，青壮年则编入军队；境内的佛教寺庙、铜像、赀产及土地全部收为国有，充作伐齐军费。

此时的北齐政治日益败坏，朝廷对于聚敛无厌、淫虐不已的鲜卑勋贵从来不加限制，民怨沸腾，皇室内部争权夺利，上层统治阶级中鲜卑族与汉族之间汉化与反汉化的矛盾错综复杂。北齐天统四年（568 年）十二月初十，32 岁的武成帝高湛驾崩，高纬即位，封乳母陆令萱为女侍中。高纬是一个地道的昏君，无能且荒淫，朝政大权落入陆令萱、和士开、高阿那肱、穆提婆、韩长鸾等佞幸小人手中，这些人勾引亲党、贿赂公行，致使北齐狱讼不公、官爵滥施。朝廷内部门阀关系盘根错节，一时之间，奴婢、太监、娼优等都被封官晋爵。天下开府一职的官员达到 1000 多人，仅同官职难以计数，仅领军就增加到 20 人。由于人员冗杂、职权不明，凡事互相推脱，结果朝廷下达的诏令、文书无人能懂，无人执行，20 个领军都是在文书上照葫芦画瓢写个"依"字便扔到一边。当时流行的一首童谣说"黄花势欲落，清觞满杯酌"，从中可以看出北齐的混乱及高纬的昏庸。

腐朽的北齐政权摇摇欲坠，后主高纬荒淫无道，导致北齐军队衰弱、政治腐败。最致命是他诛杀名将高长恭、斛律光，使得北齐失去了可以抗击北周侵略的杰出将领。

北周建德四年（575 年）七月，北周武帝宇文邕调集 18 万大军，伺机东征，并任命随国公杨坚率领一支 3 万人的舟师由渭水入黄河，打算一举攻占洛阳。北齐右丞相高阿那肱率兵支援，迫使北周军受阻于河阳北城（今河南孟县），又适逢宇文邕染疾，北周军暂时退兵。高纬等人可能觉得北周不会再来攻打，于是和冯小怜、高阿那肱等人又继续玩乐。

北周建德五年（576 年）十月三日，北周再度出师征讨北齐，他们避开河洛一带集结的北齐精兵，改入山西。宇文邕亲统步骑 14 万人，直指平阳（今山西临汾市西南），二十七日占领平阳。平阳危急的时候，高纬正与淑妃冯小怜在距平阳 170 里的三堆天池打猎。从早晨至中午，探马三次来报边境战事紧急，都被权臣高阿那肱扣下不报，他还振振有词地说："皇上正玩得快活，不要打扰皇上的兴致。边境小小战事不足为虑，何必来报！"

待平阳城陷落的消息传来，高纬想提早回晋阳城，冯淑妃却"请陛下再杀一猎"，高纬不忍败了她的兴致，遂顺从地留了下来。

高纬回到晋阳后，即调集六镇鲜卑主力 10 万多人来争夺平阳。北齐军队围住平阳城，猛攻了一个月均未取下，士气逐渐衰退。十二月初，宇文邕又集结 8 万主力，与北齐交锋于平阳城南。本来一场规模较小的战斗一下子变成了周齐的主力对决。

此时，周军内部一片求战之声，北齐内部却战和不定，意见冲突。高纬询问大臣们的意见，但诸大臣商讨了半天依旧没有得出一个明确的结果。高纬心中恼怒，冲着大臣们喝道："朕要你们有何用！"

朝堂上大臣们你看看我，我看看你，交头接耳，谁都不敢再上前讲话。高纬起身一边来回急走，一边冲着大臣们催问道："是战是和，你们倒是出个主意啊！"

这时，一个颧骨横突、长着三角眼的大臣瞥了瞥左右两旁的同僚，心想是战是和皇上脸上不都明摆着吗，于是走上前说："臣以为，一定要战！敌人远道而来，我们怎么能守堑示弱呢？陛下应该鼓舞士气，出堑迎战，趁现在敌军松懈之际，打他们一个措手不及！"

这显然是一个愚蠢的建议，但高纬却欣然纳之，还赞赏道："爱卿言之有理，不能让那嚣张小儿小瞧了朕！"

本来宇文邕就想进攻，只是苦于齐军广设地堑，阻挡了进攻的道路。现在北齐军自己填了地堑，为北周清除了进攻的障碍，宇文邕大喜，立刻向北齐发起攻击。高纬不懂兵阵，又贪生怕死，被吓得落荒而逃。北齐军阵脚大乱，连战皆溃，伤亡惨重，"军资甲仗，数百里间，委弃山积"。高纬见大势已去，赶忙禅位给 8 岁的儿子高恒，自称太上皇，准备逃往南陈，不料途中被北周追兵俘获。北周建德六年（557年）正月，北周攻破邺城（今河北临漳），北齐灭亡。

在平定北齐的战争中，杨坚的弟弟杨整不幸战死沙场，杨坚被授予柱国将军，但经过宇文护的专权，这个位子已经不像宇文泰时期那样重要了。北齐灭亡这一年，杨坚被派到河北定州当总管。传说定州的西门从来没有被打开过，北齐宣帝时为了便利交通，有人建议将西门打开，但宣帝却说这门是要由圣人来开启的。而杨坚到定州就是从西门进入的，于是这件事成了隋文帝拥有天下的先兆。

北周建德七年（578 年）五月，宇文邕率兵攻打突厥，出发才五天他便感到身体不适，只好停留在云阳行宫。三天后，他下令各路大军停止前进，并紧急召唤宇文孝伯前来，说自己的病已经回天乏术，并把后事托付给宇文孝伯。宇文孝伯按照宇文邕的指示，统领皇家卫队，负责京师警卫。第二天，宇文邕的病进一步恶化，在宇文孝伯的护卫下赶回长安，当天夜里就在半路去世了，时年 35 岁。一代天骄忽然逝世，统一中原的伟业也就此告一段落。

随着北部中国的统一，各民族渐渐融合，南北界限越来越模糊，全国大一统的前景就在眼前。谁能完成这统一大业？谁是成就中国历史上第二次大一统之局的英雄帝王？历史的机遇落到了谁的头上？就在这样一个历史转折关头，杨坚登上了历史舞台。

五、昏庸的天元皇帝

宇文邕壮志未酬身先死，举国上下一片悲哀。然而有一个人却相反，不但没有丝毫哀痛，反而摸着自己身上被杖责而留下的伤痕，愤恨地说："死得太晚了！"这个人便是宇文邕的嫡长子，年方 20 岁的皇太子宇文赟，也是杨广的姐夫。

宇文赟 12 岁时被立为皇太子，虽然受到宇文邕的严加管教，但他贪玩成性、不思进取的性格却没有丝毫改变。他喜欢喝酒，宇文邕就下令东宫禁酒。只要太子有过错，就一阵痛打，甚至要求东宫官属记录皇太子的一言一行，把迎合太子做坏事的太子宫尹郑译①等除名。为了免受父亲的惩罚，宇文赟千方百计地隐瞒自己的过错，不让父皇知道。

北周建德五年（576年）二月，宇文赟奉命出征吐谷浑，行军途中干了许多坏事，被随行的王轨上奏皇帝。宇文邕大怒，将宇文赟痛打一顿，宇文赟从此对王轨恨之入骨。

王轨曾参与诛杀宇文护的密谋，是宇文邕的心腹重臣，他甚至严肃地向宇文邕奏云："太子没有仁孝之心，还做过很多失德之事，恐怕无法承担帝业。"

还有一次，在内宴上寿时，王轨开玩笑地将宇文邕胡须说："可爱好老公，但恨后嗣弱耳。"在夸赞宇文邕的同时，还揭了太子的短。

王轨所言一针见血地指出了北周后继无人的现状，宇文邕心中也非常明白，但却无可奈何。如果换掉宇文赟，次子也毫无才干，自然不合适；其他几个儿子年龄又很小，更不合适。矮子里拔将军，只能让宇文赟继续做太子。

北周宣政元年（578年），宇文赟即位，是为北周宣帝。这年闰六月，杨广的姐姐杨丽华被册立为皇后，十来岁的杨广成了当朝皇舅，封雁门郡公。七月，在亳州（今安徽亳州市）镇守的杨坚也被召回朝廷，任大司马，成为宰相。

宇文赟继位以后，不理朝政，只知寻欢作乐，甚至追征北齐散乐，齐集京师，为皇帝表演。居丧刚过一年，他就恣意于音乐歌舞，常常在殿前欣赏鱼龙变化等魔术杂技，连日连夜，不知疲倦；又选了许多美女充实后宫，增添了不少名位称号，甚至无法详细记录；游宴酗酒，一连

① 郑译（540—591年）：字正义，荥阳开封县（今河南开封市）人，北朝、隋朝大臣。北周时历任柱国、丞相府长史；隋朝时历任隆州刺史、岐州刺史。

十天不出宫，群臣向他启奏请示，只能由太监转奏。宇文赟所居宫殿，帷帐皆用金玉珠宝装饰，光华炫耀，穷奢无比。他还游戏无常，晨出夜归，尤其喜欢让京城少年穿妇人服饰，到殿中歌舞，满足他的癖好。治国责任、国计民生全都被抛到了九霄云外。

失去了父皇的管束，宇文赟成天酗酒，几乎天天都在醉乡。宿卫官伯下士杨文祐实在看不过去，就在酒席前歌唱："朝亦醉，暮亦醉，日日恒常醉，政事日无次。"宇文赟听后大怒，当场将杨文祐重杖至死。

不久，在朝堂上又有号称"强直"的大臣乐运直言宣帝"八失"："一、天子近来对大事多独断专行，却不和宰相辅臣一同商议；二、搜罗美女充实后宫，仪同以上官员的女儿不准出嫁，无论贵贱都对此怨恨不已；三、天子一进后宫，就几天不出来，官员们要奏事，须通过太监；四、下诏放宽刑罚，不到半年，反而又比以前的制度更加严厉；五、高祖皇帝提倡崇尚朴实，驾崩还不到一年，而天子就竭力追求奢侈壮丽；六、让百姓服劳役纳赋税，用来供养耍杂技演滑稽的艺人；七、奏书中有错字，就被治罪，杜绝了奏书之路；八、天空的星象出现告诫的预兆，天子却不征求询问为善之道，修整实行德政。如若这八件事不革除，臣将见到周朝的宗庙不会再有杀牲取血的祭祀了。"

宇文赟当着满朝文武的面受到如此严厉的指责，勃然大怒，愤击桌案道："你这是在斥责朕吗？来人啊！把他拉出去杖毙！"

朝臣们看到皇上如此盛怒，害怕受到牵连，全都沉默不语，唯有内史中大夫元岩不顾身边大臣的阻拦，上前劝谏说："乐运不顾生死，是为了求一个忠贤的好名声，陛下不但不能杀他，还应该奖励他才是。"

宇文赟起先对元岩的劝阻十分生气，但转念一想，这话倒也不无几分道理，毕竟暴君的帽子他也不想戴。第二天一大早，宇文赟把乐运召来，对他说："你所奏的话，朕昨天晚上仔细考虑了一番，你的确是个忠臣。"对乐运赏赐之后，很快又将他罢免了。但自此以后，再也没有人敢上言谏诤了。

宇文赟当了一年的皇帝，突然觉得乏味起来，第二年突然宣布将皇位传给年仅 7 岁的儿子宇文衍，史称静帝，并改元大象。宇文赟自称天元皇帝，喻意自己就是天，他的皇帝儿子是天子。

做了天元皇帝后，宇文赟依旧不安分，又一时兴起制定了一些极不合情理的法规：下令除宫内的车外，天下的车辆都要用整块木材做车轮；又下令非宫中的女子，不准施粉黛，而是"黄眉墨妆"，以满足自己奇特的审美标准。为了聚敛民财，他下令铸"永通万国钱"以一当千，强行在市面上流通。他还认为高祖时的《刑书要制》量刑太重，于是将其废除，又几次施行赦罪。

六、杨家遇险

自从当了天元皇帝以后，宇文赟先后立了四个皇后，即天元大皇后杨氏、天大皇后朱氏、天右大皇后元氏、天左大皇后陈氏。北周大象二年（580 年），他又心血来潮想要新设一个天中大皇后，由原天左大皇后陈氏充任，立尉迟氏为天左大皇后。

天元大皇后杨丽华听说此事后，心中十分不安，急忙找到宇文赟，跪在他的面前，问道："听说您打算再立新后？"

宇文赟点点头说："是啊！"

杨丽华抬起头来，双目直视天元皇帝，劝阻道："臣妾以为，此事断不可以！"

宇文赟脸色一沉生气地说："你说，怎么不可以？"

"皇上您一而再，再而三地增立皇后，这有违纲纪，臣妾恐朝野耻笑啊。"

"谁敢！"宇文赟怒拍桌案，冷笑道，"这朝野之中，谁人敢说三道四，依朕看来，倒是你目无纲纪，胆大妄为，竟敢当面耻笑朕！"

面对声色俱厉的天元皇帝，杨丽华依旧神态自若地说："臣妾不敢！实在是以国家社稷为重，才冒犯上之罪进谏，还望陛下三思。"

"大胆贱妇，此事已定，岂容你在此胡言！"宇文赟恼羞成怒，向殿外大声吼道，"拉出去，杖背一百二十！"

娇小羸弱的皇后之身，怎么承受得住棍棒的猛打，一顿杖责下来，杨丽华的脊背已是青一块紫一块，皮肉模糊了。她用尽全身力气，挣扎着爬到宇文赟身后，嘴里发出极其微弱的声音："陛下！"

宇文赟听了不禁一愣，转身一看，只见杨丽华双臂撑地，颤颤巍巍地抬头直视着自己，他心中不由得一阵慌乱。

杨丽华依然语气坚定地说："陛下，请再听臣妾一句劝。陛下当以江山社稷为重，增立皇后一事断不可为啊！"

天元皇帝原本充斥怒火的脸更加恐怖，两只手臂抖动着衣袖，一时竟想不出用什么言辞来斥骂这位天元大皇后。他围着伏在地上的杨丽华转了两圈，然后朝身边的宦臣顿足怒吼道："快把这个贱人拖入别宫，赐她自尽！"吼罢就朝殿外走去。未出殿门，他又转身回来，咬牙切齿地对杨丽华说："今日朕先杀你，改日定要诛杀你们全家！"说完，他在内侍宦臣的簇拥下出了殿门，朝尉迟氏的住所走去。

这时，内史郑译有事面奏，还未走到殿前，就看见宇文赟怒气冲冲地朝后宫走去，心中十分不解，于是便走进大殿想要看个究竟，只见几位宦臣正往外搀扶天元大皇后。看到皇后被打成这个样子，郑译吃了一惊。宦臣中有一人做过郑译的随侍，私下与他颇有来往，便对郑译详说了事情的原委。郑译听罢面色苍白。他与皇后的父亲杨坚少时同窗，交情颇深，现又同朝为臣，平日里两人相互关照，不分彼此。现在遇到这种人命关天的大事，岂能坐视不管！而且，一旦杨家败落，他必会受到牵连。郑译立刻将那个宦臣拉到一旁，轻声嘱咐道："先把皇后搀入别宫，请太医好生诊治。赐死一事务必拖延一下。请您放心，所有后果皆由老夫担待，拜托了！"郑译安排妥当后，匆忙返回府中，写好信交给一个心腹侍卫，让他快马加鞭至随国公府，将宫中发生的事情秘密通报杨坚夫妇。

杨坚的夫人独孤氏见信后不敢怠慢，急忙来到宫中，跪在宇文赟面前一个劲地叩头，为女儿求情。宇文赟见丈母娘这般哀求，怒气渐消，于是免杨丽华一死。

杨丽华虽然保住性命，却暂居别宫，对外声称她病体不便挪动，需要好生疗伤，实际上就是软禁。不仅如此，疑心很重的宇文赟还在随国公府周围布下眼线，日夜监视杨坚及其家人的行动。

曾经深受宇文邕信任的宗室重臣宇文神举、宇文孝伯和王轨，虽然对朝廷忠心耿耿，心怀社稷之重，也曾立过大功，但因早年与宇文赟有过节，全都无罪被诛。现在，杨坚作为宰相常伴宇文赟左右，又威望日隆，实力雄厚，更加受到他的猜忌。

这天，宇文赟传召杨坚进殿议事，并且吩咐宿卫兵士，一旦察觉杨坚神情异样，便可见机行事，将他立斩于殿下。

自从女儿出事以后，杨坚便格外警惕，他知道女婿不会轻易放过自己。这回奉召进殿议事，他见天元皇帝拉东扯西，言不达意，根本没有议论国家大事的意思，而且有些焦躁不安；再看周围的侍卫，一个个剑拔弩张、如临大敌，他心知事情不妙，但要逃避又不可能，只好硬着头皮，强装镇定陪天元皇帝闲聊，哄他高兴，才终于脱身。

杨坚死里逃生之后没有直接回家，而是来到内史郑译府上。在客厅坐下后，杨坚直截了当地说："郑译兄，天元皇帝对我的疑心越来越重，我早晚会像王轨他们那样惹来杀身之祸啊！"

郑译点头表示认同，说："时局对你非常不利，不知仁兄可有想到什么方法来化解？"

"唉！"杨坚长叹一声道，"这个境况若是想要从根本上化解恐怕已经不可能了，也只能是缓解，我需要你从中帮衬一把。"

郑译豪爽地应道："若有需要的地方，仁兄尽管吩咐。"

杨坚说："今日我听天元陛下谈及征讨南陈之事，你身为内史，常伴陛下左右，不知他是否真有讨陈的意思？"

"确有此意。"

"那正好，讨伐南陈必需几位将帅领兵出征。如若陛下议定将领人选，还望郑兄尽力举荐愚弟。只有远离京师，我才能逃脱樊篱。有道是将在外君命有所不受，他若想再加害于我，也会有点力不从心，这样一来，万事皆可从长计议。"

郑译听了很是赞同，对杨坚说："这件事不是三两日可以定下来的，我定会在陛下面前极力举荐，但你也得耐心等待，万万不可急躁，平日言谈举止须慎之又慎，不要有任何口实落入他人手中。只有如此，事情才会办得顺畅一些。"

郑译的一席肺腑之言令杨坚感动万分，忙连声称是，说："这些郑兄大可放心，我心中有数，拜托了！"遂拱手称谢告辞。然而，征讨南陈一事并未付诸实施，杨坚和郑译私下密谋好的脱身良策最终还是没有用上。

第二章　代周立隋

一、杨氏辅政

北周大象二年（580 年）五月十一日，宇文赟一病不起，连忙将掌管机密起草书诏的小御正①刘昉、御正大夫颜之仪召入宫中，欲交代后事，但此时他已不能言语，这就给杨家得势提供了一个绝好的机会。

自从当上了太上皇，宇文赟很少上朝和朝臣见面。他忽然发病时，身边只有最信赖的大臣刘昉和颜之仪二人。御正的职务与中书舍人相似（中书在隋又称内史，为的是避杨忠之讳），但因为御正常伴皇帝左右，所以跟皇帝的关系比内史还要亲密。

对于天元皇帝死后由谁来辅佐年幼的静帝，颜之仪与刘昉看法并不一致。颜之仪认为赵王宇文招在静帝叔伯辈中年龄最长，宗室长者是入宫主政的最佳人选。但刘昉却比较看好杨皇后的父亲杨坚，杨坚得势必定会成为他有力的靠山，因此，刘昉急忙找内史郑译一起商量对策："陛下眼看病入膏肓，你我身为朝臣，理应为国家社稷担忧，我们还是商量一下如何应付眼下的局面吧。"

此时，北方突厥正觊觎中原大地，一旦宇文赟去世，静帝年幼，无力掌管国家大事，若外敌乘虚而入，后果将不堪设想，当务之急是尽快找出一位强者来辅助静帝。郑译认为刘昉的话很有道理，他想起杨坚曾

①　御正：北周六官制中重要的官职，主要职责是起草诏令、参与决策。

交代自己要在皇帝面前多多美言，于是便说："如今朝野之中，随国公杨坚在朝多年，忠心耿耿，威望颇高，而且又身为国父，由他出来辅政，定会众望所归。"郑译的意见和刘昉不谋而合，两人经过一番商议，立即来到随国公府，向杨坚说明来意。杨坚心中十分高兴，表面却拒绝道："多谢二位美意，请恕杨坚不能从命，虽然我身为国父，但毕竟是外戚，如果出面辅政，恐有挟私谋位之嫌。"

刘昉闻言，焦急地说："现在已是燃眉之急，国公大人还在顾忌他人议论，不是忠臣所为。"

郑译也跟着劝说道："自古及今，外戚辅政者多矣，如王莽者有几人？以国公多年来的威望，不但满朝文武无不信服，就连诸夷外邦也惧怕三分，由国公辅政，必然国泰民安。"

经过他们苦口婆心的劝说，杨坚终于勉强答应下来。随后，三人又秘密商议了新帝即位之后的事情。郑译和刘昉回到宫中，立即主持布置宫禁事宜。郑译以静帝圣旨宣告："天元皇帝病重期间，文武百官不经宣召不得进宫，违者以谋反罪论处。"之后，他又假传圣旨，宣召杨坚入宫伴君。

五月二十四日，天元皇帝驾崩，杨坚理所当然地成为北周的辅政大臣，掌管周朝的军政大权。

为了便于发号施令，在满朝文武面前树立威信，杨坚以"名不正言不顺"为由，怂恿刘昉在静帝面前游说，希望得到加封。静帝只是个十来岁的孩子，没有了父亲的管束，更加贪玩成性，根本不懂朝政之事，他对刘昉言听计从，于是加封杨坚为左大丞相，假黄钺①，掌管朝政，节制文武百官。

---

① 假黄钺：代表皇帝行使征伐之权。黄钺指以黄金为饰的斧，为帝王所专用，或赐给专主征伐的重臣。

二、铲除异己

杨坚辅政之后，在朝中一手遮天，很快引起了许多大臣不满，其中包括陨州总管司马消难、益州总管王谦①、相州总管尉迟迥②等人。司马消难原本是高欢的女婿，因沾花惹草与公主失和，投奔北周，当时接应他的就是杨坚的父亲杨忠。现在，他的女儿成了静帝的小皇后，他认为自己才是名正言顺的国父，辅助小皇帝的事情应该由他来做，而不应该是杨坚，因此心中不服；王谦虽然不是皇亲国戚，但也是北周开国十二大将军之后，位高权重，不甘心屈居杨坚之下；尉迟迥同样是朝中重臣，虽已年老，但心如明镜，他一眼就看穿杨坚日后必篡权夺位，于是也坚决反对杨坚辅政。

杨坚计划先搬掉尉迟迥这块绊脚石，于是派老将韦孝宽③任相州刺史，去邺城替换尉迟迥。尉迟迥预感将大祸临头，干脆打起反对杨坚的大旗，自称大都督，奉赵王宇文招的少子为主，调集兵马奔京城而来。当时尉迟迥的侄子尉迟勤为青州总管，闻讯立即起兵响应。北周宗室宇文胄时任荥州刺史，徐州总管司录④席毗罗拥兵 8 万，均起兵响应。一时间，潼关以东的山东诸州，除并州总管李穆、幽州总管于翼以外，都跟随尉迟迥反对杨坚。尉迟迥还遣子到南陈为人质，请求援助。

在派韦孝宽接替尉迟迥的同时，杨坚为了防备王谦，又派老将梁睿前去接任益州总管。王谦也以匡复社稷为由起兵叛乱，成为西南方的叛军主将。形势对杨坚十分不利，幸好他掌握了北周军政大权，他先集中关中府兵，平定东方的尉迟迥，又命韦孝宽为行军元帅带领讨伐大

---

① 王谦（？—580 年）：字敕万，河东太原（今山西太原）人，北周柱国大将军。袭父爵庸国公，食邑万户，后因讨伐吐谷浑有功，进上柱国、益州总管。

② 尉迟迥（516—580 年）：字薄居罗，代地（今山西大同东北）人，鲜卑族，西魏、北周名将。能征善战，好施爱士，历任尚书右仆射、大将军，周宣帝时任相州总管。

③ 韦孝宽（509—580 年）：名宽，字孝宽，京兆杜陵（陕西西安南）人，北魏、西魏、北周著名军事家、战略家，官至大司空、上柱国，封郧国公。

④ 司录：古代官名，西魏、北周置，位于长史、司马下。

军，心腹高颎①为监军。另外，又派柱国王谊担任行军元帅，讨伐南方的司马消难。因为尉迟迥在山东势力很大，群起响应，甚得民心，所以平叛的关键就在东方。

北周大象二年（580年）八月间，东讨大军与尉迟迥之子尉迟惇统率的10万军队在沁水两岸相持不下。高颎命令士兵赶造了一座浮桥，使韦孝宽的大军得以渡过沁河。尉迟惇打算趁敌军渡河渡到一半时偷袭，于是下令大军稍退，但军队未经良好训练，一退阵势先乱。韦孝宽乘势挥师猛击，叛军被全面击溃，仅尉迟惇一人单骑逃走，韦孝宽率军一直追赶至邺城之下。

尉迟迥集中军队13万人，出城迎战韦孝宽。此时邺城数万百姓在城外观战，高颎竟然向围观的百姓发起攻击，百姓受到惊吓四下逃窜，把尉迟惇的阵地冲得七零八落。这时，韦孝宽的军队乘机大喊贼败，战鼓高鸣，士气高涨，大举发动进攻。尉迟迥被崔弘度追赶，崔弘度和尉迟迥是亲戚，他故意取下头上的头盔和尉迟迥打招呼。尉迟迥知道反抗已经无济于事，痛骂杨坚，拔剑自刎。继尉迟迥被平定之后，其余几支叛军也先后被消灭，局面得到了控制。

杨坚将之前太子居住的正阳宫改为大丞相府，又任命心腹将领郑贲管辖丞相府宿卫。郑译为丞相府长史，刘昉为司马。同时广招贤人志士：御正下大夫李德林足智多谋，任丞相府属；内史大夫高颎才略过人，任丞相府司录。这样一来，皇宫成了名副其实的大丞相府。丞相府中的一班臣僚也心知肚明，帮助杨坚朝皇权帝位这个最终目标步步进逼。

杨坚开始考虑怎样对付几位藩王，他们是他登临皇位的心腹大患。独孤氏与杨坚生活多年，也颇有胆识，她说："走到这一步，已是骑虎难下，稍有顾虑，你我定会成为他人俎上之肉。"

---

① 高颎（541—607年）：字昭玄，鲜卑名独孤颎，渤海蓚（今河北景县东）人，隋朝杰出的政治家、战略家、军事家。历任尚书左仆射兼纳言、左卫大将军、元帅长史、太常卿等职。为人谦逊，不居功自傲，明达世务，为相近20年，功绩卓著。

杨坚沉思片刻说："夫人所言极是。事已至此，绝不能有丝毫的犹豫顾虑了。"

早在这年六月，杨坚便假借静帝的名义下了一道诏书，宣召赵王宇文招、陈王宇文纯、越王宇文盛、代王宇文达及腾王宇文逌五位藩王入朝发丧。此前他们已获知天元皇帝大丧，今又见到诏旨，于是相继奉诏进京。

最先感觉到形势不对的是赵王宇文招。他是第一个回到京城的藩王，按理他回京后应即刻觐见静帝，一来致哀、问候，二来也算报到。这次他却听闻实行宫禁，非皇帝宣诏不得擅自入宫。他满心疑虑：静帝尚年幼，倒也罢了，难道丞相府的这帮人也不懂规矩？于是，他写了封书信，让下人送到丞相府上，信的大致意思是：我赵王已经到了京城，请报奏陛下，下旨召我入宫觐见。信送出去之后，迟迟不见回复，直到另外四位藩王陆续回京，他们才接到静帝的诏旨，命五位藩王同时入宫觐见。进宫后，藩王们叩首问安，并请静帝节哀顺便，以国事为重。静帝也对藩王们简单说了几句安慰话，便示意退下。自此之后，静帝再也没单独召见过哪位藩王。

宇文招感觉不大对劲，不久又听得风声，说大丞相府中忙忙碌碌的，有些异常。他心中更感不安，决定探听虚实，以备不测。这天，他吩咐下人备车，首先来到右大丞相宇文赞府上。

宇文招进到宇文赞寝室，见屋里还有两个浓妆艳抹的绝色女子，鬓发纷乱，正各自整理衣裳。她们见赵王进来，羞羞答答地曲膝施礼。宇文赞挥挥手说："去吧，去吧，不必多礼。"

两位女子走后，宇文招弯腰拱手道："宇文招拜见右大丞相。"

宇文赞连忙回礼："赵王不必多礼，快快请坐。"

当时大家都知道，汉王宇文赞生性愚笨懦弱，胸无大志。他年少好色，整日只知吃喝玩乐。这一点与他的兄长宇文赟相似，而智谋又远逊于其兄，头脑简单，胸无城府。正因为如此，宇文招才来见他，觉得从他嘴里一定能套出有用的信息。

宇文招见宇文赞满面红光的样子，上前半是恭维、半是搭讪地说："汉王艳福不浅，这两位佳丽是从哪里寻得的啊？"

"赵王见笑了。"宇文赞憨笑着，眼中放出光彩来，"她们是司马刘昉送给本王的。"

对于刘昉等人在宫中的举动，宇文招略有耳闻。他竟能送美色给汉王，是为了讨好还是别有用心呢？想到这里，宇文招又说："汉王气色极好，我心中甚是高兴。不过，听说近来汉王事务繁重，还望汉王保重身体，不可过度操劳，该有所节制才是。"

宇文赞哈哈大笑道："赵王尽管放心，本王根本没有费心操劳什么。朝中事务不论巨细，都由杨坚他们一班大臣料理，我只管赋闲在家，清静得很哩！"

"噢！"宇文招进一步探问，"汉王身为右大丞相，理应时常出入丞相府与禁中辅佐陛下执理朝政，与大臣们议论国事出谋划策才是，为何得以清静？"

"赵王有所不知，"宇文赞看了看四周，压低声音，神秘兮兮地说，"前几日本王确实也曾出入禁中，且常与陛下同帐并坐，料理朝政。毕竟嗣主年幼还无力担当大事。"宇文赞停了一下，见赵王神情没有异样，又继续说，"不久前，司马刘昉私下对本王说，先帝刚刚驾崩，现在群臣人心惶惶，政情尚不稳定；本王是先帝的胞弟，整日随陛下同出并入，恐有挟幼主谋权僭位之嫌而引发内乱，于是劝本王先回府上静候，等一切安定之后，再迎本王进宫拥戴为天子，这才是万全之策，所以本王便出宫回府来了。"

宇文招点点头，又问："这可是刘昉一个人的主意？"

宇文赞答道："这个本王就不清楚了。管他呢，不论是谁的主意，有利于本王还有江山社稷的就是好主意，是吧？此事暂不可张扬，不过赵王可私下向另几位藩王透露一点风声，待本王大事成功之后，绝不会亏待诸位的！"

宇文招终于明白了，他心中暗骂汉王道："做你的青天白日梦吧！

像你这等材料还想成大事，落入杨坚等人的陷阱了还不自知！"不过，从汉王这番话中，他证实了自己的疑虑：自己与其他几位藩王已经落入了杨坚设下的陷阱，眼下的关键是怎样才能冲出去。宇文招越想越坐不住，遂向汉王告辞，召另几位藩王共同商议对策。

此时，藩王们已经得知尉迟迥举兵落败的消息，宇文招又把刚才去见汉王听到的消息叙述了一遍。既然杨坚已有假黄钺，他们若得不到诏旨，就都无法离京归藩。若强行冲出京城，就给了杨坚杀他们的罪名，京师中20万禁卫军，要杀几个藩王，就像碾死几只蚂蚁一样简单。宇文招说："我们与杨坚力量悬殊，蛮干肯定不行，只有想办法与城外的司马消难取得联系，里应外合，才能冲出城去。否则，只能坐以待毙。"

滕王宇文逌说："赵王所言极是，我们首先应当设法除掉杨坚，只要除掉了他，树倒猢狲散，其他的人就好办了。"

藩王们纷纷表示赞同，大家你一言我一语，共同谋划除掉杨坚的最佳办法。

三、"鸿门宴"脱险

经过商议，宇文招等人决定在赵王府摆酒设宴，请杨坚过来，伺机将他杀掉。于是，宇文招写了一封请帖，派人送到了杨坚府上。杨坚捧着请帖反复看了几遍，又派人把宿卫大将军元胄召来，对他说："赵王请我明日午时赴宴。我打算让你和大将军宇文弘率一队宿卫同去，你准备一下。"

元胄是军中有名的将领，勇猛威武，且颇有些头脑。听说是赵王宴请，他立刻提高了警惕，对杨坚说："尉迟迥叛乱刚平，四处仍动乱不止，赵王于此时宴请丞相，不知有何居心？本将以为，丞相不如以朝中事务繁忙为由推辞不去。"

杨坚微微一笑说："将军说得不无道理，这些我都想到了，推辞还是不妥。想我杨坚自父辈就为国献身，屡经战阵，出生入死。今我又身为丞相执掌国柄，在朝中久以优礼藩王而得口碑，焉有不赴之理。为防不测，请元将军挑选一队骁勇谨慎的卫士随同前往。"

元胄见杨坚执意赴宴，也就不再劝阻。

次日午时，杨坚率一队人马来到赵王府，宇文招带着家仆在大门外迎候，显得十分热情。

进入王府后，宇文招吩咐仆人将杨坚的随从卫士留在外厢招待，只留下元胄、宇文弘两位将军随杨坚进入内厅。这也算是正常的礼数。入席后，宇文招与杨坚同桌而饮。

时值盛夏，天气暑热。酒过数巡后，宇文招见大家一副暑热难当的样子，便吩咐左右说："拿些西瓜来解暑。"

仆人搬上来一个足有十几斤重的大西瓜。宇文招脸上有些不悦，说："这帮下人太不周到，竟将整个西瓜搬来，还要劳烦本王来切。"说罢拔出佩刀将西瓜劈成两半。

元胄看到这一幕，心中一紧：这不正是项庄舞剑吗！杨坚与宇文招同桌而坐，距离又极近，若宇文招趁着送瓜的机会将佩刀刺向杨坚就坏了！于是，他起身走到杨坚身边说："丞相，相府还有数件要事急需处理。本将以为丞相不宜久留，请马上回府！"

宇文招闻言脸色骤变，将佩刀往桌上一拍，大声呵斥道："本王难得与丞相一聚，还未畅聊尽兴，你却来催丞相回府，岂不是有意败坏我们二人的酒兴！"

元胄连忙躬身抱拳对宇文招说："元胄不敢，无奈事出有因，不承想一句话扫了大王兴致。"

宇文招原本就有些心虚，见元胄柔中有刚，言语中既不失礼又咄咄逼人，顿时软了下来，满脸堆笑道："将军莫要误会，本王只是想与丞相饮个尽兴，别无他意。本王久仰将军大名，借此机会敬将军三杯。"说着，他端起酒杯一饮而尽。

元胄也双手捧起杯子说："承蒙大王厚爱，元胄受宠若惊，谢大王赐酒！"遂连饮三杯，然后坐在杨坚一旁紧盯着宇文招的一举一动。

宇文招和杨坚又饮了几杯，见元胄并不打算离去，他灵机一动，对元胄说："天气暑热，本王府上新来的厨子手艺甚佳，尤其酸梅汤做得别有一番风味。烦劳将军去厨下看看，端几碗来与丞相解渴。"

元胄镇定自若地答道："既然天气暑热，就不便多饮。况且丞相府内还有公务，不如就此散席，岂不妥当？"

宇文招一时无言以对。就在这时，家丁来报说滕王宇文逌到了。原来，滕王在家等候这边的消息，迟迟未见动静，他耐不住性子，干脆来赵王府看个究竟。

听说滕王来了，杨坚起身要与宇文招同去迎接。元胄趁机拉着他到一边说："丞相，今日酒宴的情势不对，您应立即告辞回府！"

杨坚轻声答道："赵王府没有什么兵马，不必惧怕。"

元胄说："但他有一帮家丁，如果先动手也是个麻烦。我死了无妨，若伤了您却不值得！"

说着，他们走出内厅，滕王也进了大门。元胄隐约听见旁边有叮当的铁器声响，于是趁杨坚与滕王客套的时间，到后面一探究竟，只见不远处的花木丛中埋伏着一群披挂甲衣、手持刀剑的家丁。他知道这些家丁都是冲着杨坚来的，忙回到杨坚身边劝道："府内公务繁忙，丞相何必在此流连！"他一边说着，一边拽着杨坚往大门外急走。

宇文招见杨坚要走，顿时焦急起来，忙令家丁追赶。元胄让赶上前来的宇文弘保护杨坚迅速撤离赵王府，他自己带着几个宿卫兵冲向追上来的家丁。赵王府的家丁虽人多势众，但却没有受过训练，他们自知不是宫中禁卫精兵的对手，不敢上前较量。宇文招眼睁睁看着杨坚在将士的护卫下从容离去，气得眼冒金星，恨自己失算，错失了这个千载良机。

元胄带人与赵王府的家丁相持良久，估摸着杨坚已经走远，这才率兵退出，迅速往杨坚府上赶去。回到府上，只见杨坚与宇文弘正在悠闲地喝茶，元胄长长地叹了口气说："丞相，好险呀！"

杨坚哈哈大笑，命仆人给元胄端上茶水说："元大将军，今日你把樊哙这一角色演得精彩至极啊！"

元胄听杨坚把自己比作樊哙，连连摆手道："丞相说笑了，小人的胆识怎能与樊哙相提并论！不过，我有一事请教丞相，既然您知道赵王设下了鸿门宴，又何必去冒此大险呢？"

杨坚收敛笑容，脸色变得严肃起来，说："将军的忠勇之举与良苦用心令杨坚感激不尽！此宴必赴不可的一个重要原因是，只有亲赴赵王府才能掌握他谋反叛逆的确凿证据！今日果然不枉此行，将军也亲眼所见。"杨坚回想起宇文招气急败坏的样子，不禁感叹地摇摇头，脸上显现出胜者的微笑。之后，他命元胄、宇文弘率领宿卫禁军将诸王府团团围住，以诸藩王蓄意谋反的罪名将他们满门抄斩。

宇文招等几位藩王一心谋划着要砍了杨坚的人头，没想到反做了杨坚的刀下鬼，落得个身首异处的下场。他们至死也不明白，周室嬗变，天道使然，这是谁都无法阻挡的。

这一年，杨广已经12岁，正是在太学用功苦读的年纪，但是相州的腥风血雨，以及赵王设下的惊心动魄的"鸿门宴"，使他感受到了比《史记》《汉书》更真切的场景。父亲施展的政治权术，与对手之间相互残杀的谋略，都使他受到了比书本更深刻的教育，比同龄人更早看到了人性冷酷残忍的那一面。

四、年幼的并州总管

北周大象二年（580年）十月，杨坚派军入蜀平定了王谦叛乱，这时取周室而代之的条件已经成熟，他只需以静帝的名义再发几道诏令，做好登基的最后准备即可。

十二月，静帝下令将之前改用鲜卑姓氏者恢复原姓。这道诏书让使用了30余年普六茹姓氏的杨家得以将姓氏改了回来。另一道诏书是封杨坚为随王，其长子杨勇也被任命为大司马。

正月，杨坚以静帝的名义改年号为大定。杨坚登基的时机已经成熟。他去找占星家庾季才挑选日子，庾季才说，自己在正月戊戌清晨曾经看到一团青气聚成楼阁状，后又变幻为紫云向西而去。由此可见，王气已有了，至于黄道吉日，应该是在二月的一天，因为那时的太阳位于天空正中，而太阳是君王的象征。经过一番挑选，最终将登基的日期定在二月十三日，即干支的甲子日。

二月十二日，杨坚一家入住正阳宫。次日，杨坚上朝，穿着如往常一样简朴，戴一顶远游冠，这是北朝皇子或亲王戴的礼帽。走上朝堂后，太傅宇文椿手捧册书，大宗伯赵煚捧着皇帝的玉玺，交给杨坚，这是正式的政权交接仪式。在此之前，静帝发布了他在位的最后一道诏书，宣布将皇位禅让给随王，此后他便在左右的护卫下移居别宫。

杨坚坐上龙椅，宣布将周改为随，改元开皇。但是，考虑到"随"字里有"辶"，不吉利，便以"隋"字代替，即隋朝。杨坚还宣布了任命诏书：任命高颎为尚书左仆射兼纳言，虞庆则①为内史监兼吏部尚书，元晖为都官尚书，李德林为内史令，元岩为民部尚书，杨尚希为度支尚书，长孙毗为工部尚书，几天后又补选赵煚为尚书右仆射。三省部长和六部尚书组成了一个强有力的行政领导班子，大改西魏、北周时期胡汉混杂、刻意复古、名不副实、行政不力的状况。原中书省改为内史省，所以隋朝的三省依次是：尚书、内史、门下，首长分别为仆射、内史监、令和纳言，他们各司其职但同为宰相。三省分工合作，辅政决策，督导行政，三公已成虚号，但仍留用以安置元老重臣。

登基次日，隋文帝杨坚封逊位的静帝为介公，但三个月后静帝就被人害死了。文帝又假惺惺地为静帝举行丧礼，将他葬于恭陵。在如何对待宇文家族的问题上，文帝的决策班子首次出现严重分歧，虞庆则建议斩尽杀绝，李德林却认为不可。文帝最终接受了虞庆则的建议，说李德林是书生不足与议。从此李德林再也没有升过官，地位始终在高颎等人

---

① 虞庆则（？—597年）：京兆栎阳人，北周、隋朝名臣。曾出使突厥，分裂东西突厥，为隋朝经略突厥立下大功，为隋初"四贵"之一。

之下。文帝后来大开杀戒，继上一年杀毕王宇文贤等人后，为了永绝后患，又杀害了宇文泰的 5 个儿子，以及闵帝、明帝、武帝子孙总计五六十人。

二月十五日，独孤氏被立为皇后，杨勇被立为皇太子。二月十九日，杨丽华改封为乐平公主，不再是北周的皇太后了。这时杨丽华还算年轻，文帝想让她改嫁，但她誓死不从，从此当了一辈子寡妇。

二月二十五日，文帝又封自己的兄弟杨慧为滕王、杨爽为卫王，封皇子杨广为晋王、杨俊为奏王、杨秀为越王、杨谅为汉王。文帝还任命归顺的北周重臣元老、申国公李穆为太师，任国公于翼为太尉，邓国公窦炽为太傅，不过都是些虚衔而已。

杨广转眼之间就从雁门郡公荣升为晋王，按照中国传统的年岁记法，这一年他虚岁 13。父亲隆重庄严的登基大典让他内心激动不已，从今以后天下就是自家的天下，而自己就是高贵的皇子了。这是他人生中的一个重大转折。

开皇元年（581 年）二月二十六日，文帝宣召年仅 13 岁的次子晋王杨广为并州总管，接替回朝就任太师的老将李穆。让年幼的皇子出镇地方，树立屏藩，以壮根本，是文帝为巩固新朝而实行的重要措施。

并州自古就是兵家必争之地，文帝怎么就放心交给一个年幼的孩子呢，即便这个孩子是他和皇后最宠爱、长得最俊俏、最聪明伶俐的一个？其实，文帝派年幼的皇子出镇地方，是吸取了北周王室势单力薄的教训。他希望四个皇子日后都拥有相当实力，如磐石般团结守卫在长子杨勇的周围。所以，他把一批有才学、有本事且忠于自己的僚佐，分别放到最关键的地方担当重任，辅助皇子。文帝为晋王府选择的人才有文有武，文的是项城郡公王韶，武的是齐安郡公李彻。这两个人对少年杨广影响很大，尤其王韶，多年之后杨广已成皇帝，提起他时还说："没有王子相，哪还会有我的今天。"

子相是王韶的字，杨广不肯直呼其名，也表明王韶在他心目中的重要程度。王韶虽然世代居于长安，但自称老家在太原。太原王家是望族，是魏孝文帝钦定的郡姓，这一条正符合文帝对门第的要求。出身豪门的王韶，祖父做过刺史，但父亲早亡，所以他并没有染上纨绔习气。少年时期的王韶很有抱负，凭着军功当上了车骑将军，之后随北周武帝攻打北齐，因为对战略提出过重要建议，受到了武帝的赏识。文帝爱惜人才，任命他为晋王僚佐，担任河北道行台右仆射，但日常事务都是由行台负责。这一年王韶44岁。

杨广一直很向往地理书籍中描写的江南景色，希望自己的别苑也能如书中所讲的那般典雅别致、满目苍翠，于是决意在自己身边营造出一片青山绿水来。

时值仲秋，农夫们大都在田间忙着秋收，征调到晋王府挖湖筑山的工役来得很少。这个工程是杨广自行决断的，没有经过文帝的允许，所以不便张扬。眼看征调不来工役，杨广心中不免有些着急。他来到一座土山下，抬头望了望，发现这堆土已有七八天没见长高了，便问身边的王府总管："子相走了有三个月了吧？"

总管答道："启禀王爷，王大人奉旨北上视察长城修筑事宜，已有三个半月。听说再有半月，最多20天便可返回。"

杨广叹了口气，心里想，要在子相返回并州之前完工是绝不可能了。

王韶名为杨广的部将，实际上是他的老师。王韶为人刚直不阿、办事认真，又受了文帝重托，因此对杨广管教极为严格，让这位十几岁的王爷也惧他三分。在王韶的用心教诲下，杨广的学识文采大有长进，骑射之功也日益精进。而且，随着发育身材逐渐挺拔魁伟，杨广愈加英俊潇洒、仪表堂堂。文帝欣喜之余，将这一切都归功于王韶，对他大加赞赏。杨广在王韶面前也开口必称"恩师"，心里十分敬佩他。

文帝历来崇尚节俭，厌恶侈靡，王韶也是一样。在王韶看来，诸如挖湖造山的工程都属侈靡之类，是断然不可为的。杨广原本想趁王韶奉旨北上的这段时间完成这项计划，到时王韶回来，木已成舟，也无可奈何了。现在看来，这项计划怕是要成为泡影了。不过，杨广又转念一想：不管怎样，子相只是个行台仆射，我身为晋王、并州总管、行台尚书令，就不能有一件事由我做主吗？再说，他未必会奏到父皇那里，否则只怕会落得个辅佐有失的罪过。杨广这样想着，心里坦然了些，对总管说："看看哪些地方秋收已经完毕，多征调些工役来，加紧建造。"之后他抬眼看看日头，已经将近午时了，又说："回去吧，有些饿了。"

总管忙说："我这就吩咐下去为王爷准备饭菜。"

"且住，"杨广叫住总管，"一日三餐就是些瓜豆青菜，寡味极了，就不能弄点肉来吃？"

总管面有难色，嗫嚅着说："卑职也想过，只是按陛下的诏令……"

原来，文帝对各个王府中的日常吃穿用度都做了严格的规定。在膳食方面，若非节令诞辰、庆典祭祀的特殊日子，平日里从王公至下属均以素淡饭菜为主，饮酒更是严格禁止。这些费用开销都由王府总管掌握，如有违犯，先拿直接责任者问责。

杨广叹了口气，说："去吧，不为难你了。弄什么我吃什么便是了。"

十几天后，王韶回到了并州。这次他奉旨北上视察长城修造，一去就是几个月，其间风尘仆仆、鞍马劳顿，确实辛苦得很，但他却满心欢喜。将近800年了，逶迤的长城有很多处坍塌倾圮，残破不堪。近些年来，北方大漠中自恃强盛的突厥等部族屡屡寇边南犯，使边关无法安宁。文帝登基不久就下令修造长城，以御外侵之敌，保社稷安定，这正是让王韶感到兴奋的缘由。当初修建长城时，耗费的人力物力无法估量，沉重的税赋徭役令百姓们苦不堪言。为建造长城而死伤的壮丁不计其数，因此秦亡之后，长城便成了秦始皇暴政的一桩铁证。然而事实却让人们逐渐明白，正是这道长城阻挡了匈奴的入侵，保卫国人得以安宁。由此看来，万里长城是一项泽被后世的壮举。

王韶回来听说杨广在府内大兴土木、挖湖造山的事情后，心中的兴奋顿时一扫而光，他忧心忡忡，这一夜竟未得安睡。

次日清晨，杨广起床刚刚梳洗完毕，便有家丁来报，说行台仆射王韶前来拜见。杨广心想：子相昨日回到并州，今晨即来晋见，正合礼数。不过，他不在客厅等候，却直奔后阁而来，恐怕是有要事相告。于是，他赶紧让人请王韶进来。当王韶走进屋时，杨广一看他那样子，不由得吓了一跳。

只见王韶双手倒背，上身被一条比拇指还粗的绳索绑了个结结实实。这使他的身体失去了平衡，由于走得急了些，他摇摇晃晃的，在门口还被门槛绊了一下，差点摔倒。

杨广急忙上前搀扶，焦急地问道："恩师，这是怎么了？是什么人这般胆大妄为，竟敢捆绑本王的恩师！"说罢，他厉色喊道："来人啊！"

"王爷不必呼唤，"王韶立刻阻止了杨广，语调平静地说，"是老臣让家人将自己捆起来的。"

"这是为什么呀？"杨广大惑不解。

"老臣特来向王爷辞行。"

"恩师刚回并州，这又要到哪里去？"

"去长安向陛下请罪！"

杨广闻言，内心生出些许不安，但话已至此，不得不问下去："恩师何罪之有？"

王韶缓了缓说："王爷为供一人赏玩而私调工役，挖湖造山，实属铺张浮华之举。陛下一向崇尚节俭，禁奢侈靡费甚严。王爷此举若让陛下得知，定会怪罪老臣辅佐不力。与其等陛下降罪，不如亲赴宫中请罪为妙。"

杨广虽然料到王韶会有一番谏阻，却没想到他会用这种方式，于是赶紧给王韶松绑，羞愧地说："经恩师教训，本王也知自己所为着实不妥。恳请恩师不要生气，本王一切都听从恩师的。恩师请坐！"

王韶坐了下来，见杨广面露愧色、言语诚恳，语气也缓和了一些："王爷是否还记得出藩并州离京之前，陛下对咱们说的那番话？"

"怎会不记得？那场面如在昨日，父皇的声音犹在耳畔。"

王韶点点头："那就好，那就好哇！"

王韶见杨广低头不语，接着说："并州这个地方，自古就是要冲重镇。陛下将治守重任交给王爷，用心可想而知，王爷应当虚怀若谷，励精图治，切不可稍有闪失。否则，既有愧于陛下的隆恩，又有负于百姓属望啊！"

杨广说："恩师所言，我都记在心里了。我立刻传令下去，停止挖湖筑山。此后一切事情将谨遵父皇与恩师教诲，杜绝铺张奢侈之风。"

"好！"王韶开怀大笑，"王爷知错即改，将来大有可为啊！"

"恩师，这件事我不想让父皇知道。"

"当然可以。知过已改，又何必再惊动陛下呢。"

"我不是怕父皇怪罪，只是不想让他因此恼怒而伤了身体。"

可惜这件事还是传到了文帝耳中。不过，他并未责怪杨广，而是对王韶"自缚而谏"之举大加赞赏，还赏赐王韶黄金百两，后宫四人。

辅佐杨广的武将李彻是前朝元老，有着丰富的作战经验。他在并州也确实起到了作用。突厥可汗沙钵略侵犯中原愈加猖獗，行军总管李充认为从前北方分裂为周、齐，突厥进犯时，将领们为了保存实力都不肯拼命，使得突厥胜多败少，因而对中原之师十分轻视。这次沙钵略倾巢而出又屯兵险要，肯定不会把隋军放在眼里，只要派出精兵发动奇袭定能取胜。大家对李充的看法都表示怀疑，只有李彻愿意配合李充行动。结果二李的奇袭大获成功，沙钵略战败，丢弃身上的金甲，慌乱中从草丛逃离。经此一仗，沙钵略屈膝称臣，李彻也因此晋升为大将军。开皇十年（590年），李彻又荣升柱国大将军。杨广调到扬州后，李彻也随之担任扬州总管司马，依旧负责晋王府的军事。

文帝派去辅佐杨广的还有一人——韦师[①]。韦家是陇右豪族，韦师则是精通北方少数民族事务的专家，对塞北的风俗和山川形势了如指

---

① 韦师：字公颖，京兆杜陵（今陕西西安南）人，以孝闻名乡里。隋朝建立后，历任吏部侍郎、河北道行台兵部尚书等。

掌，每有北方部落遣使来朝，朝廷都让他负责接待。那些游牧部落派来的使者，见他对塞北形势如此了解，既惊讶又敬佩。韦师和文帝的关系也非同一般，史书上说文帝曾邀请高颎、韩擒虎①和韦师三人在醴泉宫宴饮，酒过三巡后又让他们三人各自讲述从前的事情以助酒兴。这种闲谈取乐在平常人看来或许不足为奇，可一旦和皇帝沾上了边，特别是和文帝这样不苟言笑的皇帝沾上了边，事情也就到了可以载入史册的地步。

杨广身边自从有了王韶、李彻和韦师三位文武双全、能征善战的僚佐，可谓如虎添翼，也为杨广日后指挥战役打下了胜利的基础。

五、文人太子杨勇

太子杨勇比杨广年长两三岁，被封为皇太子时大概 15 岁。杨广 13 岁为晋王，文帝给他配备的僚佐有文有武，都是一些能够处理实际事务的官吏。而太子杨勇身边却聚集了一群偏重书本知识的学识型人才。俗话说近朱者赤，近墨者黑，年纪尚小的杨勇和杨广在成长的道路上难免会受周围人的影响。东宫一直是人才荟萃之地，而最受太子杨勇器重的则是明克让、姚察和陆爽三人。

明克让，字弘道，隋开国时年龄约为 55 岁。少年时他爱谈论学问，读过的史书近万卷，精通"三礼"，还擅长占日垦象，14 岁时担任齐国湘东王的参军。一天，他在仪贤堂听人做关于老子的"学术报告"，大堂的边上有一丛竹林，主讲人便让他以竹咏诗。明克让提笔就写，结尾两句是"非君多爱赏，谁贵此贞心"。北齐灭亡后，他投奔北周政权，被北周武帝任命为露门学士，隋朝建立后被任命为太子率更令②。杨勇

---

① 韩擒虎（538—592 年）：原名韩擒豹，字子通，河南东垣（今河南新安县）人。隋朝名将，北周骠骑大将军韩雄之子；容仪魁伟，颇有胆略，爱好读书；功勋卓著，进位上柱国、大将军，封寿光县公，后以行军总管屯兵金城，防御突厥，拜凉州总管。

② 太子率更令：古代官名，秦代始置，掌知漏刻；至隋代掌伎乐漏刻。

对明克让非常尊敬，凡有四方进贡的珍稀食品，都要送给他品尝。尽管东宫人才济济，但要论学识渊博，谁也不及明克让。明克让还参加了礼部尚书牛弘①主持的礼乐制度的修订，对隋初的各种制度提出了许多修订建议。

陆爽，字开明，也是在北齐灭亡后迁徙到长安的学者。当时被召到长安的士大夫一般都在大车上装上许多财物，只有陆爽车子里装的都是书籍。陆爽被调到杨勇身边任太子洗马②，之后他和太子左率子宇文恺一起编了《东宫典记》七十卷，因为学问和口才俱佳，凡南陈派来的使者都由他负责接见。陆爽觉得杨勇的儿子名字起得不够雅驯，建议以《春秋》的含义重新命名，文帝听了十分高兴，就请陆爽给孙子改名。

文帝和太子都对历史很感兴趣，所以东宫聚集了不少历史学家，姚察熟知南朝历史，魏澹则专攻北魏历史。杨勇对有学问的人都十分敬重，与学士刘臻最为亲密。刘臻18岁举秀才，南朝梁灭亡后从南方迁徙到长安，宇文护用他为记室③，帮忙起草各种文件。隋朝平定南陈后，宰相高颎派刘臻负责处理大量信函文书。但刘臻真正的兴趣是研究两汉的历史，杨勇召他为学士后，他整天沉浸于经史书籍，不问时事，看起来还有点精神恍惚。

相传有这么个笑话：刘臻的官爵是仪同三司，为隋朝勋爵中的第八等。当时东宫学士中还有一个仪同叫刘讷，平时两个姓刘的仪同走得最近。一天，刘臻在东宫没看见刘讷，下朝后就问车夫："知道刘仪同家吗？"

车夫有些纳闷，随即点点头说："知道！知道！"

车夫以为刘臻要回自己家，等车到了他家门前，车夫上前叩门。刘臻却大声喊道："刘仪同快开门啊！"结果，门打开后，刘臻惊奇地看

---

① 牛弘（545 610 年）：字里仁，安定鹑觚（今甘肃灵台）人。北周、隋朝大臣。北周时专掌文书，修起居注；隋朝时授散骑常侍、秘书监，进爵奇章郡公。

② 太子洗马：古代官名，辅佐太子，教太子政事、文理的官员。

③ 记室：古代官名，东汉初置，诸王、三公及大将军都设记室令史，掌章表书记文檄。

到儿子站在面前，遂不解地问："你怎么也到了刘仪同家里？"

儿子也是丈二和尚摸不着头脑，以为父亲劳累过度生了病，回道："父亲，我是您儿子啊！"

闹了半天，刘臻才明白是到了自己家，转过头来责怪车夫粗心大意，说自己要去的是刘讷家。

刘臻生活糊涂，做事也迂腐。他很喜欢吃蚬子，但他的父亲名刘显，与蚬音相近，于是他就称蚬子为扁螺。

刘臻能够埋首于书本之中，得益于杨勇的支持。因为经常与这帮书呆子待在一起，杨勇受到他们的影响，处事也有些迂腐。

在东宫也有看不惯杨勇与文人亲近的人，太子左庶子①刘行本就是其中之一。刘行本是属于王韶一类的行政官僚，他看见刘臻、明克让和陆爽都是以学问和太子往来，就时常对他们三人说："你们几位只知道读书，应该教授太子处理大事的能力才对。"

因为亲近的都是这些读书人，太子杨勇也只相信读书的文人，这也就使晋王杨广日后有了夺取政权的机会。

---

① 太子左庶子：古代官名，秦代始置左庶子，北魏置太子左庶子，职如侍中，隋朝以太子左庶子为门下坊的主官。

第三章　建功立业

一、政治联姻

杨广远镇并州时，虽然只有十几岁，但是在封建时代，特别是帝王之子，已是婚娶的年龄了。经独孤皇后精心挑选，太子杨勇已经娶了西魏宗室元孝矩的女儿。至于杨广的王妃，独孤皇后和文帝选中了南朝萧梁帝室。最高统治者考虑更多的是政治联姻，希望通过姻亲关系结成强大的政治联盟，巩固自己的政权。

萧梁虽然早已灭亡，但是在江陵一隅还保留了一个后梁傀儡政权，从西魏、北周直到隋朝，前后一共存在了 30 多年。当时的庸主叫萧岿，字仁远，是著名文学家、梁昭明太子萧统的孙子，梁武帝萧衍的玄孙。萧氏祖籍兰陵郡（今山东兰陵县），东晋时南迁，后来出了南朝齐、梁两个帝室，成为侨姓门阀。萧岿的父亲萧詧由西魏大将军杨忠扶立，杨忠攻下江陵灭梁元帝萧绎后，奉命将萧詧移往江陵，后杨忠又任总管拥兵监视萧詧。萧詧忧死，其子萧岿嗣位，更加依赖北周政权。

传说萧岿很有才学，但他自知没有治政能力，于是把精力都用在编书等文学艺术事业上。北周武帝平北齐时，萧岿曾亲自奔赴长安朝贺。到杨坚篡周，司马消难等起义之时，后梁臣子劝萧岿趁机起兵，恢复旧梁祖业。但是萧岿头脑十分清醒，自知国力弱小，没有成功的把握，因而没有轻举妄动。杨坚登基后，萧岿即上表致贺，杨坚对他的表现非常满意，还给了他丰厚的赏赐。

开皇二年（582 年），萧岿又亲自到长安朝贡，以表忠心。文帝非常高兴，下诏重申萧岿的政治地位应当在王公之上，还承认了后梁的藩国地位。萧岿回去后，文帝即派使者备礼去江陵聘萧岿之女为儿媳。对于这门亲事，萧岿自然求之不得，能与大隋皇帝结为儿女亲家，对确保他的政治地位以及梁国的前途都是很有好处的。可是，他的三个女儿让御史和相士看过之后，他立刻没了精神。原来这三个公主占卜的结果竟是一样——不吉！萧岿当然不想轻易放弃这天大的好事，就在他感到手足无措时，大脑中灵光一闪，突然想起自己在宫外还有一个女儿。

为什么这个未出嫁的女儿不在宫中呢？原来，萧岿的这个女儿出生在二月，按江南习俗，这时生的孩子很难养活，所以刚落地就被抱给了叔父萧岌抚养。不久萧岌夫妇相继去世，萧女又被送到舅父张轲家。张轲家境很穷，为了生活，萧女必须亲自参加劳动。

这天正午，萧女洗完了一大竹筐衣裳，想掬一捧清凉的河水洗一洗汗津津的脸。突然，她看见水中映出一张男人的面孔，正眯缝着一对肉眼冲着她嘻嘻笑。萧女吓了一跳，赶紧站起身来，头顶差点撞上那个人的下颏。她不由得倒退两步，扭头看清身后的男人后，立时怒斥道："泼皮阿四，你又来做什么！"

这个被叫作阿四的男人不气不恼，猥琐地笑着说："小妹妹，我不是有意吓你的。我只是想俯过身子从水中看看你的脸，在背后看不见嘛。嘿嘿，水中映出的小妹妹与眼前这个一样漂亮。"

"阿四，你再这么嘻皮笑脸地胡说八道，我就喊人了。闪开！"萧女狠狠地瞪了阿四一眼，端起装衣裳的竹筐走上岸去。

这个泼皮阿四姓张，论辈分萧女应喊他舅父，是村里出了名的赖子。也许是着急想娶个媳妇，这些天来他瞄上了萧女。每次萧女独自去菜园摘菜，或者是去河边担水，他就一脸无赖地缠住她，谄言媚语。

"你洗了半晌衣裳，累坏了吧？来，在这柳荫下歇息歇息，让我陪你说会话再走不迟。"张阿四说着，也跟上岸来，并伸手来拉萧女。

萧女急了，用竹筐向前一挡，大声呵斥道："阿四，我真要喊人来了！"

萧女的竹筐并未碰着阿四，却见他一个跟头，"哎哟"一声重重地跌坐在堤坡上。他龇牙咧嘴地撑着胳膊爬起来，还未站稳，脚底又一滑，摔了个嘴啃泥。萧女见张阿四那狼狈不堪的样子，忍不住笑出声来。

等二人缓过神来，突然看见眼前出现了一个衣衫褴褛、蓬头垢面的老乞丐，只见他手挂一截竹竿，腰背挺直地站着，面容、装束邋遢，双眼却有光。他对阿四说："张阿四，你若再胡闹，怕是要一整天都得趴在这河土坡上了。"

张阿四爬了起来，一边吐着嘴里的泥土，一边惊奇地问道："咦，你这老叫花子怎么知道我的大名？"

老乞丐哈哈一笑说："方圆数里，谁不认得你泼皮张阿四呀！"

"认得又怎么样？我跟姑娘在此玩耍，还轮不到你来多嘴插言。快讨你的饭去吧！"张阿四咬牙切齿地说。

"哎，这话说得就不对了，"老乞丐收敛了笑容，"堂堂男儿光天化日之下狎侮良家女子，如此轻薄无礼，谁见了都会挺身斥责。更何况你纠缠亵渎的乃是一位大富大贵之人。"

"什么？大富大贵！你说她是大富大贵之人？哈哈哈……"张阿四仰头大笑，"小妹妹，你可听见了，这疯老头说你是大富大贵之人，那我又是什么？哎，老头，你知道她是谁吗？"

"当然知道。"

萧女看着一老一少斗嘴甚是滑稽，听老头说自己是大富大贵之人，不免一愣。

这时张阿四又说："知道就好！有谁见过大富大贵之人在河边洗衣裳，在草棚下喂鸡鸭？要是这样，天下人十之八九都大富大贵了。"

"以一时境遇言人之一生，真可谓目光浅薄。当心日后皇后一句话，砍下你的头来。"

"皇后？哈哈，小妹妹，等你做了皇后，别忘了让人来砍我张阿四的头呀！哈哈……"张阿四笑得前仰后合，突然觉得两腿发软，接着双膝一弯，"扑通"一下跪倒在地，冲着萧女叩头不止。

老乞丐对着萧女双手一拱，一本正经地说："张阿四既已跪拜谢罪，就饶他这一回吧！"说完转过身去，沿着河边径直走了。

萧女见地上的张阿四久跪不起，一时不知如何好，没等老乞丐走远，她也慌忙掉转身子往家走。她刚走进家中，就看见五六个带刀佩剑的兵尉簇拥着一个文官模样、手拿圣旨的人走进院里，冲着舅父、舅母喊了声："张轲夫妇听旨！"

张轲夫妇听到喊声，忙从屋里走出来，在官差面前跪下。官差取出圣旨宣读，原来是萧女的父亲梁明帝萧岿召萧女即刻回宫。张轲夫妇二人愣在那里半天没回过神来，直到那个文官开始催促，张轲的妻子才抹着眼角走进屋，拿出一个包袱，里面是萧女的衣物。张轲跟进来，见妻子在忙活这些，就说："哎呀，你还弄这些东西干什么？"

"这不都是女儿平日穿得着的吗？"

"唉，你真是老糊涂了！这些衣服能在宫里穿吗？你放在这儿，过一阵子她若是回来了，依然穿得着。要是她一走就不再回来了，带去也没用，倒是我这儿有些东西想让她带上。"

张轲给萧女的包裹里放了几本书，都是平日萧女最爱读的。他对萧女说："宫里虽有书，却未必是你喜欢的。"

萧女强忍泪水告别了舅父、舅母，坐进官差带来的轿子里。等轿子离地，颤颤悠悠地颠晃起来，她再也忍不住了，泪水夺眶而出。她不知道父亲将自己接回去是为了什么，更料想不到自己的一生会发生什么样的变化。

萧女被接回宫中，萧岿看着面前这个 14 岁的女儿已出落得明眸皓齿，亭亭玉立，美丽动人，心中甚为高兴。相士给萧女占卜的卦相结果是大吉，隋使急忙回宫报知文帝。文帝非常高兴，即刻下诏将萧女迎进京城，待择良辰吉日册封为晋王妃。

二、安抚东突厥

当文帝在皇宫中忙着为杨广选妃的时候，杨广本人则在千里之外的塞北干着一番轰轰烈烈的大事业。

自从做了晋王，杨广的任务就是和突厥打交道。隋朝初年，在如何对待突厥的问题上，文帝父子一直存在分歧，最后接受了主和派长孙晟①的意见。长孙晟是研究突厥事务的专家，他和他的后继者裴矩②主张使用远交而近攻、离强而合弱的策略。

突厥原先生活在河西走廊一带，受北魏拓跋部的驱逐，其中的阿史那一族500户迁徙到了阿尔泰山附近，成为柔然的部落奴隶，专门给柔然人锻造铁器，又称为锻奴。另据《隋书·突厥传》说，突厥的祖先原在西海，为邻国所灭，仅有一个小男孩得以幸存，但他的腿和臂都被仇人给砍了，抛弃在野外，后来有一母狼发现了他，便叼来肉将他喂养成人。仇人知道后又来追杀他，母狼用神所赐的力量把他衔到遥远的高昌国③西北的一座山上。这座山下有个洞，洞后有一片200余里的草地，母狼和他就在这片草地上结合了。后来，母狼给他生了10个儿子，其中一个就是突厥人的祖先阿史那。所以，狼是突厥人的图腾，突厥的首领常以狼旗来号召部众。突厥人强悍勇猛，人人以病死为耻，战死为荣。随着部落文明的进步，北魏末年阿史那当了酋长，突厥开始有了自己的文字，也有了自己的部落联盟，盟主称为可汗，从此摆脱了柔然人

---

① 长孙晟（551—609年）：字季晟，河南洛阳人，隋朝军事家、外交家。生性聪慧，涉猎书史，擅长骑射。多次奉命出使突厥，为分化瓦解突厥，保持隋朝北境安宁、促进民族融合作出了重大贡献。

② 裴矩（547—627年）：本名世矩，字弘大，河东闻喜（今山西闻喜）人，隋唐时期政治家、外交家、战略家、地理学家。早年历仕北齐、北周、隋朝，降唐后历任殿中侍御史、太子左庶子、太子詹事、检校侍中、民部尚书，封安邑县公，受到唐高祖、唐太宗的推崇。

③ 高昌国：西域的一个佛教国家，位于今新疆吐鲁番市高昌区东南，是古时西域交通枢纽。为天山南路的北道沿线东西交通往来的要冲，也是古代新疆的政治、经济、文化中心之一。

的奴役。

若干年后，汗位传到了沙钵略手中，在他的领导下，突厥进入最为强盛的时期。当时中原的北周和北齐都想争取强大的突厥为友邦，北周每年馈赠突厥的绢帛达 10 万匹，北齐也倾其所有讨好突厥。北周、北齐都希望借突厥骑兵来战胜对手，但突厥也打着自己的小算盘，巧妙地利用北周与北齐的矛盾；北周的力量弱，突厥就助北周攻北齐；等北周的力量超过了北齐，突厥又转而帮助北齐攻打北周。"只要南面的两个儿子孝顺，我还用为了钱财担心吗？"沙钵略可汗曾说过这种傲慢无礼的话。

北周时期，突厥自恃兵强马壮且骁勇善战，屡犯边关。北周朝廷也曾发兵征讨，但是在大漠荒原上拼杀，北周军队终不敌在马背上成长起来的对手，常常是损兵折将、无功而返。北周皇室对突厥只能施以抚慰之策，包括将公主嫁给突厥首领为妻。沙钵略的可贺敦就是北周赵王宇文招的女儿千金公主。

千金公主嫁过去不久，杨坚就即位登基了。千金公主因此常常给沙钵略可汗吹枕边风，鼓励他养精蓄锐，日后举兵南犯以光复周室。沙钵略可汗也觉得自己是周室女婿，为妻子报仇复业自然责无旁贷。然而，中原的统一使沙钵略没有可乘之机，这时文帝也下诏停止岁贡，加强战备，双方的关系迅速恶化。

但是，对于大漠上的突厥骑兵，最好的办法肯定不是以武力强行征服，而是用离间计使他们相互残杀。长孙晟在奏章中称："突厥的强大仅仅是表面现象，沙钵略的大本营在都斤山（今蒙古国杭爱山东段），沐杆可汗的儿子阿波可汗势力在北牙；佗钵可汗的儿子菴罗在独洛河（今蒙古国境内的土拉河），他是草原上的第二可汗；处罗侯在草原东面，人称小可汗。他们都是伊利可汗的后代，生活在东突厥。突厥西部还有一部落属于伊利可汗之弟室点密可汗的后代，他们处于达头可汗的统领之下。达头和沙钵略比，力量强大但地位低；处罗侯势单力薄，但有计谋又有威信；阿波态度中立，但对沙钵略十分畏惧。现在应该采取的策略是远交而近攻，离强而合弱。首先与西突厥达头通使，促成达头与阿波的友好关系，这样一来，沙钵略自然就要防卫自己的右路。然后派人与处罗侯联络，让他和东北少数民族联合，这样沙钵略的左路也不再太平了。沙钵略左右为难，突厥人又相互猜疑，10 余年之后再向他们发动进攻，必可一举清空其国。"文帝采纳了这一策略。

开皇二年（582 年），沙钵略下令派遣 40 万大军，西起鄯州（今青海乐都），东至幽州（今北京西南），分道入侵隋朝。沙钵略自率 10 万大军攻入今武威、天水和延安一带地区，使西北地区的畜牧业遭受严重破坏。突厥原想继续南下，但达头可汗却率军返回草原。长孙晟又让沙钵略的儿子对其父谎报军情，说铁勒部要对其大本营发动偷袭。沙钵略果然上了当，匆匆撤兵回到塞北。隋军靠调虎离山计避免了突厥大军南下，但双方交战仍然十分残酷。

开皇三年（583 年），隋朝开始由被动防御转为主动出击，文帝下令兵分八路出塞攻击突厥。后来根据总管李充、长史李彻的建议对突厥发动偷袭，并取得了成功。沙钵略被打得丢盔弃甲，非常狼狈，匆匆逃离。因为军中没有粮饷，突厥人只好把骨头磨成粉吃，加上军中发生瘟疫，突厥人死了很多。

隋军的另一路由窦荣定率领，从凉州出发，在高越原与突厥阿波可汗相遇。这一路打得非常轻松，隋军要求和突厥一对一单挑，并让因犯罪而被充军到敦煌的隋朝大将军史万岁[①]出阵，突厥人当然不是他的对手。阿波可汗见隋军的一个小兵也如此骁勇善战，遂不敢再战，引军而去。

长孙晟此时正在窦荣定军中担任偏将，他建议派使节去阿波可汗军中策反。使节对阿波可汗说："沙钵略打仗屡战屡胜，而你却屡战屡败，实在是突厥人的耻辱。你们两支军队实力相差无几，如今沙钵略打了胜

---

① 史万岁（549—600 年）：京兆杜陵（今陕西西安）人，隋朝名将，长于骑射，好读兵书，屡建战功，后遭杨素嫉妒诬陷被冤杀。

仗受人崇敬，而你却让族人蒙辱，难道不担心沙钵略向你问罪而乘机扫平你的北牙吗？希望你认真考虑一下，想一想自己究竟能不能打败沙钵略。"阿波可汗动摇了，就派人来和长孙晟谈判。长孙晟建议他与达头联合，阿波可汗接受了他的建议，于是派人随长孙晟一起进京朝见文帝。沙钵略原本就嫉妒阿波武艺高强，他在白道（今内蒙古呼和浩特西北）打了败仗后，回来又听说阿波私下与隋军谈判，就偷袭了阿波的老巢北牙，还把阿波的母亲杀了。这下阿波无家可归，只好投奔西突厥的达头可汗。在西突厥的支持下，阿波和沙钵略彼此攻击，东西突厥从此分裂，长期相互残杀。

到开皇四年（584 年），隋朝的离间计已经取得了明显的效果。二月，突厥达头可汗派使者前来通好，随即又带兵奔袭东突厥。大兵压境之际，阿波可汗的众多属部纷纷反叛沙钵略，与阿波可汗汇集，一起袭击沙钵略的营帐。这时，千金公主已顾不上杀父之仇了，忙劝沙钵略立刻派人去长安，恳求大隋皇帝给予支援，并请求恩准东突厥人马在白道川（今内蒙古呼和浩特平原）一带暂避。于是，文帝派遣晋王杨广带兵支援。沙钵略非常感激，亲自拔除营帐内外的杂草，设下酒宴迎接杨广。

杨广遵照父皇的旨意，将大批衣物、马匹、军械赏赐给沙钵略。此时的沙钵略，简直要把大隋皇帝视为再生父母。杨广见沙钵略可汗已安定下来，便起程回朝复命。

谁知杨广刚走两天，沙钵略又开始纠集部众，向西边的阿波可汗猛扑过去。但他忽视了北面一个叫阿拔的小部落。阿拔见沙钵略后方军营空虚，乘机偷袭，不但抢走了一大批粮草，还把千金公主一家老小掳走了。沙钵略这时正与阿波可汗激战，胜利在望，脱不开身，只得求助于晋王。杨广率 2 万兵马掉头北上，直捣阿拔巢穴，将被抢的东西如数追还，千金公主和家人也平安地回到了沙钵略身边。这时的沙钵略再也没有了周室女婿的气焰，他马上写了一份奏表："天无二日，土无二主。大隋皇帝堪称天上的太阳，大地的主人。今天，沙钵略十分感慕上国淳朴的风俗，归心南方的有道国君，特此屈膝叩头，永为大隋藩属。"他让小儿子库合真带上这份奏表，跟随杨广一同南下回到长安，以此向文帝表示臣服的忠心。

千金公主也请求文帝推恩自己改姓杨，愿做文帝的女儿。后来，文帝就封她为大义公主。

三、夫唱妇随

杨广回到并州后，发现家里多了一位萧妃。虽然不是自由恋爱，但他对于父母先定亲家、再选媳妇的包办婚姻却深为满意。在这方面，杨广与哥哥杨勇不同，杨勇对独孤皇后为他选定的元魏帝裔非常不满。而萧妃出身于帝王之家，却成长于市井，身上没有大户小姐的娇生惯养之气，性格随和温顺，聪明能干，善解人意，而且能书能画，很有才气。这些都符合少年杨广的喜好。萧妃对仪表堂堂、英俊潇洒、才思敏捷的杨广也十分倾慕。她到长安以后，多次听宫里的人谈及晋王的英武多才。此次杨广北御突厥，圆满地完成了父皇的旨命，使大隋北疆复归安宁，不仅使文帝龙颜大悦，朝中大臣也对他大加赞颂，钦佩有加。杨广自塞外胜利归来，文帝在嘉奖他时又郑重地说："晋王有所成就，多亏子相辅佐之功！"皇上特此褒奖，谁能不喜出望外！

回到并州这些天，王韶对杨广的管束宽松了许多，因为他觉得这些日子杨广确实很辛苦。为了让杨广放松一下心情，王韶想陪他到外面去游玩游玩，散散心。但是，直接带着他游玩散心显然不甚妥当，必须找一个合适的理由。王韶想来想去，找到了一个合适的由头，他说："大王为国事操劳乃责无旁贷，但身为国之屏藩也不可顾此失彼，荒疏了骑射之功。"

杨广听了点点头说："是啊，好久没去练习弓射之法了。"

"请大王率一队兵马到山林中演练骑射，老臣也将随从。"

杨广很高兴地答应了。

第二天清晨，杨广率队出发了。刚出门时还是朗朗晴空，还没过一个时辰，天就阴沉下来了。狂风吹动着团团乌云，不一会儿，铜钱大的雨点便纷纷落下。

萧妃在晋王府中望着外面的大雨，心里十分焦急，担心杨广的安危。就在这时，只听前庭有人喊道："大王回来了！"

萧妃正要起身，就见杨广弓着身子一头撞了进来。他双手抹了一把脸上的雨水，爽朗地笑道："哈哈，野羊毛没见着一根，却让天公给白白洗了个澡！"

萧妃赶紧拿出干净的衣服，说："快换上干净衣服，别受了凉！"随后，萧妃又问："怎么就没带件油布衣？"

杨广答道："兵尉给我带了件油布衣。不过，那么多人马都在淋雨，还有恩师在一旁，我怎么能独自穿那油布衣呢？"

萧妃心头一热说："我先去叫人给你煮些姜汤喝，驱驱寒气。"

杨广嘱咐道："吩咐厨下多煮一些，给今天淋了雨的兵士们都喝一碗。"

很快，姜汤煮好了。萧妃将一大碗姜汤递给杨广，心疼地说："为了与兵士同甘共苦，把自己淋成这个样子，怪不得朝野上下都夸你哩！"

"唉，说本王仁孝也好，夸本王干练也罢，还不都是父皇教诲、恩师督导之功吗？"

杨广捧起姜汤，刚要送往嘴边，又把汤碗放回桌上，沉思片刻之后说："你说，自古以来为什么非要把皇位传给长子不可呢？"

萧妃一愣，不知该如何回答。

这年夏天的一个黄昏，文帝忽然提出要和独孤皇后一起去杨广府上看看。这是一次事先未打招呼的视察，结果令文帝甚感欣慰。

晋王府里里外外看不到任何奢华的装饰点缀。窗棂上糊的是白纸，门楣上垂着普通人家常见的竹帘，床榻上的帐幔也素雅洁净。墙角虽然放着几件乐器，却都蒙着厚厚的灰尘，弦也断了几根，显然很久没有弹奏了。最令独孤皇后高兴和放心的是晋王府里除了萧妃，连一个年轻漂亮的女人都没有。婢女全是一些老妇人，打扮得朴素庄重。暮色将晚，杨广与萧妃奏请文帝和独孤皇后屈尊共进晚餐。文帝开玩笑道："你们有什么美味给朕吃吗？"

萧妃面有赧色地答道："不知父皇母后驾临，未来得及准备，只有府上平常食用的瓜豆菜蔬。"

文帝大喜，让随身侍从速回宫中拿来一些鱼肉和一坛酒，作为对晋王的赏赐。

当天晚上回宫后，独孤皇后对文帝大发感慨："几个皇子中只有阿㾆最难得啊！太子睍地伐（杨勇的小名）要学学阿㾆就好啦。听他们说，在东宫睍地伐根本不同元妃住在一起，整天与那个叫云氏的厮混，成什么样子！"

文帝听着，并不作声。独孤皇后继续唠叨："阿㾆多么体恤别人，宁可与部下一块淋雨，也不愿自己穿油布衣。要是睍地伐，你说他能这样做吗？"

文帝对杨广的美善德行也早有听说，心里当然高兴，但他听了皇后的话不免有点心烦，烦的是皇后分明话里有话，是在说立杨勇为太子有所不当嘛！他也烦太子不成器，太不争气。但他不能顺着皇后的话说下去，否则无异于火上浇油，因此，他叹了口气说："按阿㾆的德行才干，日后必将担当大任！"这些话是皇后愿意听的。

现在，文帝觉得是托大任于晋王的时候了，这次他要让杨广做平定南陈的统帅。独孤皇后得知此事后，对文帝说："陛下的心思真是与我不谋而合！"

四、统军征南陈

开皇三年（583 年）十一月，陈使袁彦出使隋朝，陈后主让袁彦将所见隋文帝的仪容相貌画一张肖像。当陈后主见到威武雄壮的杨坚肖像时，不禁大吃一惊，连连摆手说："我再也不想见到此人了。"唐代诗人杜牧写了一首脍炙人口的《泊秦淮》，诗中写到："烟笼寒水月笼沙，夜泊秦淮近酒家。商女不知亡国恨，隔江犹唱后庭花。"诗中所感所述的就是陈后主，《玉树后庭花》正是这个亡国昏君与嫔妃饮酒作乐时谱写的曲子，南陈的江山也正是断送在这靡靡之音中。

陈后主名叔宝，字元秀，小字黄奴，是陈宣帝陈顼的嫡长子。陈朝太建十四年（582 年）正月，陈宣帝病逝，陈叔宝本应继承皇位，岂料兄弟之间却发生了一场骨肉相残的闹剧，使他险些丧命。刺杀他的人正是他的同父异母弟、宣帝次子陈叔陵。陈叔陵为人狡诈阴险，平时喜好挖掘古墓，取石志古器加以收藏。他的生母彭氏病逝时，他到梅岭挖出东晋太傅谢安①的棺椁，在原坟穴中埋葬其母。陈宣帝病重之时，他和陈叔宝、陈叔坚一起入内侍疾，见父皇不治，他生出杀兄夺位的邪念。由于宫中没有兵器，他让典药吏将切药的刀磨快，这一行为引起了弟弟陈叔坚的警觉。

宣帝病逝后，陈宫一片悲戚之声。正月二十一日，宫人为陈宣帝小殓时，陈叔宝伏在灵柩上痛哭哀号，陈叔陵冷不防抽出一把切药刀，一刀砍中陈叔宝脖颈，陈叔宝惨叫一声当即倒地。陈叔宝生母柳皇后闻声赶来救护儿子，也被陈叔陵连砍几刀。这时，陈叔宝的乳母吴氏哭喊着扑到陈叔陵背后，死死抱住他的右肘让他无法再挥舞刀子。陈叔宝苏醒爬起，但陈叔陵仍用左手死死抓住他的衣服不放。在这千钧一发之际，长沙王陈叔坚闻讯赶到，及时夺走陈叔陵手中的切药刀，并用衣袖将他捆在殿柱上。陈叔宝则被乳母扶入内殿躲避，陈叔坚就去找他，询问如何处置陈叔陵。不料陈叔陵趁机挣脱束缚，夺路出宫，驰车回府。他还放出东城囚犯，发放金帛召兵，得 1000 人，企图顽抗。当时皇宫所在的台城军备早已空虚，柳皇后召来右卫将军萧摩诃②，率兵士数百赶来

---

① 谢安（320—385 年）：字安石，陈郡阳夏（今河南太康）人，东晋政治家、名士。多才多艺，善行书，通音乐。性情闲雅温和，处事公允，不专权树私，不居功自傲，有宰相气度，治国以儒、道互补。

② 萧摩诃（532—604 年）：字元胤，兰陵人，陈朝名将。辅佐陈后主登基，加封骠骑大将军、绥建郡公，后降隋，被授开府仪同三司。

救援。经过一阵激烈的混战，萧摩诃终于将叛乱平息。陈叔陵战败后，先将他的爱妃宠妾 7 人沉入井中，自己想乘舟过江降隋，结果被萧摩诃追及斩首。

当上皇帝可谓艰险，治好国家则更是不易。陈叔宝即位不久就贬谪陈叔坚和仆射毛喜，然后任命没有实际才干的文士江总为尚书令，中枢机要则交给寒门出身的中书通事舍人施文庆、沈客卿掌管。宣帝大丧不过一年，陈叔宝就开始举办盛大的歌舞宴会，带头展乐赋诗。他认为皇权既已稳操手中，现在想怎么干就怎么干，想怎么乐就怎么乐。

不久，禀性刚直的大臣傅绰被施文庆诬陷入狱。傅绰在狱中上书，指责皇帝酒色过度、宠溺佞臣，"恶忠直若仇雠，视生民如草芥"，使"东南王气自斯而尽"。陈后主见书后勃然大怒，派人到狱中传话说："若能改过，便赦免你。"但傅绰严肃地说："臣心如面，臣面可改，则臣心可改。"陈后主听了更是火冒三丈，令宦官李善庆将傅绰处死。这件事发生后，南陈的谏官形同虚设，无人再敢进言。这使陈后主更是无所顾忌，恣意妄为，每天饮酒赋诗，不理政事。

陈后主自幼在宫中长大，吃喝玩乐最为擅长。尽管做了皇帝，除了舞文弄墨、赋诗填词之外，他就只认得红绿彩裳。即位第二年他就大兴土木，在皇宫里建起了临春、结绮、望仙三阁，据说每阁高数十丈，绵延几十间。三阁之中的窗牖、壁带、悬楣、栏槛，都用上好的檀木修建，又饰以金玉，镶嵌珠翠，外面悬挂珠帘。阁内还设置了宝床、宝帐和各类玩耍之物，景物雄奇瑰丽，堪称自古未有。阁下还有假山鱼池、奇花异卉，每有微风拂过，便香飘万里。陈后主将此处称为"后庭"，他自己住临春阁，宠妃张丽华独自居住在结绮阁，龚贵嫔与孔贵嫔合居在望仙阁。三阁之间有复道连接，来去十分方便。

三阁之中，除了陈后主，就是张丽华独占一阁，可见后主对她恩宠有加。张丽华是武将之女，幼时家境贫寒，起初是作为龚贵嫔的侍女选进宫的，因容貌艳丽让陈后主一见钟情，很快被册封为皇妃。张丽华也的确是美貌绝伦，步态风神秀彻，双眸顾盼生辉。尤其是她那七尺秀发，俊秀飘逸，油光可鉴。每到清晨，张丽华在阁中临轩梳妆，陈后主从临春阁遥遥望去，朦胧之中好像看到了蓬莱仙女一般。陈后主还写了一首艳诗，对张妃的容貌赞赏至极，并命乐师谱了曲子，取名为《玉树后庭花》，天天在宫中演唱。他与张妃更是如胶似漆、形影不离。

江北的隋朝自开皇以来，百姓安居乐业，得以休养生息。官仓日益充盈，国力日趋强盛，在南陈已是妇孺皆知之事。而文帝一统江南的心思也伴着国力的强大日胜一日。开皇三年（583 年）文帝曾发兵南下，恰逢陈宣帝驾崩，因为"德不伐丧"而撤了回去。但从那时起，隋军每年总有那么一两次聚兵江岸，扬言灭陈。南陈也几次慌忙征募兵勇隔江对峙，以防不测。可等到陈军集结完毕，隋军就撤得没了踪影。如此来回折腾，弄得陈军疲惫不堪，陈后主也就不再把那些风声鹤唳的奏报当一回事了。后来再有这样的奏报，尚书孔范等近臣干脆压下不呈，免得坏了陈后主饮酒歌舞的兴致。再后来，又有密报称隋朝不仅在江北沿岸调集军队，还到处招募工匠大量造船。还有更邪乎的传闻说不少南陈的造船高手，受到丰厚酬劳的诱惑，纷纷到北岸冒充隋人造船去了。但无论密报和传闻是否属实，都到不了陈后主的耳朵里。

徐德言是太子舍人，也是陈后主的妹夫，为了使乐昌公主不至做亡国公主，他按捺不住心中的激愤，冒着杀头的风险去面谏陈后主，希望他能自省，不再沉迷下去。

徐德言来到临春阁的时候，听到阁中传出音乐歌舞之声，正是那首《玉树后庭花》。他请内侍禀报，直到一曲歌罢，才得到陈后主的召见。

陈后主盘腿坐在宝床上，张丽华半躺在他的怀中。殿内还有施文庆等一班近臣，正在跟十几个歌妓舞女嘻嘻哈哈地调笑。徐德言进来见到这番光景，预感到自己这一趟算是白来了。他之所以不写奏章，就是担心呈不到后主手上，所以要在后主面前亲口说出自己的担忧，让后主仔细地听一听、想一想。可是，现在他知道自己错了，恐怕后主早已无心去听、去想、去议了。南陈已病入膏肓，无力回天了！

尽管如此，徐德言还是一股脑把想说的全都说了出来，侃侃而谈中慷慨激昂，晓情动理。听了徐德言的话，陈后主微微一笑说："德言忧国之心可嘉，不过你还是多虑了。自古以来，长江天堑阻断南北，况且金陵自古以来就是有王气的福地，齐兵曾三次来犯，周兵也来攻打过两回，无不挫败。现今隋军若再不自量力，势必以卵击石，自取覆亡！爱妃，朕之所言对否？"陈后主说完，抬手拧了一下张丽华的小脸。

一群近臣在一旁也嘻笑着应和，异口同声说："陛下说得太好了！"

徐德言觉得浑身不对劲，再也看不下去了，只得躬身告退。

乐昌公主听说了徐德言进宫之后见到皇兄的情形，呆愣了好一会儿，不知道是悲伤还是气愤，一句话也说不出来。徐德言说："陈的气数已尽，劫难在所难免，咱们还是提早作打算吧！"

与此同时，文帝已经在暗中策划平陈之役。文帝最先找到尚书左仆射高颎问计。高颎的父亲是独孤氏的旧臣，满朝大臣就数他最心甘情愿为朝廷赴汤蹈火，所以文帝凡事都会先和他商量。高颎对平陈早有考虑，他说："南方收割粮食比北方收割得早，可乘陈人收割时在两国的边境集结军队，敌人为了备战，必然会耽搁收割粮食。而且北方储存粮食都用地窖，南方潮湿，粮食都存放在竹子搭的仓库里。等到粮食收完后，多派些间谍到江南纵火焚仓。这样虚张声势地闹个几年，定会把陈人拖得筋疲力尽，之后我们进攻时，敌人一定会放松警惕，到那时便可打他们个措手不及。"文帝下令边境的军队照高颎的计谋行事，这种骚扰一直持续了好几年，确实起到了麻痹敌人的作用。

开皇五年（585年），文帝正式启动了对南陈作战的军事部署。同年十月，文帝派吐万绪①为徐州总管，让他悄悄准备作战兵器，又派李衍到襄州（今湖北襄阳）负责打造战船。十一月，又任命上柱国杨素②为信州总管，在重庆打造战船。

---

① 吐万绪：复姓吐万，字长绪，鲜卑族，代郡（今山西朔州）人，北周、隋朝名将。因功升至大将军、少司武等职，后被隋炀帝逼死。

② 杨素（544—606年）：字处道，弘农郡华阴县（今陕西华阴）人，隋朝权臣、诗人、军事家。历任御史大夫、荆州总管、司徒，先被封越国公，后改封楚国公，死后追赠光禄大夫、太尉，谥号"景武"。

开皇六年（586 年）十月，文帝任命杨广为内史令，参与制定攻打南陈的方案；同月又让秦王杨俊为山南道行台尚书令，主管长江中游汉口的军事。

开皇七年（587 年）四月，文帝下令开凿连接淮河和长江的山阳渎；八月下令废除后梁。

开皇八年（588 年）三月，杨广命人向江南散发 30 万份传单，列出南陈君臣的二十大罪状，以此动摇南陈军民的斗志。隋人当时已经知道在军事进攻前发动舆论攻势，在军事史上也算是一个创举。十月二十三日，文帝在寿春（今安徽寿县）设置淮南行台，杨广任行台尚书令。

做好充分准备后，十月二十八日，文帝父子和群臣去太庙祭告祖先保佑平陈胜利，又到太社祭祀。之后，文帝下令晋王杨广、秦王杨俊、清河公杨素为行军元帅，指挥参战的总管共 90 人，作战大军共 51.8 万人，兵分五路，从长江的中下游同时向南陈发起进攻。全线军事都归杨广全权调度。这一年杨广刚满 20 岁，就已担任行军元帅统领六军，这在历史上也是不多见的。不过，真正指挥作战的是尚书左仆射高颎和河北道行台右仆射王韶。

十一月初一，文帝为众将钱行，初九又在距潼关 30 里的定城（今陕西华阴市东）誓师，自此，平陈之战揭开了序幕。

杨广率领大军到达前线，先给南陈尚书令江总发了一道檄文，引经据典地宣称 300 年后天下大统乃天意，并且陈述南陈必亡的三个理由，劝南陈君臣不战而降。

杨素率领的西路军是最先出发的，船队浩浩荡荡地从上游顺流而下，旌旗和铠甲在太阳的照耀下发出夺目的光芒。杨素端坐在五牙舟上，英姿勃勃，陈人见了称他如江神一般。秦王杨俊则驻守汉口，指挥上游军事。开皇八年（588 年），杨俊开始行动，摆出一副从汉口进攻郢州（今湖北武昌）的架式，陈军慌忙从峡口调兵东下。这时，杨素乘三峡空虚，率水军下三峡，然后在汉口与杨俊的军队会合。原来，隋军声西击东，把进攻的重点放在长江中下游。杨广和高颎坐镇于六合镇桃叶山，攻打南陈都城的先锋由韩擒虎和贺若弼[1]担当。隋军渡江选在开皇九年（589 年）正月初一，这是长江上多雾的时节。尤其是黎明或黄昏，在浓雾遮掩下，江面朦胧，久久不开。

滚滚长江之上，东起沧海，西至巴蜀，旌旗迎风招展，舟楫横亘千里，隋军浩浩荡荡向南陈国都建康（今南京）压了过来。

韩、贺二人渡江时，南陈守军在大年三十喝多了酒，和他们的皇帝一样沉睡不醒，以至于完全不知道隋军南渡。

杨广闻报万分欣喜，北边的京口（今江苏镇江）与南边的姑熟（今安徽当涂）距建康均为 200 余里，现在贺、韩二将渡江成功，战事进展比预料的还要顺利，大军进入建康城指日可待！

五、活捉陈后主

第二天中午，施文庆得到消息，急忙到临春阁向陈后主禀报此事。可是，他在那里等了许久也不见陈后主出来，情急之下他直闯寝殿，哆哆嗦嗦地叫醒了尚在醉梦中的陈后主。昨晚的新年庆典太隆重、太热闹了，歌舞狂欢，没人记得喝了多少酒，听了多少曲儿，只记得睡觉时天将破晓。陈后主打着哈欠，伸伸双臂，从床上懒洋洋地坐起来，斜眼看了看施文庆，又拉过被子给张贵妃盖严实，不满地说："施文庆呀施文庆，也只有你，敢在这种时候闯进朕的寝殿里来。"

"陛下，"施文庆慌忙下跪解释道，"军情十万火急，臣实属无奈，还望陛下恕罪！"

陈后主揉了揉惺忪的双眼，拍拍张贵妃说："爱妃，你是否有兴趣与朕一起听听军情是怎么个火急法？"

---

① 贺若弼（544—607 年）：字辅伯，河南洛阳人，隋朝名将，因伐陈有功，被封为上柱国、宋国公，官至右武侯大将军。

施文庆此时真有些急了，略带哭腔地大声奏报："陛下！隋将贺若弼、韩擒虎已飞渡长江进逼建康，徐子健刚刚来报，采石（今安徽马鞍山市西南）已经失守。另有探报，江北六合一带似有隋军两三万人活动，大有在那里渡江南犯的迹象！"

这一串连珠炮似的禀报总算把陈后主惊醒了，他似乎忘了床上还躺着个赤身裸体的张贵妃，一把掀起被子滚下床来，一边抖抖索索地穿衣服，一边对施文庆说："快，前殿议事，前殿议事……"

文武大臣应召来到前殿，听陈后主一讲，个个大眼瞪小眼，手足无措。直到正月初四，陈后主才勉强下了一道诏书，宣布由他亲自统率六军，并命令和尚、尼姑、道士全都服役。

正月初七，韩擒虎渡江后因兵少并不急于北上建康，而是先率兵向西进攻姑熟，仅用半天时间攻克了城池。这时南陈的南豫州刺史樊猛应召奔赴建康，由他的儿子樊巡代理政事，结果樊巡一家被擒。南陈大将鲁广达①的儿子鲁世真、鲁世雄也在新蔡率部投降，并遣使者持书信去招降驻守建康的鲁广达。

鲁广达接到儿子的劝降信后又气又怕，亲自去向廷尉请罪。陈后主好言慰劳，让他返回军营，并额外赏赐他黄金，表现得很大度。但率舟师游弋于江面的樊猛却遭到陈后主的猜忌。樊猛担负防备六合隋军的重任，陈后主怕他有异心，打算派任忠②代替他。樊猛得知后极为不满，陈后主又乱了方寸，只好作罢，但这样一来却使军心大乱。

几天之后，隋将贺若弼从北道、韩擒虎从南道，齐头并进，夹攻建康。南陈沿江镇戍要塞的守军望风而逃，贺若弼分兵占领曲阿（今江苏丹阳），阻断南陈援军通道，自己率领8000人进逼建康。

正月初九，贺若弼进据钟山，驻扎在白土冈东面。建康以西，杨广

---

①　鲁广达（531—589年）：字遍览，扶风郿（今陕西眉县）人，南陈猛将，誓死抵抗隋军入侵，后随陈亡而亡。

②　任忠：字奉诚，汝阴（今安徽合肥）人。梁时任豫宁太守、衡阳内史；陈时官至领军将军，封梁信郡公；隋时任开府仪同三司。

遣总管杜彦渡过长江后与韩擒虎会师，率步骑 2 万进驻新林（今南京西南）。贺、韩两军在建康近郊驻扎，等待杨广统率大军渡江与敌决战。长江中游，隋蕲州总管王世积[①]率水军在蕲口（今湖北蕲春西南）打败了陈将纪瑱，陈人投降者接连不断。杨广一面准备率大军渡江，一面向文帝上表禀报军情。文帝得报龙颜大悦，当即宴请在朝百官以示庆贺。

此时南陈在建康的军队尚有 10 万，而渡过长江的贺若弼、韩擒虎两军加起来还不足 3 万。由于南陈的江防船只在长江上巡逻，江北杨广的 10 万大军尚不得南渡。陈军若主动出击，指挥得当，完全有可能击败隋军南渡的两支偏师。在贺若弼进攻京口时，陈将萧摩诃又上奏："贺若弼孤军深入，立足未稳，营垒不坚，若此时乘机掩袭，可保必克。"但陈后主没有同意。他不懂军事，面对隋军来攻手足无措，唯日夜哭泣。台城内的所有军情，全部交由施文庆处置。施文庆唯恐将帅建立功勋会瞧不起自己，于是向陈后主进谗说将帅不能专信，因此将帅凡有所请，都未获准。

这天，陈后主让施文庆召大将萧摩诃、任忠到宫中商讨军事。萧摩诃躬身回禀道："陛下，按眼下的情势，数贺若弼威胁最大，而他是孤军深入进屯蒋山的。所以，臣以为，此时的贺若弼营垒未固，立足不稳。我军应当抓住战机，率领精锐全力突击，一鼓作气将贺部聚而歼之，然后再掉头迎战韩擒虎。只要消除了腹背受敌的境况，建康城自会安然无恙。"

"陛下，"任忠打断萧摩诃的话说，"臣对萧将军所言以为不然。"

陈后主急切地问道："这么说，任将军还有上上策了？快说给朕听听！"

任忠说："兵书上说得好，客军贵在速战速决，主军贵在老成持重。现如今我京都之中兵足粮丰，固守台城为权宜之计，切忌仓促迎敌。依

---

① 王世积（？—599 年）：阐熙郡新浇（今陕西靖边县）人，北周、隋朝将领。北周时拜上仪同，封长子县公；隋朝时，任蕲州总管，因功晋柱国，拜荆州总管，后累进上柱国。

臣之见，应沿秦淮河筑立栅栏，等隋军来时，不与之交战，以拖延时日。同时分兵出击截断江路，使隋军相互间音信不通。待到春暖时节，江水大涨之日……"

"什么？"陈后主瞪着眼睛，厉声截断任忠的话语，"任将军，你竟想让朕等到春暖时节，到那时朕的尸首恐怕早已朽烂了！断然不可，不可！"

施文庆也在一旁煽风点火道："陛下，应当机立断出兵迎战隋军，破敌后勒石燕然，以记丰功！"施文庆借喻了西汉时的一个典故，大将窦宪①在蒙古燕然山下击破匈奴后，在燕然山勒石铭文作为千古纪念。

陈后主叹了口气，转而问萧摩诃："值此关键时刻，大将军可愿率军出击，与隋军一决胜负？"

萧摩诃大义凛然地回答："昔日作战是为国家，今日出兵更兼为爱妻娇子，臣将在所不辞！"

陈后主大喜道："极好！传朕旨意，速召萧将军之爱妻娇子进宫，朕要亲自给予赏赐！"

很快，萧摩诃率兵 8 万在白土冈前摆下了长蛇阵，要与贺若弼决战。萧摩诃旗下还有几位大将，战阵最南端的是鲁广达，向北面依次排列过来的是樊毅、任忠，萧摩诃居最北端。

贺若弼听说陈军前来决战，便率轻骑登上蒋山顶峰观察敌情，远远望见陈军南北连亘 20 余里，首尾进退难以相见，他心中已知大概。贺若弼刚刚下山回帐，便接到急报：鲁广达率领陈军朝营垒攻了过来！贺若弼急忙调集 8000 甲士迎敌。

陈军因为是在自家门口作战，一个个犹如初生牛犊，士气旺盛。隋军奋勇抵御，左挡右拦，竟显得力不从心。混战中，隋军阵亡 300 多人。贺若弼见势头不对，即命将士燃放烟幕，打乱陈军队列，迫使他们

---

① 窦宪（？—92 年）：字伯度，扶风郡平陵县（今陕西咸阳）人，东汉外戚大臣、名将，大司空窦融之曾孙。因存篡位之心，被汉和帝迫令自杀。

不敢恋战。即便如此，陈军撤退时也没忘记将战死的隋兵头颅砍下，好回去领赏。

萧摩诃听说鲁广达小试锋芒就已获得战绩，心中稍微踏实了些。他随即疾书一纸军令，命阵中各将纠集精兵效仿鲁广达，同时进击隋军，杀掉骄兵锐气，然后倾巢出动将其彻底击溃。军令写毕，他正要唤传令军士进来，突然有个侍卫进帐禀报道："将军府上来人，说有要事求见。"

萧摩诃心下疑惑，赶紧吩咐道："快请进来！"

来人名叫亮儿，自少年招进萧府，是萧摩诃的贴身书童。亮儿自幼聪明伶俐，心善嘴甜，深得萧摩诃夫妇喜爱，视为亲生儿子一般，还与萧摩诃成了忘年之交。亮儿刚进帐中，就一头扑倒在地上，痛哭流涕道："将军，夫人出事了！"

"什么！"萧摩诃如五雷轰顶，一屁股坐在椅子上，问道，"到底出了什么事？"

原来，陈后主将萧摩诃的妻儿召进宫后，将内庭的许多金银珠宝、绸缎布帛赏赐给他们夫妻。随后，萧摩诃领命出宫，率兵直奔白土冈。谁知陈后主见了明眸皓齿、窈窕俊丽的萧夫人，顿时淫心大发。等萧摩诃走后，他下令设宴款待萧夫人，只将她的儿子送回家去。酒足饭饱后，陈后主又强留萧夫人在临春阁陪坐，入夜竟把她拽上了龙床。

亮儿在府中只等到萧公子一人回来，心里有些纳闷，一连五天过去，还不见夫人的影子，他不禁有些急了。他跟随萧摩诃多年，与宫中不少宦官相熟，于是悄悄进宫打探，这才知道大事不好。萧夫人受辱，心中甚感羞愧，羞自不必说了，她愧的是：丈夫在阵前浴血奋战，为朝廷卖命，自己却在跟君王寻欢作乐！这几天，萧夫人多次央求后主放她回家，但后主正玩得高兴，哪里肯放人。萧夫人彻底绝望了，趁后主被张贵妃请去的空当，拿了一段丝巾系在窗户上准备自缢，幸好被巡逻禁卫发觉，立刻解救下来。陈后主对此不气不恼，传御医给萧夫人治病，他自己也嘘寒问暖，百般殷勤。就这样，光天化日，后主竟一天几次强扯萧夫人衣裙，与她交欢。萧夫人身心备受蹂躏，躺在龙床上真的起不来了。

听罢亮儿的哭诉，萧摩诃肝胆欲裂，怒火中烧。他伸手抓过刚刚写好的军令，三两把撕了个粉碎，咬牙切齿地骂道："荒淫昏君，哪还有一点人的样子！我萧摩诃若再为你卖命，岂不成了地地道道的乌龟！"接着他大吼一声："来人！"他打算差人传令几个心腹校尉进来，率部下杀回宫廷，灭了陈后主，救出夫人。但他刚要起身，突觉头脑中轰然作响，眼前一黑栽倒在地上。

贺若弼被鲁广达捡了个便宜后，意识到自己遇到了陈军中的强将，不可掉以轻心。他知道若要速胜，必须在陈军阵线上的薄弱之处给予致命一击，使其全军溃乱，然后各个击破。经再三思量，他选中了处在长蛇阵中间的孔范，于是亲领万余精兵，向孔范的营垒猛扑过来。

孔范原本就是靠亲狎后主得来的地位，几乎未经战阵。贺若弼率部杀来，孔范闻讯六神无主，未及交锋便掉转马头落荒而逃。树倒猢狲散，营中兵士顿时成了一群无头苍蝇，争相逃命。处在左右两翼的鲁广达、樊毅的阵营也因此受到影响而阵脚大乱。这时，隋军后续大队兵马扑了上来，死于刀枪马蹄之下的陈兵已过万人。

萧摩诃从昏厥中醒来后，看见只有亮儿守候在自己身边，不由得潸然泪下。是悔，是恨？个中滋味他也说不清楚。营帐外面，喊杀声、哭号声响成一片，不时还夹杂着乱哄哄的哀告："不要乱砍，我们投降！"他心里明白，自己的部下已被隋军击溃，隋军包抄了营垒，此刻应该正向着自己的帅帐进逼过来。他已无心披挂迎战，去做那以身殉国的傻事。当然，他也无力逃走了。他用衣袖擦去脸上的泪水，让亮儿扶自己起来，抖一抖身上的尘土，然后稳稳地坐在桌案后边，亮儿则直立一旁。他在等待，等待隋军将士进帐来见他。即使束手就擒，也不能失了大将风范。

陈军战阵在顷刻间土崩瓦解，几位将领不是战死就是被俘，只有任忠单枪匹马逃了出来，一溜烟逃回建康皇宫。

陈后主面无血色地听任忠讲了战败的经过，终于忍不住掩面而泣，抽抽答答地说："如此说来，这与隋军的决战，岂不成了我国的绝战……"

任忠躬身道："臣等已无能为力，望陛下好自为之吧！"

陈后主一听急了，说："任将军，连你也要撒手不管了吗？朕一向待你不薄，如今京师之中能领兵抗敌的也唯有你了。任将军，看在朕的面子上，你可不能见死不救啊！"

任忠从未见皇上这样乞求一位下臣，摇头叹气说："救？拿什么来救啊！白土冈一战，京师内外的军队早已折损殆尽，哪里还有兵勇去迎击隋军！"

陈后主眨巴着眼睛说："有的，有的！请将军稍候。"他唤来一个内侍，低声吩咐了几句。内侍走到后殿，不一会儿抱着两个沉甸甸的布口袋出来，放在任忠脚下。陈后主指着两个口袋，握住任忠的手说："任将军，这是两袋黄金，请将军拿去，用它招募兵将与隋军决一死战。"

任忠没想到陈后主竟会无知到这等地步，他惨然一笑道："陛下，怕是已经来不及了，虽说重赏之下必有勇夫，但是眼下这种情势，就算招来万千兵卒，不经操训就拉去作战，还不是白白送死？"

陈后主急得抓耳挠腮，停顿了一会儿又说："将军，这两袋金子是朕赏赐给你的。攻也好，守也罢，你总得拿出个主意来。朕全依仗你了！"

任忠想了想说："陛下，如今是攻也攻不得，守也守不住，只有赶紧逃走。筹备一批船只，溯江而上，与据守上游的军队会合后再作计议。"

"也好，也好。"陈后主似乎看到了一线希望，连连说，"请将军速去筹备，朕在此听候佳音！"

任忠手里提着两袋黄金，从临春阁走出来，一边走一边盘算如何招募雇用舟楫，突然看见前面停着一乘小轿，两名宫女搀扶着萧摩诃的夫人向轿子走去。按年龄，任忠称萧摩诃为兄长，他忙上前躬身一揖，问道："嫂夫人，多日不见，可还好吗？"

可怜的萧夫人一见是任忠，还没开口说话，眼泪就像断了线的珠子滚落下来。她用沙哑的嗓音叫了一声："任将军……"接着双膝一软，险些倒在地上。

任忠赶紧吩咐宫女将她扶上小轿，命宫女退候一边，他在轿前弯下身子急切地问道："嫂夫人，你这是怎么了？"

萧夫人一边抹泪，一边将陈后主强迫自己在宫中寻欢作乐的事告诉任忠。这会儿白土冈一战失利，建康城眼看不保，陈后主顾不上她了，于是打发人送她回家。

任忠听后，恨恨地说："这种昏君，我竟还在为他备船逃命！这种朝廷亡了也罢，我另谋生路去了！"说完，他将一袋金子赠予萧夫人，然后大步流星地走出宫门，飞身上马疾驰而去。

新林是位于建康西南的最后一道门户，距朱雀门仅20里路。

韩擒虎马不停蹄向朱雀门攻来。他得意地想，虽然是贺若弼首先向建康城发起攻击，可是第一个杀进建康的却是我韩擒虎！

这时，前卫来报："陈将任忠在前面的石子冈迎候将军！"

韩擒虎一愣，问道："可看清有多少人？"

"总共五骑。任将军说是来投降的。"

韩擒虎猜想，陈军在贺若弼那边遭到惨败，任忠见大势已去才来投降，如此更应尽快攻进建康才是。于是，他两腿一夹马肚，威风凛凛地说："快走！"

任忠是真心来投隋军的，他对陈后主已彻底绝望，与其为南陈殉葬，还不如早些投降隋军，或许还能得条生路。

任忠投降后，带领韩擒虎的兵马一直来到朱雀门下，守城兵士见大批隋军涌来，急忙关上城门准备抵抗。任忠纵身下马，朝城门上的士兵大喊："诸位弟兄，不要再糊涂了！看我任忠都已投降，你们还想拼死吗？还是赶快把门打开，迎大军进城吧！"

良久，城楼上下不见动静。韩擒虎耐不住性子，正要举旗号令攻城，只听轰隆隆一阵响声，城门大开。守城陈军跪在城内大街两边，面前放着刀枪盔甲。

韩擒虎把令旗向前一挥，隋军长驱直入建康城中，所到之处都未遇到任何抵抗。皇城中也是如此，料想那些宫中禁卫和文武百官早已逃命去了。不过，隋军搜遍了皇宫各个角落，除了抓到一群妃子奴婢，根本没见到陈后主的影子。

韩擒虎十分纳闷，难道陈后主还能插翅飞了不成？他下令道："严守宫中所有大门，各色人等一律不准出宫。若有擅闯出宫者，就地斩杀！"接着，他亲自带领百余兵士，从皇宫前门开始，一步步地朝后边搜寻。兵士们一边搜一边喊："陈叔宝，快快来降！饶你不死！"

可是不管他们怎样喊叫，始终没有任何回应。已经搜到景阳殿了，依然不见陈后主的踪迹。自景阳殿往后，便是皇宫的最北门。韩擒虎站在景阳殿前的庭院里，心想：陈叔宝会不会逃出宫去，到哪个文臣武将家里躲藏起来？

这时，一个兵士跑过来，轻声向韩擒虎禀报："将军，那边有一口深井，刚才井里好像有响动。"

韩擒虎顺着士兵手指的方向望去，只见西墙根一株老槐树下，有一个口径粗圆的井台。他挥手叫过来几名兵士，悄声吩咐了几句，便朝井台围了过去。

一个兵士探头朝井中看了看，喊道："将军，里面黑洞洞的什么也看不见，待小的下去一探究竟。"

"不必费那力气，去搬一块大石头来扔下去就是。"

士兵们纷纷叫喊："对了，快去找块大石头来。"

"不必找了，这里有块青石板。来两个弟兄，跟我一起抬过去扔进井里！"

话音未落，只听从井里传出一阵杀猪似的尖叫："扔不得，扔不得呀！井里有人！"

韩擒虎与众将士哈哈大笑，叫道："陈叔宝，你堂堂一国之君，怎么会落到枯井里去了！赶紧上来吧！"

这口枯井看起来并不是很深，不知陈后主怎样下去的，如今让他自己爬上来却难了。兵士们找来一条绳子扔下去，要拉他上来，绳子抖抖索索良久，才听到陈后主喊："好了。"

两个兵士拽住绳子用力一拉，竟纹丝未动，不由得暗暗称奇：陈后主到底是怎样的体魄，竟有这等重量！一个兵士打着哈哈说："陈皇上，莫不是你连这口井也一起绑到腰上了？"

韩擒虎说："哎，不要耍笑了。多加几个人，用力拉上来。"于是，又有四五人上前拽住绳子，齐声喊了个"拉"才缓缓拉动绳子。等到拉上来一看，兵士们哄地一声笑，全都坐在了地上。原来拖上来的除了陈后主，还有两个女人，一个是张贵妃，另一个是孔贵妃。要不然，一个陈后主哪会这么重！

韩擒虎也忍俊不禁，笑道："陈皇上，幸亏这井口粗大，若不然卡在当中可如何是好？"

陈后主解开绳索，拉着两位贵妃一起跪在韩擒虎面前，他浑身颤抖，冷汗直流，说话也不利索了："陈、叔宝……拜见隋、隋……将军……

韩擒虎见陈后主这副狼狈的样子，大笑着说："小国之君见大国之卿，跪拜自是理所应当的，本将军受领了。快快起身吧，入朝不失做归命侯，你也用不着吓成这个样子！"遂命部下把陈后主及所俘妃嫔奴婢、文臣武将都囚禁起来，严加看管。

这时，贺若弼率部下自北掖门杀入城来，行军总管宇文述①和元帅府长史高颎统领的兵马也都到了建康。三路将领在南陈皇宫会师，建康城头飘扬起大隋的旗帜。

---

① 文述（547—617 年）：本姓破野头，字伯通，代郡武川县（今内蒙古武川县）人，隋朝名将，枭雄宇文化及之父。曾参与灭陈之战、平定萧璠叛乱、协助晋王杨广夺位。隋炀帝即位后，授左卫大将军，封许国公，开府仪同三司，灭亡吐谷浑、平定杨玄感叛乱。

六、高奏凯歌入建康

消息传到六合桃叶山后，晋王杨广的元帅营帐内外立刻欢声雷动。杨广按捺住内心的激动疾书奏表，命驿卒快马飞报长安。他要让父皇和朝中文武早点知道这一天大的喜讯。平定南陈，是他为主帅，论头功当然非他莫属。他20岁便有如此运筹之力、决胜千里之功，朝野上下谁还敢小觑？自此之后，还有什么重任是他不能担当的？

奏表送出后，杨广稍稍平静了一些。他想，自己也该收拾行装渡江进城了。不过，眼下还有一事要办，他命人召来了高德弘。高德弘是高颍的儿子，在杨广帐下任元帅府记室。

高德弘进帐拜见，躬身问道："元帅有何吩咐？"

杨广郑重地说："本帅命你快马疾驰建康城中，有几件事要仔细交待令尊，请他严加督办，不得有误！

"第一，凡进入建康的隋军兵将，上至总管，下到士卒，切忌胜后骄狂，一律不许饮酒狂欢；还要谨慎巡查城防，以防溃逃的陈军集结反扑。

"第二，仔细搜集陈宫中的图书典籍，不得焚烧毁坏，搜集后严密封存看护。对皇室府库之中的金帛珍玩亦如此办理。

"第三，严明军纪，不得骚扰商贾店铺、勒索百姓。如有违命者，无论校尉士卒一律斩首。"

说完，杨广问道："本帅讲的这些，你可都记住了？"

高德弘回答："记住了，我即刻动身去传元帅命令。"说着转身要走。

"且慢，"杨广又说，"还有一件事，只告诉令尊一人知道即可：务必留张丽华一条性命。"

高德弘得令后飞马来到建康城，把晋王嘱咐的事情向父亲逐一复述了一遍。高颍听完脸立刻阴沉下来，默不作声。

高德弘疑惑地问道："父亲，莫不是在我赶到之前，就有违反命令的事情发生了？"

高颖摇摇头说："没有。"

"那么，父亲为何忧心忡忡？"

"德弘，晋王说的不许饮酒狂欢、查封陈府库、严禁骚扰百姓这三条，他在我与宇文将军渡江前已重申再三。我俩在朝中任事多年，执行督察这样的军令自然不会有误。所以，晋王让你火速赶来的目的，应该是怕我不经禀报便杀了张丽华吧？"

"听父亲的意思，晋王是想在张丽华身上打什么主意？"

"张妃妖冶娇艳早已名闻遐迩，不论晋王是想一睹芳容，抑或另有他图，这等祸国殃民的妖女是万万留不得的。"

高德弘听父亲这样说，不免有些担心，提醒道："父亲，保住张妃可是晋王一再叮嘱的，您可要三思而行啊！"

高颖叹道："我意已决，当年太公灭纣，蒙面诛杀姐己，可见为保社稷无恙而诛杀妖孽，自古有之。太公能为，如今我为何不能效仿。我这也是为大隋江山着想，为晋王的声望业绩着想！"说罢，他大声呼来两名校尉，命他们立刻将张丽华绑赴青溪岸边斩首，并提首级回来复命！

校尉领命后，转身便去押解张丽华。高德弘哭丧着脸说："父亲，这让我如何向晋王交代呢？"

"就说你来迟了一步……"

第二天清晨，高德弘骑马回桃叶山向杨广复命时，在渡口遇见了已经率部过江的杨广。杨广一见到高德弘，第一句话就是："张丽华现押于何处？"

高德弘低头答道："回禀大王，我去迟了一步，张丽华已经被家父下令斩首了。"

杨广从高德弘的神色和语气已经猜到是怎么一回事，心里不禁升起一股强烈的怒火，但他心中明白，现在说什么都晚了，只好把怒火压了下去。其实，究竟是出于怎样的心理驱使他想留张丽华一条性命，他自己也很难说清楚。但是，他无法容忍那些自恃功高的老臣，竟然不将他的话当作一回事。他抬头看了一眼高德弘，摆出一副无所谓的样子说："一个亡国之君的宠妃，杀了也罢。"接着，他又像自言自语地说："古人云，无德不报。长史有恩德施于本王，日后定会回报高公！"之后，他抬头看了看远处巍峨的建康城楼，振臂高呼："进城！"

此后，曾归属南陈的 30 个州、100 个郡、400 个县，一共有 200 多万人口，全部归于隋王朝。

隋军平陈先后只用了两个多月，而且其中许多战斗只是遇到了象征性的抵抗。自南陈灭亡之后，岭南地区越族的首领冼夫人便派人迎接隋朝大臣来到广州，不久，文帝又加封冼氏为谯国夫人，从此，岭南地区尽入隋朝的版图。中国由此结束了长达三个半世纪的分裂，重归于统一。战争进行得如此顺利，固然是因为战前做好了充分准备，更重要的是瓜熟蒂落、水到渠成，当时的中国已经具备了统一的条件。

第四章　密谋夺嫡

一、太子的任性

　　杨广成功镇抚南陈之地，维护国家统一，为父母分忧，因而深得父母欢心。再看他的几个兄弟，全都碌碌无为、不思进取，因此在兄弟五人中，唯独他的声誉与日俱增。

　　据说，文帝曾密令术士来为儿子们相面，术士一一看过之后，秘密地对文帝说："晋王眉上双骨隆起，贵不可言。"这似乎是说，文帝和皇后偏爱杨广，乃是出于迷信。其实，文帝对杨广宠爱有加，除了他自小长得好看又有风度外，更多的还在于他很善于表现，建立了远超其兄弟的功业。

　　相较而言，杨广的哥哥杨勇最为幸运，以嫡长子的身份理所当然地成为大隋皇位的继承人。由于皇位得之于篡夺，为了使皇权永固，传之万代，文帝对皇位继承十分重视。早在担任周随国公假黄铖大丞相时，他就将杨勇立为世子，是爵位的合法继承人。开皇元年（581 年）二月禅代建隋的第三天，他便册立杨勇为皇太子，还举行了庄严隆重的册封典礼。早立太子，体现了当今皇上不忘天下之心怀。

　　二月二十五日，文帝任命了太子的老师，这些德高望重、富有政治经验的老师和其他官属，统称为东宫官属，比文帝为晋王、秦王、蜀王所选的僚佐都显得更为荣耀，责任也更为重大。

　　那么，皇太子杨勇的人品资质如何呢？他的才干足以担当大隋王朝的继承人吗？

关于杨勇的出生年月，史书鲜少记载，应比杨广大两三岁，因为在杨坚任北周假黄钺大丞相之前，已为杨勇娶西魏宗室元孝矩之女为妻。

元孝矩年轻时胆子很大，他见宇文泰专权危及元魏家族，就想学汉代的周勃推翻宇文泰的统治，在兄弟们的竭力劝阻下才没有付诸行动。后来宇文泰的侄子宇文护娶了元孝矩的妹妹为妻，元孝矩和宇文护的关系变得亲密起来，等到宇文护专权时，他更成了朝廷的大红人。

杨坚和独孤氏重视其门弟，又出于政治目的，企图以联姻扩大家族势力，于是为长子杨勇包办了这门亲事。结婚时，杨勇的年龄应在14岁以上。

在北周，杨勇因祖父杨忠的军功，被封为博平侯，当北周天元皇帝暴崩，杨坚入禁中总揽朝政之时，杨勇曾为父亲奔走分忧，奉父命去叔父杨慧宅第，召其参与篡夺之事，而杨慧担心引来祸事，不敢出山。在杨坚初掌北周政权的危难之际，杨勇和父亲一起承担巨大的风险。北周大象二年（580年）九月，在讨平五王三方构难之后，杨坚任命杨勇为洛州总管东京小冢宰①，交给他总统旧齐之地的重大责任。杨勇的岳父元孝矩也被任命为小冢宰，还赐爵洵阳郡公，后又升任大司徒，以此帮助亲家支撑新开创的局面。

杨坚代周立隋前夕，杨勇又被召回京师，进位为上柱国、大司马，领内史御正，总管诸禁卫军，以其岳父元孝矩代杨勇坐镇洛阳。由此可见，杨勇在杨坚篡周立隋的关键时刻，起到了相当重要的作用。

隋朝建立初期，朝廷议事或判定死刑以下罪犯都交给太子杨勇处理。当时山东刚刚归附北周时间不长，局势动荡，人口逃亡严重。开皇元年（581年），文帝下令清查山东人口，将逃亡者大批迁徙到北疆。杨勇这时只有十五六岁，但他对山东移民的事却另有高见，认为若想引

---

① 东京小冢宰：官名，北周东京小冢宰上大夫的省称，为东京六府的主要长官。不仅掌天官府事务，而且总统东京六府之事。

导百姓移风易俗，只能循序渐进，不能指望一蹴而就。依恋旧土是人之本性，背井离乡的民众大多是迫不得已。北齐末年皇帝昏庸，社会黑暗，北周平定后的政策仍然严酷，山东百姓不堪忍受，才会逃亡，决不是因为对家乡的厌倦。再说三方叛乱虽已平定，但是战争的创伤还远未平愈，尽管北疆之敌不断挑起战端，但边防城堡坚固，守卫严密，哪里还需要兴师动众迁徙大批移民？文帝看了杨勇的奏折，大加夸奖，遂改变了主意。

杨勇性格外向且宽厚仁义，率意任情，直来直去，完全不像杨广那样矫情饰貌。他出身勋贵，自小优裕富贵惯了，如今当了皇太子，更是盛气凌人，渐见骄奢。

杨勇自小爱好文学、艺术、音乐，东宫也招揽了不少伎艺人才。歌舞、咏诗、作画本是贵族子弟的普遍爱好，但也应该有一个度，一旦放纵，过度淫乐就会使人荒唐，毁灭自己。杨勇恰恰是那类没有自我节制的人，他一味寻求快乐，率意任情，纵情声色。

杨勇不节制自己的行为，手下的人也仗势不遵法度。太子千牛备身①刘居士喜欢收揽壮士侠客，经常随意抓一些人带回家严刑拷打，如果忍受不住就打发走，忍受住的就留下来称为壮士，与其相交，结为党羽。其中，灵活敏捷的编为"饿鹘队"，有武艺的编为"蓬转队"。刘居士还经常带着老鹰，牵着狼狗，在长安街道上骑马横冲直撞，肆意殴打路人，侵夺商贩。街上百姓但凡见到"饿鹘队"或"蓬转队"，就罢市逃窜。因为他们是东宫太子的人，以至于公卿妃主都不敢招惹，生怕得罪他们。

有一次，有人送给杨勇一副蜀人制作的铠甲，这副铠甲做工精良，雕饰华丽。但杨勇却嫌它不够华贵，与自己皇太子的身份不相称，于是又召来工匠，用金银珠玉重新修饰一番。完工之后，他穿戴起来在东宫

---

① 千牛备身：古代官名，指高级禁卫武官，始于北朝北魏，负责皇帝的安全，掌执御刀"小牛刀"。太子千牛备身，即太子左、右内部属官，掌执千牛刀宿卫，正七品。

到处招摇。

这天，文帝传来口谕：听说太子得了一副极其精美的铠甲，特命他穿戴进宫让父皇欣赏。杨勇不明就里，很高兴地穿着铠甲来见父皇，没想到等待他的是一顿劈头盖脸的呵斥。

训斥过太子之后，文帝又召见了杨广，问道："阿𪟝，你可知朕是怎样对待那些奢华之人的？"

杨广赶紧回答："儿臣知道。"

"那好，你说给咱们的皇太子听听。"

"遵旨！有一次，有人给父皇进贡了一匹华丽珍贵的绸缎，父皇即刻让人将那些绸缎堆在大殿上烧掉了，还把那人降了职。还有一次，有人进贡生姜，装生姜的口袋是用上好的羊毛毡做成的。父皇得知后，非但没有赏赐，反将那人杖背四十。"

文帝满意地点点头说："那么，朕这样做的结果又是什么？"

"朝野上下崇尚节俭，浮华侈靡之风杜绝，天下百姓称颂，一心向国！"

"这些事，为什么偏偏有人就听不到、看不见呢？"

听到父皇言有所指，杨广不作声了。

这时，独孤皇后开口说话了："睍地伐，皇上身体力行，你也不是看不到。这副铠甲原本就已制作得够奢华精细了，你还要花费金银再加雕饰，如果让百姓们知道这件事，他们能不为国家的将来担忧吗？"

杨勇站在那里一声不吭。

文帝又说："自古以来，凡是帝王崇好奢侈靡费的，国家绝不会长治久安。你是太子，更应以节俭为首要。朕过去穿的一些旧衣裳，至今还留存了几件，用以自我警诫。朕要赐你两件东西。"

文帝说完，内侍双手托着一个红木盘走了进来，盘中放的一件是文帝在周室为官用的佩剑，另一件是一罐那时天天佐餐食用的菹酱。

然而，杨勇对文帝的一片苦心很不以为然，他认为自己贵为皇太子，一副镶金铠甲算得了什么，有什么值得大惊小怪的。

　　开皇六年（586 年），杨勇大概 20 岁，有个叫高德的洛阳男子莫名其妙写了封信劝文帝做太上皇，把皇位传给太子杨勇。文帝是个有作为的君主，才坐了 6 年皇位，年纪也才刚过 45 岁，他看了这封劝退的信，心里很不痛快。不过，他还是给这个来路不明的洛阳男子郑重其事地回了封信，说自己绝对不会效仿贪图安逸的北朝君主，年纪轻轻就称起太上皇帝来。"高德劝退事件"确实有些蹊跷，写信的人身份不明，信如何递进宫的也不清楚，更不知道写信人究竟是何动机。这样一个无头的案子，会不会是生性多疑的文帝在故意试探？不管怎样，文帝从此对太子心生嫌隙。

　　在"高德劝退事件"后的一个冬至节，内外百官一起去东宫向太子祝贺，杨勇特意举办音乐会招待他们。文帝知道这件事后，当即进行了调查，冲着那些官员严肃地说："近来听说文武百官冬至节那天一起朝见东宫，不知你们根据的是哪条规矩？"

　　辛檀是太常的官员，东宫的音乐会恐怕与他难脱干系，听文帝这么一问，他慌忙辩解说："对东宫只能说是贺，不能为朝。"

　　但文帝依旧不肯放过此事，接着追问道："如果只是贺节，三五人随便去去就行，为什么还要由朝廷通知百官齐集，太子还穿了正式的礼服且为诸位准备了音乐，东宫这样做是完全违背礼仪的。"

　　随后，文帝针对这种情况下诏书称：礼节是为了区分等第，君与臣不应该相互混杂。近年来律例不严，违背礼节制度的事相沿成习，皇太子虽贵为皇储，但仍然要尽臣与子的义务和责任。各地官员冬至进京朝贺送上些当地的土特产，却又另外给东宫备礼，这样做不符合规定，今后应该一律取消。

　　冬至朝东宫的事刚结束，高颎又让文帝放不下心了。原来，文帝提出要加强自己身边的警卫，高颎却表示，如果皇帝的警卫都选了精干的人马，那么东宫的护卫力量就会过于薄弱。文帝以为他是故意偏袒太子，于是对他也有了成见，板着脸说："朕经常要外出活动，不能没有精锐的卫队，太子在宫中修养学识品德，何必要有强大的警卫？"文帝大概觉得自己的话说得有点过头，马上又补充道："太子的卫队自然也不能过弱，最好的解决办法就是两支队伍不要分家，皇宫警卫和东宫警卫轮换。"最后，文帝又加了这么一句话："过去宫里的事朕见得多了，你别老按旧章程办事才好。"这话一语双关，显然是在向高颎暗示不要与太子结党营私。

总的来说，文帝和太子之间的矛盾还不算严重，只要太子一方多让步其实很容易化解，何况在太子一方还有高颎和河北行台兵部尚书韦师为之调解。

然而太子得罪的不仅是父亲，就连他的母亲也对他的家庭生活感到失望。这是因为杨勇对父母给他娶的有着皇族血统的太子妃没有好感，所以他们结婚十几年都没有生育。杨勇有自己喜欢的女人，并先后和5个女人生了10个儿子。他最喜欢的要数工匠云定兴的女儿。云定兴是制造武器装备的能手，经常设计一些时尚的铠甲和刀枪、弓箭。长安的贵族少年往往以拥有名家制作的武器而自豪，但杨勇更看重的却是工匠美丽的女儿。他立云氏为昭训，恩宠有加。云昭训倒也十分争气，一连生了3个儿子。大儿子杨俨出生时，文帝先是高兴地说这可是我家的太孙，接着又唉声叹气地说可是生得不是地方。皇帝说这种话实在太不像样，但孩子的外公却表现得不卑不亢，对文帝说："天生的龙种，自然是从云中而出。"当时的人都说云工匠回答得非常机智。杨勇自从有了儿子，更不把太子妃放在眼里。开皇十一年（591年）正月，元妃不幸去世，从发病到死只有两天，史书上说是因"心疾"而死，用现在的话说大概是死于心血管疾病，但独孤皇后却怀疑元妃是被人害死的，她很喜欢并同情元妃，认为杨勇应该对元妃之死负责。

元妃去世时，文帝和独孤皇后都十分伤心，但杨勇却很高兴，认为此后云昭训得扶为正妻，专擅内政，其私生子杨俨也可以名正言顺地以嫡长子的身份继承皇位了。文帝和独孤皇后为此更加恼火，于是对元妃的安葬大肆铺张，专门于朝堂文思殿与大臣一起举哀，意在压一压太子的嚣张气焰。

文帝和独孤皇后甚至怀疑杨勇与云昭训在外野合私生的长子杨俨不是真正的杨家血脉。杨俨刚生下来的时候，被文帝与独孤皇后认领到后宫抚养，但杨勇却多次将他抱回东宫。文帝后来说："云定兴之女，在外私合而生，想此由来，未必是皇家血脉。"并一步陈说："昔日太子娶了屠家的女儿，生的儿即好屠割。现在这个儿子不是皇家血脉，留下会乱了宗社。"

文帝和独孤皇后很看不起云昭训的父亲云定兴，这个攀上皇族的亲家得意忘形，四处招摇。但杨勇并不在意岳父身份低贱，还将乐工曹妙达领入寝宫，与云氏一起进餐。曹妙达出宫后也到处吹牛："我今天可给皇太子妃劝酒了。"而云昭训也因为自己是庶妻，生子虽长却非嫡，怕人不服，就有意四处张扬。这些都使文帝对杨勇的庸劣忍无可忍，认为这个儿子不配继承大统，开始有意调查他的劣迹。独孤皇后也派人暗中伺察杨勇，搜寻他的罪过。

二、贤能又善妒的独孤后

独孤皇后是个很有主见的女人，对朝政有很大影响，但是在写《隋书》的唐朝人眼里，她仍不失为一个温顺恭孝的好皇后。

独孤皇后有 7 个姊妹，数她年纪最小。文帝和独孤氏结婚是在独孤家最倒霉的时候，但杨坚还是向岳父郑重承诺只与妻子独孤氏生儿育女。独孤氏 18 时嫁给了杨坚，4 年后生长女杨丽华，24 岁生长子杨勇，26 岁生杨广，29 岁生杨俊，31 岁生杨秀，到她生最小的儿子杨谅时有三十二三岁了。频繁的生育没有使这个贵族出身的千金小姐变得憔悴，35 岁时她又开始为丈夫、儿女分担政治上的风险。为了救长女丽华，她曾进宫向残暴的宇文赟磕头求情；在文帝夺取政权最关键的时刻，也是她在一旁勉励丈夫不可犹豫。即使在北周，她的大姐是北周明帝的皇后，长女又是宣帝的皇后，论门第高贵，没有多少人可与她相比，但她从不因此盛气凌人。后来她当上皇后，幽州总管阴寿和突厥商人做生意，见有一匣价值 800 万钱的珍珠，就建议她将其买下。独孤皇后却说："珍珠对我没有什么用，如今边境游牧部落经常进犯，边境的将士们非常辛苦，不如把 800 万钱拿去犒劳大家。"这一做法得到了朝中大臣的赞许。

隋朝初年，文帝和独孤皇后感情一直都很和睦，丈夫上朝妻子总和他坐一辆车，丈夫入前殿妻子便在后阁等候；宦官们会把朝堂上议论的国事传达给皇后，皇后则及时向文帝提供自己的建议。退朝后二人再一起回宫，夫妻二人形影不离，在朝政上的看法也几乎一致，宫廷内外称帝后为"二圣"。

独孤皇后因为很早就没了父母，凡朝臣父母健在的，她常让人转致问候。独孤皇后也非常喜欢孩子，公公死后，小叔子杨爽就由她带大，后来有自己的孙儿孙女，也放在宫中由她亲自抚养。长孙杨俨出生后，就被独孤皇后抱到宫里，但云昭训不放心，很快又抱了回去，这件事成为婆媳不和的导火线。朝臣认为，按照礼节，百官妻子的封爵应由皇后任命，但独孤皇后说这样岂不就开了内宫干政的先例？

独孤皇后经常教育公主，下嫁到大臣家就要懂规矩，千万不要学北周的公主不敬公婆，还闹得别人家骨肉不和。大都督崔长仁是独孤皇后的表兄弟，犯了罪该判死刑，文帝看皇后的面子打算免其死罪，独孤皇后却说："国家的事怎么能够照顾私情。"结果，崔长仁还是被判了死刑。但异母弟独孤陁以巫术暗害独孤皇后，按法律应该处死刑，独孤皇后却绝食三天为弟弟求情，因为她认为，如果弟弟祸国殃民，我"不敢为他求情，但现在他犯罪是因为想害我，我请求免他一死"。

独孤皇氏虽然堪称一代明后，但也有不足之处，那就是嫉妒心太强。她不仅不能容忍皇帝拈花惹草，甚至把男人不好色作为一个政治标准，列为朝廷的用人准则之一。无论是皇子还是大臣，只要好色并被独孤皇后察觉，就一定会付出代价。在男尊女卑的时代，她的想法确实称得上大胆奇特，但却不切实际。

杨坚当皇帝后，按礼节可以拥有妃嫔姬妾，但独孤皇后无法容忍丈夫接触别的女性。虽然后宫也有嫔妃数十人，但那只不过是表示威风的摆设，为了照顾皇后的情绪，文帝根本不敢与她们亲近。独孤皇后年过50后，容颜渐衰，这使她更加害怕文帝见色起意，宠爱宫女，因此从不选美貌的妙龄女子在身边，宫中所用都是老丑的女子。正值壮年的文帝在宫中难以接近人间女色，终日陪着一个老妻，也的确难为了他。

有一次，文帝在仁寿宫见到一妙龄少女，长得眉清目秀，皓齿红唇，体态丰盈，一问才知是尉迟迥的孙女。出身于贵族之家的美女，在宫中着实难得一见，文帝马上被尉迟氏的美色迷住了，便与她亲热了一番，并安排她居于别室。

独孤皇后听说文帝在仁寿宫跟一个贱婢厮混了好几天，不禁妒火中烧，气得两眼直冒金星。第二天清晨，她仍然与文帝齐驾并辇，送皇上上早朝。文帝走进大殿后，她即刻吩咐返回后宫，迅速集合二三十个强壮侍卫，每人都带了棍棒皮鞭，分乘凤辇快马，向仁寿宫疾驰而去。

此时，尉迟氏还在飘飘然地回味着皇帝给予的恩宠，突见皇后带人怒气冲冲地闯进殿里，顿时心中发虚，知道事情不妙，忙跪伏在地，战战兢兢地说："奴婢尉迟氏恭候……"

然而，独孤皇后根本不给她说话的机会，命令左右侍卫把她团团围住，立时就见鞭扬棍落，噼噼啪啪一阵乱响，尉迟氏发出撕心裂肺般的号叫。

不一会儿，哭号声渐渐变弱了，很快就没有了声响。独孤皇后命侍卫们住手。待侍卫们散到一旁，刚才那个貌若天仙的宫女不见了，只剩下地上一团模糊的血肉。

独孤皇后又下懿旨：仁寿宫内各殿的婕妤贵嫔、世妇婢女结队成行，按顺序到临芳殿来，看一看以妖狐之媚迷乱皇上的下场。

文帝退朝出殿，听说皇后带着一帮打手去了仁寿宫，忙让侍卫备好快马，赶回仁寿宫。当他走进到仁寿宫时，吃惊地看到尉迟氏直挺挺地躺在地上，早已没有了呼吸，而侍卫们见皇帝到来，吓得赶紧跪趴在地上。看着眼前的情景，文帝气得说不出话来。过了好久，他突然仰起脖子，向着大殿穹顶大吼一声，急转身跨出仁寿宫去。

独孤皇后见文帝被气成这个样子，心中也不由得恐慌起来，急忙追赶上去。但文帝的速度很快，她根本追不上，只好在宫门口站住脚，望着文帝的背影急切地叫道："陛下，即使妾身有过，你也不必为一个贱奴气坏了身体呀！"

独孤皇后这次真的慌了手脚，她万万没想到会闹出这样的结果。她一面派内侍远远尾随皇上，看他能去哪里；一面命几个侍卫将尉迟氏的尸首拖出去掩埋。她自己却在殿中团团乱转，不知下一步该怎么办。

这时，尾随文帝的内侍跑过来急报："皇上夺了一名侍卫的快马，独自一人飞奔出了仁寿宫，不知去向！"

独孤皇后只觉眼前发黑，一屁股跌坐在椅子上，眼看着天上那个被自己捅破的窟窿，不知道如何补救。

这个时候，高颎、杨素等几个大臣带领一队人马赶到。他们退朝刚回府，就听说皇上没有事先吩咐，突然率一队人马急奔仁寿宫，不知有何急事，于是匆匆赶来看个究竟。

众人听独孤皇后讲了事情的前后经过，高颎说："天马上就要黑了，当务之急是先找到皇上，劝驾回宫，其余的事情待皇上回来再说！"

于是，所有骑马的侍卫统统出宫，分头去找文帝。高颎、杨素领着一队人马沿着崎岖小路直奔岐山深处。他们与文帝一起驰骋疆场多年，知道东征西讨、出生入死的人的脾性：凡是遇到愤闷忧郁而又不便发泄的事情，都愿独自找一处幽深险要的地方走走。

果然不出他们所料，正当他们顺着通往岐山深处的一条幽静小道往前走时，远远看见暮色朦胧中有个人骑着马慢慢地走动，于是催马上前，一看就是文帝，他们急忙下马跪拜。

文帝见是两位老臣赶来，心中似有万千感慨，长长地叹了一声，跳下马说："天都黑了，有劳两位爱卿跑到这深山里来，让朕不知说什么是好啊！"

杨素激动地说："皇上可真把我们几位老臣吓得不轻呀！皇上乃九

五至尊，无论有什么事情也不应没有銮驾护拥便一人单骑轻身外出，如有半点差错，将追悔莫及。"

文帝见二位老臣为了寻找自己在夜幕中赶了几十里山路，先是担心惊恐，相见之后又如释重负，忠心可鉴已使他感动不已，现在听了他们这一番话，他感动之中又多了几分惭愧，就上前一步弯下腰，一手拉住一个说："二位爱卿请起！朕独自跑到这里，也是一时冲动，胸中郁闷万分又不便发泄所致，想必你们也知道。"

高颎躬身说道："依微臣愚见，陛下因一时不快而发些牢骚倒也情有可原。然而若真有避入乡野的念头，那就大错特错了！试想陛下多年铁马金戈驰骋疆场，焦心劳思处理朝政，才有了今天的大隋基业、江山一统。如今天下安定，百姓安居乐业，国家蒸蒸日上，陛下更应当励精图治，以期大业千秋万代。万不可与一个妇人一般见识而耽误了国家大事，愿陛下三思！"

其实，文帝刚才的话只是宣泄心中的愤懑而已，把牢骚发泄出来，他心里也就痛快了些。身为帝王，他又何尝不懂得高颎所说的道理。听了高颎的劝说，他心里更觉羞愧，一时低头不语。

这时一旁的杨素又劝道："陛下，天色已晚，深山荒野不是适合陛下长待的地方，愿陛下自重！"

随从的兵士也一起跪在地上，齐声喊道："请陛下驾返仁寿宫！"

文帝看见这般情景，心里明白也该借梯下楼了，于是下令打道回府。

独孤皇后一直等候在门阁，看到文帝回来，这才松了口气，并痛哭着向文帝认错。杨素和高颎也在一旁进行调解，最后文帝设宴表示和解。文帝这一次总算找回了做丈夫的尊严，独孤皇后后来再也不敢直接冒犯他，但文帝对独孤皇后也更加言听计从。

50岁以后的独孤皇后大概确实像一些历史家所说出现了心理变态。高颎原本是独孤家的心腹，独孤皇后对他一直不错，但自从得知高颎在劝文帝时称自己为"妇人"后，就对他怀恨在心。高颎的妻子去世后，独孤皇后建议皇上给他再找一个，高颎以上了年纪为由拒绝了这番好意，但不久高颎的小妾却生了个孩子。独孤皇后就在文帝面前挑唆道："陛下给高颎做媒，其实他家里已经有了宠妾，却还欺骗皇上说他老了不想再娶。"经不住独孤皇后一再挑拨，文帝逐渐对高颎失去了信任。

独孤皇后晚年不断地刺探诸王和朝臣的隐私，只要他们的小妾一怀孕，她便要求文帝惩罚他们。而她最不能容忍的还是太子杨勇，太子和他的 5 个小妾共生了 10 个孩子，其中一子的母亲竟是婢女出身，独孤皇后因此认为儿子太让自己丢脸。

三、得宠的野心家

独孤皇后对太子杨勇的成见越来越深，而善解人意的杨广则事事深得父母之心。杨广从小在兄弟中最英俊，也最聪明，随着年纪渐长，他越发显得少年老成，衣着不爱修饰，也不像兄长杨勇那么贪恋女色。他与晋王妃的感情相当和谐，身边没有几个小妾。文帝独孤皇后到晋王府邸，发现桌上的琴是断了弦的，上面落满了灰尘，这使他们相信杨广没有沉湎于声色。每次文帝和皇后派左右前去晋王府，不论来人地位高低，杨广夫妇都会亲自出门迎接。王府招待宫里人饭菜从不马虎。王妃原本是南方人，所以做的菜都是南方口味，独孤皇后身边的奴婢多是北方人，从来没有见过这么多好吃的饭菜，酒足饭饱后杨广又总不忘送份厚礼塞个红包。这样有吃有拿，奴婢们回去没有一个不夸晋王的，都说他仁称他孝。

杨广调任扬州总管的时候，文帝允许他每年只回京朝见一次，一是为了让杨广专心做好份内之事，二是免去了有事必朝的千里迢迢的劳顿之苦。杨广对父皇的用心和关爱非常感激。但作为崇尚仁孝的晋王，每逢重要节日和岁末年终，他都会派官员带上许多南方的丝绸珍宝及名贵特产，去问候一下父皇母后和文武重臣。而每次担当这一重任的官员就是总管掾张衡[①]。

开皇十八年（598 年）年末，张衡又一次为杨广完成了进京朝贡皇上、皇后和文武重臣的使命，回到扬州。

如同往常一样，张衡首先来到扬州总管府向杨广复命。这一次，张衡没有像过去那样先说一些皇上、皇后的身体起居以及文武大臣收到礼物后对晋王感谢赞扬之类的事，而是在行礼问安之后选了一个新话题，意味深长地对杨广说："大王，依下官之见，大王应尽快准备去京师朝见皇上、皇后。"

杨广见张衡一脸严肃，还以为出了什么事，急忙问道："莫非此次进京你听到了什么不利于本王的消息？"

张衡摇摇头说："对于太子最近的情况，大王可有耳闻？"

杨广点点头，但依旧一头雾水："这与你刚才提到的要本王进京朝见又有什么关系？"

张衡笑道："大王一世英明，不会想不到吧？还要以下官之口说出来不可？"

杨广似懂非懂地摇了摇头。

"大王，以下官之见，若皇上真在思谋废立之事，最有希望立为太子的就是……"张衡说着，眯起精明的眼睛，伸出右手食指指了指杨广。

杨广慌忙伸手将他的手指按下，说："太子废立乃国家大事，只有皇上可以言说，你我不可猜测。"

张衡说："这些道理下官都明白。不过，大王，若想成就大事，就要抓住时机。时机到了眼前，即刻伸手抓住，事就成了。下官觉得，眼下正是大王该伸手去抓一抓、试一试的时候。"

张衡的话如同火镰敲击火石，迸出的一簇簇火星直射杨广的心。他

①　张衡：字建平，河内郡（今河南沁阳）人，隋朝大臣。历任太子右庶子、黄门侍郎、御史大夫。

对张衡说："今天的话，你绝不要再跟任何人提起！"

其实，杨广对帝位觊觎已久，一直在等待一个合适的机会。经过精心策划，矫情饰貌，他既有南征北战的声绩，又获取了父皇、母后的喜爱，眼下已具备充分的条件去争夺太子之位。但夺嫡是非法的，光凭实力尚不够，还必须有机会。这种历史的机遇也一再呈现在杨广眼前，那就是太子杨勇德不配位，自毁前程，正好使他有了可乘之机。于是，杨广采纳张衡的建议，很快回了一趟京城。

就在杨广费尽心机、不择手段地争夺太子之位时，太子杨勇非但没有丝毫的警觉和戒备，反而纵情声色，授人以柄。他认为自己作为长子，太子地位已定，因而从不虚情假意地去讨父母欢心，也压根没有留心弟弟的夺嫡阴谋。

杨广将拜见母后的日子选在自己将要离开长安、返回扬州的前一天，这个时机是最为适宜的。临行前去向母后辞行，乃人之常情，任谁也不会生出那些无事不登三宝殿的猜忌。况且，母子离别是最易激动和宣泄情感的时刻，平时的清规戒律和谨小慎微都可暂且不顾，尤其是在母后面前说几句过分的话也不会引起是非。

得知杨广明天就要离开京城回扬州去，一抹愁云浮上独孤皇后的脸颊，遮住了刚见到儿子时兴奋的微笑。她哀叹一声，自言自语地说："这才回来几天，又要走了……日子怎么过得这么快？"

母后的哀伤深深地打动了杨广，他心中油然升起一股难舍难离的依恋之情，禁不住鼻子发酸，两眼湿润了，动情地叫了声"母后"，说道："儿臣禀承父皇旨意镇守江南，保卫国家社稷，义不容辞。只是儿臣远在千里之外，未能日日侍奉父皇母后，尽仁尽孝。每逢想起这些，儿臣心中甚感悲伤。明日儿臣又要远离膝下，回扬州任上，去经受思念二老双亲之苦的折磨。母后，正是这种思念之苦叫儿臣不寒而栗，果真是忠孝难以两全啊！"他哀痛地说着，竟匍匐在独孤皇后膝下呜咽着哭出声来。

独孤皇后见状也为之动容，她两手颤微微地抚摸着杨广的肩头说：

"你在蕃镇这些年，以自己的才干和为人颇得声望，也给你父皇和我的脸上增添了许多光彩，我心里甚是高兴。只是……唉，我老了，身体又渐渐多病，今天与我皇儿分别，还不知道能不能活到下一次见面之时！"话没说完，她已是老泪纵横。

杨广赶紧站起身，宽慰道："母后切莫再说让儿臣伤心的话了。您与父皇健康长寿是我们最大的福分，儿臣这辈子全得靠二老的荫护呢！"

独孤皇后笑着说："你也是快30岁的人了，还说傻话。我与你父皇纵有天大的本事，也不能护佑你们一世。有朝一日我们归天了，万事还得靠你们自己。一辈子路还长着呢，千万要珍重才是。"

杨广说："母后所说的道理儿臣心里都明白，只是……"他欲言又止，一副一言难尽的表情。

独孤皇后见他似有心事，忙问道："阿麼，有什么叫你为难的事情吗？"

"母后，唉……"杨广仍然一副欲说不说的样子。

"说嘛，明日你就要走了，难道你要把事情都憋在肚子里，让我整天牵挂不成？"

"母后！"杨广悲切地喊道，话里又有了抽泣之音，"您最知儿臣的脾性了。儿臣自幼性情愚笨，见识低下，真心实在地待人处事。但不知是什么地方或什么事情上得罪了太子，他对我总是流露出怒气和怨恨。他在怨恨什么？我又有什么值得他怨恨的呢？难道是有人在太子面前谗言陷害我？母后，儿臣真的很害怕，甚至时常担心太子会派人在我的酒具食器中投毒！若真的有人在太子心里埋下仇恨儿臣的祸根，儿臣将来一定会死得很惨，而且死得稀里糊涂。母后，我真的很为自己时时可能惨遭不测的命运担忧害怕呀！"

听了这些话，独孤皇后愤怒得颤抖起来，恨恨地说："真是岂有此理！这个睍地伐越来越让人无法忍受了！他究竟想干什么？我给他亲自选娶的元妃，他竟然不以夫妻之礼相待，而特别宠爱那个云昭训。可怜的元妃如同嫁给了一只猪狗！这些年来，从来没听说过元妃有什么病患，却突然说她暴病而亡，我总觉得有些蹊跷，没想到他又对你这样。我现在还活着，他就敢如此蛮横无理，要是我死了，他还不得把你们当作俎上鱼肉不可呀！堂堂一个东宫太子竟然没有一个正妻的嫡子，我一想到你父皇百年之后，你们兄弟几个还要向那个云昭训生出的儿子伏首称臣，心里就如同刀扎一样难受。这算什么太子？他能继承帝位大业吗？要这样的太子又有何用！"独孤皇后一边说，一边气愤伤心地哭泣。

看到母后哭泣，杨广也跟着挤出两滴泪来，心里却乐开了花。母后对太子的愤怒、担忧和贬斥，就是对他计划的赞许和支持，他想，终于可以将计划付诸行动了，而且一定要快！

四、筹谋进军东宫

回到扬州后，他立即开始了筹谋进军东宫的计划。杨广本想征求王府僚佐们的意见，但老成的王韶没有和他一起南下，李彻则可以和他谈军事，谈政治却极为不妥。因为他和高颎交情极深，而高家的儿子娶了太子杨勇的女儿为妻，找他商谈岂不是自寻死路？杨广决定找张衡商量对策，张衡虽然貌不惊人，却有极高的谋略。

张衡得知杨广的心思后，马上推荐了个得力干将，这个人就是晋王镇扬州后特意请朝廷调来寿州担任刺史的上柱国宇文述。宇文述也是武川镇出身的老将，在平定尉迟迥的战争中逢战必胜，还被杨坚封为褒国公。杨广和宇文述结交始于开皇九年（589 年）的平陈之役，当时杨广初出茅庐年方二十，尽管身为六军统帅，但他身边的老将们大多身经百战，因而对他只是表面敷衍，遇到紧要大事只和高颎商议。唯有宇文述谦逊随和又很善谈，给杨广留下了极深的印象。后来，杨广总管扬州，便向文帝请求把宇文述调到离自己不远的寿州。

杨广派人将宇文述请了过来，将自己的计划和盘托出。宇文述已经听说杨广进京朝见刚刚返回，以为是约自己去喝酒闲聊，说一说进京的见闻，没想到杨广开门见山地表明了夺嫡意图，并向他请教如何行事，心中十分震惊。

平心而论，宇文述对太子杨勇并无好感，在他看来，杨勇不学无术，难成大器，之所以被立为太子，不过因为是长子的缘故，若论才干和人品，与杨广相差甚远。再说，如果杨勇继承天下，他也沾不了什么光，至多在刺史总管的位子上熬到退休罢了。如果能让晋王杨广得了大位，自己的前景或许就大不相同了。不过，毕竟事关重大，牵涉到身家性命，宇文述不能不再三权衡。

杨广见宇文述良久不作声，知道他还在为难，就说：“宇文兄，本王今天把自己的心事讲出来向你求教，是因为觉得你是一位值得信赖依靠的兄长。本王知道，这样的事不论摆在哪个人面前，都会感到为难。不过，本王真心希望你不吝赐教，即使大事不成，也绝不会埋怨你。”

宇文述无法再沉默下去了，他笑了笑说：“大王多虑了，我并没有什么为难之处。只是此事关乎大王的前程，非同小可，须慎之又慎，不好轻易出口呀！”

杨广挥了挥手说：“宇文兄不必顾虑太多，有话直说便是。”

“好吧，”宇文述继续说，“大王，太子生性独傲骄横，朝中百官无人不知，他也因此渐渐失去了皇上和皇后的宠信。太子失宠的传闻我已听到不少，想必大王知道得更多。若论功绩声威，大王要比太子显赫得多。天下人只知道杨勇是当今太子，至于他德行如何，才干如何，恐怕很少有人知晓。而大王素以仁爱忠孝称誉朝野，又才华盖世，文武兼备，御突厥、平南陈，屡立功勋，对国家社稷的贡献之大，无人能及，因而深受皇上和皇后的信赖与宠爱，这是尽人皆知的事情。就眼下的情势而言，四海之内的崇高声望实际上已为大王所有，不过要罢黜太子，另立新储，这是国家的大事。皇恩浩荡，大王又待我情同手足，我处在你们父子之间，轻不可轻，重也不能重，实在不好进言啊！”

说到这里，宇文述停顿了一下，喝了口茶，继续说道：“这事也不是不行。正所谓谋事在人，成事在天，既然已经有了这个打算就不妨一试。大王尽管放心，不论成败，宇文述定会奉陪到底，绝不反悔！"

杨广激动地双手抱拳，说："宇文兄，仅凭你这句话，本王先谢过了！"

宇文述摆摆手说："大王，你我之间言谢就生分了。我想，当今朝中能说动陛下废黜太子另立新储的，就只有尚书右仆射杨素了。而能与杨素筹划这事的唯有他的弟弟杨约。别看杨素位高权重，他凡事都喜欢与杨约商议，而且对杨约言听计从。我还听说当年为杨约出任大理少卿之事，他们兄弟与太子埋下了私怨，这就更有利于我们行事了。杨约与我私交已久，我对他的秉性十分熟悉，此人侠肝义胆，也爱财好赌。大王，是否可以让我去京师与杨约会面，跟他商议此事，再让他去说服杨素？如果一切顺利，此事就大有希望了。"

杨广听了，激动得直搓手，连声说："好，好！果然是宇文兄想得细致周全，本王自愧不如！你赶紧准备一下，马上进京去会杨约。"

宇文述却说："大王先别着急，凡事不怕一万，就怕万一。此事非同小可，一旦失败，你我也不能甘心做俎上鱼肉，因此还要想一个下策，留一条后路。"

杨广佩服地点点头，问道："宇文兄有何下策？"

宇文述想了一下，反问道："洪州总管郭衍可是大王的至交亲信？"

杨广回答得很干脆："那是当然。江南平陈时他是行军总管，我俩交情很深，不分彼此。"

宇文述说："就好，这事应当密告郭衍总管，当然，大王不必露面，我去转达即可，让他从现在起暗修甲杖，养精蓄锐。万一日后事与愿违，我们即可以淮海为屏障，割据梁陈旧地，称雄一方。这是万不得已的下策。"

杨广没想到宇文述作为一员武将，肚子里有这么多高超周密的计策，当下摆设丰盛的酒宴款待宇文述。酒足饭饱后，宇文述起身告辞。

五、拉拢权相杨素

宇文述之所以打算从杨约身上入手，是因为对杨约有相当的了解。杨约小时候很调皮，爬树时摔了下来，被树枝伤着了下身，长大后失去了生育能力。由于生理残疾，杨约的性格也和常人不一样，平时沉默寡言，不爱交际。但他酷爱读书，博闻强识，而且很有计谋，深得杨素的信赖和器重。

宇文述到了长安，径直来到杨约家中，杨约置酒设宴招待他。宇文述命侍从搬进来几只木箱，然后将箱子里的金玉珍玩一件件摆在客厅的桌几书案上。杨约瞪大双眼看着，直到侍从搬着空木箱退下之后，他才惊讶地颤抖着声音问道："宇文将军，这……这是要干什么呀？"

宇文述笑道："少卿贤弟呀，这些东西是我拿来向你请教棋艺的。咱们两人对弈，一局一结算。如果您赢了，赢几局拿走几件。要是我赢了……"

"好！"一听要赌，杨约顿时来了精神，"将军不必多说，如果我输了，这些东西我一件也不要，再领将军到库房去，所有东西将军随意挑选，您赢几局拿走几件。"

"好，就这样定了！"宇文述赞同道。两人随即摆局布阵，厮杀起来。

若论真功夫，宇文述的棋艺其实不在杨约之下，但今天宇文述无论如何也不会赢他的。表面上看，宇文述可谓绞尽脑汁，但还是下一盘输一盘，对一局败一局。每一局都输在情理之中，败于稍逊一筹。刚过夜半，满堂的金玉珍玩悉数被杨约收入囊中。宇文述佯装丧气地一推棋盘，摇摇头感慨地说："少卿贤弟棋艺高超，愚兄甘拜下风。不玩了，不玩了！"

杨约双手一拱，嘿嘿笑道："承让，承让了！"接着，他环顾一下身边那些闪烁着珠光宝气的东西，爽快地说，"宇文将军，你我切磋棋艺可以论输赢，这些贵重物件还是不要以输赢论归属了吧。"

"大丈夫说话算数，哪能言而无信呢！"宇文述断然摇头。

杨约难为情地笑着说："那……那我就不客气了。"

"你我之间还用客气吗？再说，"宇文述话锋一转，悄声道，"这些东西原本就不是我的！"

"嗯？不是宇文将军的又是谁的？"

"是晋王赐予少卿的！"

杨约大吃一惊，脸上的得意之色顿时消失了，他慌张地说："这……宇文将军，这算怎么一回事？常言道，无功不受禄，我怎么承受得起晋王如此厚礼呀！"

"贤弟，无功不应受禄是当然，但先受禄后立功也未尝不可呀！眼下就到了晋王要你效力的时候了。"接着，宇文述将晋王杨广意欲取代太子的想法详细地告诉杨约。

杨约认真地听着，时而摇头，时而颔首，时而发出一声轻微的叹息。等宇文述讲完，他一脸严肃地说："宇文将军，这可是大逆之罪啊！"

宇文述点头表示赞同，又说："少卿所言有理。恪守常规是我们身为臣属的行事准则，然而这只是其一，还有其二，若反常规而行却又合天下道义，便是众望所归。自古以来，凡圣贤君子、仁人志士，皆为识时务之俊杰，从而消弥了许多灾祸。您与令兄的功劳声望可谓盖世无双，尤其令兄杨素大人，在朝中执掌重权已久，深得皇上宠信。而且朝中文武百官，多年来受到贤兄弟责罚甚至凌辱的，恐怕也难以计数，谁敢说这些人不记恨你们？况且，太子常常因过分之举而遭皇上斥责，肯定难成大事。他不敢因此对皇上怀恨在心，却切齿痛恨几位当政的重臣，其中恐怕就有令兄。所以您兄弟二人虽然结好于皇上，但是暗中想害你们的人也不在少数。皇上一旦去世，谁又能佑护你们呢？如今太子已失去皇后的宠爱，皇上也多次流露出对太子的不满甚至厌恶之意，这些少卿也是知道的。现在恳请皇上罢黜杨勇，立晋王杨广为太子，全凭令兄一张嘴。要是您兄弟二人能伸出援助之手，晋王必将铭心刻骨，永世不忘。同时，贤兄弟也可消除累卵之危，稳若泰山了！"

宇文述苦口婆心，直讲得嘴角泛起了白沫。杨约怔怔地听着，宇文述讲完后，他依旧支着耳朵在思考，半天没有说话。宇文述缓缓站起身，装作在欣赏把玩面前的珍宝。他知道，此时不可着急催促杨约，要给他一些时间，让他回味，让他思考。

远处隐隐传来报四更的鼓声，屋里依然静得听不到一丝响动。突然，"砰"的一声震响，宇文述吓了一跳，转身看去，只见杨约一只拳头砸在方桌上，双眼迸射出咄咄逼人的光彩，兴奋地说道："宇文将军，您这一席肺腑之言，令我茅塞顿开。您说得太对了，为我兄弟二人想得周全。此事不宜拖延，明天我就去见大哥，晓以利害，将军只需静候消息便是。"

宇文述心中终于踏实了，他微笑着问："明天？贤弟还是今天吧。"

"噢？"杨约愣了一下，抬头向窗外望去，天际已泛起了鱼肚白。两人不约而同地哈哈大笑起来。

这天后晌，杨约兴冲冲地回到府上，还没等宇文述开口问话，他就说道："今晚请宇文将军到家兄府上一聚。"

宇文述知道，杨素那道关口算是打通了。天黑之后，杨约领宇文述来到越国公府面见杨素。因为有杨约游说在先，大家都心知肚明，说话也就无须再绕圈子了。

"我生性愚钝，依我的才思绝不会想到那么深的一层，幸得宇文将军提醒！"杨素说道。

宇文述拱手说道："杨大人客气了，卑职只是转述晋王的意思而已，废立之事就倚重尚书大人了！"

"请宇文将军转告晋王，杨素定当尽心竭力。舍弟说得对，事不宜迟，明日我就寻机试探一下皇上的意思，看看圣意究竟如何。如有意外，我会及时告知。若一切顺利，你我就无须再见二面了，请将军回扬州向晋王复命即可。"

宇文述点点头说："就按杨大人的意思办吧。"随后，杨素命人摆上丰盛的酒宴，还特意叫来自己的爱妾乐昌公主作陪。

杨素丧偶多年，一直没有续娶正室。据说独孤皇后曾为他做媒，也被他婉言谢绝。平陈后，文帝将从陈朝虏来的乐昌公主等 10 个美女赏赐给他。在所有姬妾当中，杨素最宠爱的就是乐昌公主。

宇文述又想到乐昌公主的妹妹、被文帝选为妃子的宣华夫人。姐姐可谓沉鱼落雁，妹妹一定闭月羞花。这样想着，宇文述对杨素说道："杨大人，晋王还嘱托下官去仁寿宫拜见宣华夫人呢，不如乐昌公主同去如何？"

乐昌公主感激地点头表示同意。

第二天，宇文述带领杨素挑选的人马，陪护着乐昌公主来到仁寿宫，见了宣华夫人，他献上晋王送的红色锦盒。

锦盒里面是一只纯金铸就的凤凰，细喙长直，姿态优雅，栩栩如生。宣华夫人把它立在几案上，一边欣赏，一边问道："不知晋王为何送我这只精巧金贵的凤凰？"

宇文述回答："晋王说，夫人就像凤凰一样美丽，只有金凤凰才能相配，所以……"

宣华夫人笑着说："还是算了吧，将军不要只拣好听的说。晋王心里怎样想的我都明白，凤凰是吉祥的鸟儿，晋王是要祝我吉祥福瑞，对不对？"

宇文述心想，这宣华夫人不仅美貌聪慧，而且心明口快，绝非等闲之辈，于是连忙拱手答道："夫人果真聪明绝顶，有些话就不用小臣直接说出口了！"

从仁寿宫回来后，宇文述又在杨约府上住了五天，这几天杨素那边一直没有动静。由此看来，一切进行得还算顺利。

几天后杨素进宫陪文帝、皇后用餐，他在饭桌上故意对独孤皇后说："晋王做事恭恭敬敬，人也孝顺，外面的人都说晋王很像皇后呢。"

独孤皇后听了，流着泪说："越公说的话一点也不错，每次我和皇上派人去扬州，我儿必定在州境亲自迎候。我那儿媳妇也实在可怜，我每次派婢女去，她竟常与这些底下人同寝共食。睨地伐整天只知道寻欢作乐，结交小人。所以我可怜阿㜷，担心遭他们暗害。"

经过这番试探性的谈话，杨素摸清了独孤皇后的心思，于是一有机会就在文帝面前讲太子的坏话。独孤皇后有杨素呼应，更觉得应该废杨勇立杨广才对，为此她还偷偷赏了杨素许多财物。

由于得到了独孤皇后的支持，杨素开始有恃无恐走上前台，充当了废立阴谋的主角。他一方面时常在文帝面前称赞杨广，攻击杨勇；另一方面又在朝臣中大肆活动，广造舆论，煽动更多的人去诽谤太子。在杨素的导演之下，关于太子的流言蜚语接二连三地传到了文帝耳中。

第五章　扫平障碍

一、狼狈为奸

在有心之人的操纵下，朝廷一时谣言四起，说东宫多鬼魅，而且多次出现鼠妖。文帝即命术士萧吉去东宫祛邪气。萧吉煞有介事地站在东宫宣慈殿前，说是发现一股来自鬼门关的阴风，正扫向太子。他号啕大叫着折腾了一番，还用桃汤苇火将鬼风驱逐出门，搞了一些虚玄鬼把戏，然后神神秘秘地对文帝说："太子当不安于位。"文帝原本就有废除太子之意，对萧吉的话自是深信不疑，凡是有异变就赶紧去找萧吉，还赏赐给他很多钱财。

人言可畏，各种流言铺天盖地地向太子杨勇袭来，父母对他愈加冷淡，杨勇总算明白自己的太子地位受到威胁了。但他也无计可施，只会惊慌失措。他和文帝一样迷信鬼怪巫术，听说新丰人王辅贤会占星之术，于是就将他召了过来。

王辅贤站在东宫的院子里，抬头看了看天，低头瞧了瞧地，又兜转了一遭，回到太子的寝殿说："白虹贯穿东宫之门，太阴袭月，不吉。"

杨勇连忙问道："不吉是指何种事物？"

"是指太子有废退之象！"

杨勇顿时惊慌起来，他倒背双手在屋里来回踱步，好不容易冷静了些，立刻向王辅贤问道："既是天象如此，有什么化解的办法吗？"

王辅贤平静地说："自然有化解之法，要想保住太子之位，必先不做太子。"

"什么!"杨勇大步跨到王辅贤面前,用手指着他气愤地说:"你,你是说让我……"

王辅贤微微一笑说:"太子息怒,请听我把话说完。太子之位,一人之下,万人之上。身为太子,居于高处,又遭遇了许多不利之事,就会感到岌岌之危。如果太子是在平野之地,与百姓庶人一般,就不会再有这种感觉了。草民的意思是:既然心魂已是太子,形体就不要再作太子之态,要把身体放到低处,与庶人一般。看上去内外不一,这样才是化解厄运的好办法。"

杨勇听了怒气渐消,连连点头道:"请讲得详细一些。"

王辅贤说:"刚才我在宫中走了一遭,见后院空旷,太子可在那里建几间茅草房屋,与穷苦百姓的居所一样,低矮简陋才佳。太子要住进去,还要切记不可有妄语狂言。长期下去,太子的心绪就会平静下来,种种危险自然可化为乌有。"

接着,王辅贤又教杨勇使用五种铜铁兵器,制作了避邪诅咒之物,企图以"厌胜"的办法免去厄运。杨勇依计在府邸后园建造了一个庶人村,村里的房屋低矮简陋,他常在其中睡觉休息,一改往日的奢华,身穿布衣,铺着草褥子,希望以此挡住流言蜚语。

文帝知道杨勇心怀不安,特派杨素去观察动静。杨素到了东宫,故意在门外停留很久不进去。

杨勇得知杨素要来拜见自己,在前殿端坐了小半天,仍不见杨素进来,于是不耐烦地拍了一下桌子,大声喝道:"岂有此理!你去告诉他,本王没工夫见他,让他回去!"

这时,只见杨素一步跨进大殿,边施礼边高声说道:"尚书右仆射杨素拜见太子!"

杨勇冷冷地说:"杨勇刚要亲自出宫去迎接右仆射大人,没想到杨大人自己来了!"

"不敢!"杨素躬身答道,"老臣奉旨探望东宫,岂敢劳太子亲自迎接！"

杨勇看见杨素那不阴不阳的表情，听着他那不冷不热的话语，实在忍耐不住，愤恨地说："不要以为父皇呵斥了我几句，你就不把我这个太子放在眼里，回去告诉你那班朋党，不要过于猖狂。有朝一日，我定会先从仆射以下杀他三五个，让你们看看怠慢太子的结果！"

杨勇说罢，气冲冲走出大殿，将杨素一个人扔在那里。

杨素回到皇宫后，向文帝奏报了面见太子的情景："陛下，从太子的言语表情来看，对您早已耿耿于怀，怨恨极深。积羽沉舟，群轻折轴，长此下去不知会生出什么变故。微臣提请陛下还当深察谨防才是。"

听了这番话，文帝沉沉地呼了口气，一句话也没有说，表情分外严肃。很显然，他已经听信杨素的话，此后对杨勇愈加猜疑。独孤皇后也派人暗中探察东宫，细碎琐事都上报给文帝，编造杨勇的罪状。

开皇十八年（598 年），文帝开始采取行动削弱东宫的势力，东宫属官凡有才能者一律调开，又在大兴宫北玄武门到宫城东北隅的至德门之间，每隔几步就设置一个候人（即特务），以观察杨勇的动静，事无大小都要随时奏报。另外，东宫值宿警卫之人，凡侍官以上职务，名册均归属各个卫府，不归东宫管辖。至于勇猛矫健者，则统统调走，只留老弱供杨勇使用。又以图谋不轨罪将太子千牛备身刘居士斩首，大多公卿子弟也因此受到牵连。

即使这些事都在波澜不惊中进行，文武百官也都心领神会。常言说，墙倒众人推，然而世间的事实却是——墙上刚有了几条裂缝，众人便来推了。各种贬责诋毁太子的传言纷至沓来，文帝当然也听到了不少，只是还没有人直言废黜太子的话罢了。

事有凑巧，这天上朝，杨素比平时早到了些，看见太史令袁充在殿外徘徊，一副愁眉不展的样子，便上前问道："太史令这般模样，想来是遇到什么难事了？"

"唉！"袁充叹了口气说，"尚书大人来得正好，我正有难题要向大人请教呢。"

杨素连连摆手说:"请教不敢当,不敢当。"

袁充若有所思地说:"是这么回事,近日我观察天象,几次都显现出皇太子当废之玄象。我反复思量,若是陛下问起来,下官该不该如实禀奏呢?"

"太史令怎么聪明一世却糊涂一时呢!你我身为臣属,忠君报国是职责所在。如此要害之事,怎么还要等陛下发问呢,应该主动奏报才对。"

"尚书大人说得极是。可是,就怕陛下……"

"太史令不必担心,我可与你一同前去禀奏陛下。当然,此事还不宜在大庭广众下张扬。等退朝之后百官散去,咱们再向陛下禀奏。"

袁充见杨素如此坦荡无畏,也就点头答应了。

退朝之后,文帝回到后殿,还没坐稳,便有内侍前来禀报:"尚书右仆射杨素、太史令袁充求见陛下!"

文帝心生疑惑,有什么话在朝堂上不说,又特意跟到后殿来呢?于是吩咐道:"请他们进来。"

他们进来后,文帝先开口道:"二位爱卿有何事要奏啊?"

杨素率先答道:"陛下,太史令有要事禀报!"

"噢?什么要事,说出来让朕听听!"

袁充跪伏在地上,小心翼翼地回答:"陛下,臣夜观天象,多次显现出皇太子当废之象。"

文帝的脸色随即沉了下来,良久才面色凝重地说:"朕知道了,你先退下吧。"

袁充应了声,便退了出去。显然,文帝是要单独跟杨素谈论此事。杨素心里暗喜:机会来了!

文帝赐杨素坐下,又屏退左右,稍微定了定神,说道:"杨爱卿,朕也请人看过天象,刚才袁充所说的天象早已显现多次。群臣之中善观天文的不在少数,只是没有人敢站出来说话罢了。"

杨素说:"陛下明察秋毫,一语中的。单就太子无德一事,不敢直言的人当中也有微臣哪！其实，微臣察觉太子种种不轨迹象已经很久了，却迟迟不敢说出，真是有愧圣恩！"说着，他用衣袖擦拭了一下眼角。

文帝哀叹了一声说："爱卿不必自责，在这件事上朕是有过失的。长久以来，朕已感到太子不能够继承大统，皇后也在一直劝朕早作了断。可是，一想到太子是朕身为平民时所生养，又是长子，心中总是不忍，只盼望着他会日渐成熟，改正过错，所以才克制忍耐到了今天。看来朕是错了！"

杨素趁热打铁，说："陛下的话让微臣想起了一件事，陛下是否记得诛灭刘居士朋党那件公案？"

原来，文帝在周室为臣之时有一位知己旧交叫刘昶，文帝登基之后拜刘昶为上柱国，刘昶为此感激不尽，兢兢业业，全心全意服侍文帝。但刘昶的儿子刘居士却是一个狂荡不羁、目无法度的流氓恶棍，屡次犯罪，文帝都看刘昶的面子宽恕了他。谁知刘居士不思悔改，仗着自己是太子的属下，拉朋结党，欺男霸女，无恶不作，连公卿百官也不放在眼里，导致民怨沸腾。几位深受其害的公卿臣子联名上书文帝，告刘居士结党称霸，图谋不轨。文帝大怒，下令将刘居士逮捕斩首，其党羽也杀的杀、抓的抓，如为公卿子弟一律除名。尽管如此，文帝仍然担心除恶未尽留有后患，于是就下诏命太子杨勇继续清查刘居士余党，并让杨素将诏书送给杨勇。

杨素来到东宫将诏书交给杨勇时，杨勇表现得十分傲慢，只草草地将诏书扫了一眼，便扔在桌子上，把杨素训斥了一顿。杨素敢怒不敢言，只能忍气吞声。现在再想起来，他认为报仇的机会来了，于是对文帝说："陛下，既然当今太子已不堪承嗣，废立大计应早下决心，不可再犹豫了。"

文帝点头道："爱卿所言正合朕意。依爱卿之见，罢黜太子之后，另立哪位藩王为新储君最合适呢？"

杨素不假思索地答道："当然是晋王杨广！"

文帝一听，眉眼舒展地说："好！爱卿好眼力啊，与朕不谋而合，知朕者果然是越国公啊！"

杨素谦卑地躬下身子说："承蒙陛下错爱，社稷朝野之中不独杨素有此见地，当是众望所归啊！"

文帝收敛笑意说："黜旧立新，关乎国家百年大计，一旦宣诏，要让群臣百姓心服。因此，还需爱卿仔细筹划一番，自然是越快越好！"

杨素起身应诺："请陛下放心，微臣自当尽力。"

杨素心里明白，文帝是要他尽快搜集一些杨勇忤逆不孝、图谋不轨的证据，只要有了足够的证据，废掉杨勇不过就是写一道诏书的事情。他从宫中出来，顿觉一身轻松。回到家里，他立即派人把杨约找来，商议搜集杨勇无德证据一事。

杨约说："这事好办，东宫的属官中有一个叫姬威的，跟太子比较亲近。我给他送点金银，再告知其中的利害关系，十有八九他会帮这个忙。"

正如杨约所料，姬威是个胆小怕事又爱财如命的人，他手里捧着杨约送来的金银，仔细斟酌着杨约所说的话——太子的许多罪过皇上早已洞察，家兄也已奉密诏，若在此时废黜杨勇，立下功劳，助皇上一臂之力，日后必将大富大贵。因此，姬威没过多犹豫，答应暗中搜集太子谋逆的证据。

二、墙倒众人推

转眼夏天过去了，在陕西仁寿宫避暑的文帝准备起驾返回长安。这个夏天对他来说充满了无尽的悲伤，因为他的三子秦王杨俊死了。

杨俊生性仁爱宽厚，总以善心待人，自幼便深得父母的喜爱。或许是受到叔父杨荣的影响，杨俊曾经一心向佛，甚至几次想出家为僧，但是文帝坚决不允。杨广任扬州总管之后，文帝又委任他做了并州总管。自此，杨俊的骄奢淫逸之风渐长，前后判若两人，不仅多次违犯规章制度，而且沉迷女色，经常出入青楼。偏偏秦王妃崔氏又是个手段狠辣的女人，眼里容不得沙子，见杨俊整天不务正业，寻欢作乐，既无奈又忌恨，一气之下就在饭菜中下了毒。幸亏杨俊命大，吃了那些饭菜之后没被毒死，但却从此落下了病根。这事闹得沸沸扬扬、众人皆知，很快就传到文帝耳中。文帝龙颜大怒，随即下诏免去杨俊并州总管一职，仅留秦王爵位召回长安闲居；将秦王妃崔氏废为庶人，赐死家中。

杨俊被免官后，每天待在府中静养，但因毒性渗入体内深处，加上心里悔恨懊恼，病情一天比一天重，强挨了不到两年，终于在这个夏天的七月里死去。

儿子的死带给文帝无尽的悲伤，幸好有宣华夫人陪在他身边，使他多少有些安慰。

独孤皇后是在夏至当天到达仁寿宫的，刚过三伏就走了。她说自己身体虚弱，受不了岐山阴凉的山风，还是回长安城的后宫里住得舒坦。这是实情。独孤皇后虽然才50岁，但精神与体力已明显衰退了，一年当中总要闹几场病，每病一次，精气神都虚亏得厉害，久久无法复原。不过，身体不适只是独孤皇后提前离开仁寿宫的说辞，实际上是她对文帝宠幸嫔妃的默认和宽容。文帝得皇后的宽容，尽情享受着宣华夫人带给自己的舒畅和欢娱，才得以从丧子的悲痛中走出来。

南陈亡国之后，宣华夫人随兄长陈后主被押到长安，做了宫女，当时她才14岁。时光飞逝，如今26岁的宣华夫人不但美艳至极，而且非常成熟，有着女子少有的知性之美。有一次，文帝来到宣华夫人的寝殿，意外地看到了那只熠熠生辉的金凤凰，好奇地问道："爱妃从哪里得来的宝物？"

宣华夫人抿嘴一笑，说道："是晋王差人送给臣妾的。"接着又说："陛下，五位皇子当中，勇武干练又心怀社稷、情系天下的，当属晋王了吧？"

文帝没有作答，只是若有所思地点了点头。

宣华夫人见状，接着说："陛下，虽然臣妾没有见过晋王，但也听到过许多夸赞晋王的话语。人们都说晋王仁孝谦和、文韬武略，是一位可以做大事的人才。"

"哦，爱妃也是这么看吗？"文帝问道。

"怎么，难道陛下您不这样认为吗？"

文帝一时语塞，不知该怎样回答才好。

"陛下，"宣华夫人又说，"妾妃斗胆问一句不恭的话，身为至高无上的帝王，为什么有时连自己的厌恶喜好都不能清楚表明呢？"

文帝感慨地说："爱妃，作为一国之君，诸事纷杂，遇事需权衡再三，反复思量，仅凭自己的厌恶喜好是万万不行的。"说着，文帝又陷入沉思，想到了太子杨勇，以及自己与杨素谋划的那件事。在整个夏天，最让他牵肠挂肚的就是这件事，一直期盼杨素有佳音传来。

不久，如他所愿，杨素带着佳音来了——姬威写给皇上的奏书，字里行间历数太子杨勇忤逆谋反的一件件罪状。文帝匆匆翻看了几页，内心突然变得复杂起来，其中有气、有恨、有忧伤，还有一点难以割舍的情愫。他用手拍了拍那份奏书，对杨素说："这么看来，都准备好了吗？"

杨素躬身答道："微臣谨遵陛下旨意行事，已经万事俱备了！"

文帝低头沉思片刻，干脆果断地吐出一个字："好！"

开皇二十年（600 年）九月十六日，文帝返回京师长安。

次日早朝，文帝看着殿下毕恭毕敬伫立着的文臣武将，脸上露出极为冷峻严肃的表情。临朝之前，他已在心里准备好了今天的开场词，此时的冷峻和沉默都是为即将出口的话语所作的铺垫。

皇上不开口，下边的人更是不敢出声，一个个低眉顺眼，似乎在等待着什么。

良久，文帝才一字一句地说道："朕离开京师好长时间了，住在仁寿宫的这些日子，朕经常思念众卿，每每想起与众卿同理朝政的君臣之乐，朕甚感兴奋。今天见到诸位爱卿，朕应当十分高兴才是，却不知为何，朕没有丝毫的喜悦之情，内心反而充满了懊恼和烦闷。各位知道这是什么缘由吗？不妨说出来为朕排解一下，让朕轻松轻松！"

文武大臣们面面相觑，全都不知道应该如何回答，殿下依旧一片沉寂。

过了好一会儿，吏部尚书牛弘前行一步，躬身答道："陛下，臣认为是我们这些为臣的愚钝无能，有哪些朝政事务处理得不合圣意，才使得陛下懊恼心烦，还望陛下赐教指点。"

听了牛弘的话，大臣们也异口同声地附和："正是，还请陛下赐教、训示！"

这些回答让文帝大失所望。在仁寿宫的时候，他便听杨素说，对于太子杨勇的种种过失和忤逆，朝廷中传得沸沸扬扬，有人甚至猜测太子即将被废。他今天的发问，无非是想挑开事由，让大臣们借题发挥，通过他们的嘴说出太子让人不可容忍的过失，接下来的事也就顺理成章、水到渠成了。然而，他万万没想到自己的问话引出了牛弘如此圆滑的检讨与一片附和声。他又失望又气愤，气众臣不能明白自己的心意。如果说刚才的冷峻严肃还有几分故作姿态，此时他是真的恼怒了。他板着铁青的脸大喝一声："什么赐教指点，全都是一派胡言！"

这声怒喝使大殿重归死一般的沉寂。文帝顿了顿，正色道："这里距仁寿宫仅百余里的距离，可是朕每次驾返京师，总要严加戒备，如同进入敌国一般，难道众爱卿真的不知道这是什么原因吗？太子杨勇怀忤逆谋反之心已久，种种行迹日益彰显，你们难道没有丝毫觉察吗？朕昨晚偶感腹疾，为如厕方便，未敢脱衣入睡。朕本来是睡在后殿的，可是半夜如厕归来，朕又搬回了前殿。这是为什么呢？还不是为了以防不测！看你们一个个懵懵懂懂、装聋作哑的样子，朕更觉得危险可怕。别看今天朕还坐在大殿之上，说不定明天就被人抛尸荒野，到时候你们这些人还不知道是怎么回事呢！"

文帝话音刚落，就听殿下"扑通"一声，只见一个人歪倒在地上，原来是东宫总管唐令则①。

唐令则听到文帝直言怒斥太子忤逆谋反，头脑立刻"轰"的一声，心想：太子肯定要被废掉了，我也活到头了！他吓得两腿一软，身不由己地倒在地上。

文帝见状问道："唐爱卿，你这是怎么了？"

唐令则浑身如筛糠一般，哆哆嗦嗦地答道："陛……陛下，太子谋反，与……与微臣无关啊！"

"哈哈哈……"文帝突然爆发出一阵令人毛骨悚然的大笑，"众爱卿可都听见了？唐爱卿，朕要问你，你身为东宫总管，辅佐太子这么多年，现在太子忤逆谋反，难道与你丝毫没有关系吗？"

"陛……陛下……"唐令则跪在地上，还想分辩些什么。

"来人！"文帝喝令道，"将唐令则先行羁押，待查明罪责后再做处置！"

几名侍卫从殿门外走进来，一拥而上，连拖带拉地把唐令则弄出了大殿。

这时，殿内大臣们的额头上早已沁出细密的汗珠，平日与太子交往密切的官员，心都怦怦地跳个不停，努力让自己镇定，唯恐如唐令则一样，还没等到皇上点名，自己却先瘫软了。

文帝看到殿内平静下来，又说："如果有人觉得今日事发突然，那就错了。朕感觉太子不堪承嗣已久，而太子意欲加害于朕也有些时日了。年初太子妃元氏暴亡，朕疑心太子做了手脚，曾当面训斥他。谁知他回去后不思悔改，反而扬言要杀死元大人，这不就是想加害朕不便明讲，进而迁怒到他岳父头上吗？"说到这里，文帝特意停顿下来观察大臣们的反应。大臣们都低着头，唯独杨素抬眼看着文帝，神色中有一种暗示。文帝心领神会，说道："尚书右仆射杨素！"

---

① 唐令则（？—600 年）：北海平寿（今潍坊市潍城区南）人，北周、隋朝文士、音乐家。北周时官至乐部下大夫；隋时为太子左庶子。

杨素闻言，躬身出列道："臣在！"

"你觉得刚才朕所说的还有什么疏漏不妥的地方吗？"

"陛下，刚刚陛下所言句句属实。朝中诸多大臣也早已看出太子已经不是原来的太子，将来无法承嗣大业。不过，微臣认为，对于太子的种种劣迹，陛下仅仅说了不过十之一二。废立乃国家大事，须将太子的罪过详细告知朝野，震慑朋党，这样才能让众人心服口服。"

文帝听了一拍巴掌说："说得好！爱卿还知道些什么，尽管说出来让朕与众卿都听一听。"

"陛下，臣对太子的种种行迹虽有耳闻，却微不足道。东宫属官姬威与太子朝夕相处，知道得更多一些，他可以向陛下禀奏一二。"

"快宣姬威进殿！"

文帝与杨素的对话等于向群臣直接挑明：揭露太子绝非空穴来风，而是人证物证俱全，是经过长时间严密察访并做了大量准备的。再有，东宫官员姬威已经倒戈，若谁还想对太子进行揭发，那么今天便是最好的机会，也是最后的机会。

姬威进了大殿，行毕叩见之礼，文帝开门见山地说："姬威，凡是有关太子的事情，你在朕与众卿面前尽管直言，不必有所顾忌。"

姬威说道："陛下，太子与臣下共同处事，无时无刻不在表露他骄横奢侈的恶劣行径。他几乎一年到头都在筹划如何建造华丽的楼台宫殿，设想将樊川到散关一带全部开辟建造成宫苑。太子对臣下说：'当年汉武帝营建上林苑的时候，东方朔出面劝谏，武帝为此赏赐他黄金百斤，多么可笑。如果换作我，可没有那么多黄金赐给这种人。日后假如有人劝谏我，我立刻就杀掉他。杀到不足100人，那些劝谏刺耳的话就会永远止息。'"

姬威停顿片刻，又说："前些时日，陛下除去苏孝慈东宫左卫率的职务，调任浙州刺史，太子为此气得浑身发抖，怒吼道：'此仇我将终身不忘！大丈夫终会有扬眉吐气的一天，到时候，一定要称心快意！'另外，东宫经常向朝中索要这样那样的物品且数目不少，尚书大人恪守

规制，往往拒绝发放。太子也经常因此而发怒，多次对臣下说：'有朝一日将仆射以下的人杀掉几个，让他们知道轻慢太子的后果！'

"太子还时常流露出对陛下和皇后的怨恨，说：'父皇母后总是斥责我宠幸姬妾，生养了许多庶子。齐后主高纬、陈后主陈叔宝皆非正室所生，难道也是庶子吗？实在是无稽之谈！'

"陛下，太子还请了术士扶乩占卜，他对臣下说：'皇帝的忌期在开皇十八年前后，这个期限很快就要到了……'"

姬威所说的这些事早已写在给文帝的奏书当中，而且他在心里背诵了不知多少遍，说起来自然滔滔不绝，流畅自如。不知不觉中，他竟然连太子占卜得知文帝忌期的事也顺嘴说了出来，话出口后他心中不由得一惊，赶忙刹住了话头。预卜皇上忌期自然是太子一大罪状，但是当着这么多大臣的面说出占卜结果，无论如何也不是件吉利之事。此时姬威心里想到了八个字"得意忘形，百密一疏"，不免有些胆寒。

幸好文帝因为姬威这番话非常心痛，泪流满面，根本无暇多想。文武群臣见状也都偷偷地松了一口气：够了，仅凭姬威说的这些已经足够了，杨勇的太子已做到了尽头！

文帝擦了一把泪水，悲哀地说："诸位爱卿，我们哪个不是父母生父母养，为人儿女又怎么会对父母没有一点亲情孝心呢？谁能想到太子竟然凶狠到这般地步，可叹我帝王之家竟出了这等不孝之子！虽然朕的德行不足以与尧舜二帝相比，但无论如何，朕也不能将天下社稷托付给品行不端、忤逆不孝的儿子！前些日子，朕曾阅览《齐书》，读到高欢肆意放纵儿子处，心中极为震怒。朕是绝不会效法高欢的。今天，朕意已决，要将太子杨勇废黜，使大隋天下永享安宁！"

早在二十多天前，杨素已经按照文帝旨意，带兵将太子宫紧紧包围起来，不许任何人出入，彻查太子谋反之事。这段时间，包括唐令则、左卫大将军元旻在内的十几个太子朋党被抓捕斩首，他们的妻妾子孙则收入宫中为奴，一时间，满朝文武人心惶惶。不过，因为废太子的诏书还没有正式下发，东宫显得平静得多。杨勇知道自己即将被废，气怒至极，手提一把斧头，走到庶人村前边的那棵大槐树下，三两下就把自己亲手钉上去的那块写着"庶人村"三个字的木牌敲了下来。他将木牌拿在手里，认真地看着上面的字，觉得有些好笑，心想：挂牌的庶人恰恰不是庶人，真正的庶人根本无须挂牌。这么浅显的道理，当时自己竟然没有弄懂！

过了些日子，在东宫查出了火燧数千。原来，前不久杨勇看见一棵枯老槐树，便问左右能派什么用场，有人说古槐特别适合做火把，于是他便命令工匠制作了几千支火燧，放在库房以备不时之需。另外，东宫药藏局还贮存有几斛引火用的艾绒，杨素就此事询问姬威，姬威趁机诬陷说："太子此举别有用意，皇上在仁寿宫时，太子常常饲马千匹，与诸子往返于京城，急行一夜便至，还曾经说要打着火把夜围仁寿宫。"杨素又以姬威的供词去盘问杨勇，杨勇不服气地说："我还听说你家饲养了上万匹马，我作为太子，有马千匹难道就是造反吗？"问得杨素哑口无言。火把实在难以作为谋反罪证，于是，杨素找出东宫的服饰玩器，凡是有雕刻镂画的器物都陈列在宫殿内，展示给文武群臣，作为太子的罪证。文帝和独孤皇后也屡次派人责问杨勇，并将罪证诸物出示给杨勇，杨勇辩解不清，内心极不服气。

开皇二十年（600 年）的一天，杨勇受诏来到朝堂，只见文帝身着戎装，陈列军队，百官立于殿东，皇室宗亲立于殿西。杨勇和他的几个儿子被带到殿内中央排列，文帝命内史侍郎薛道衡[①]宣读废皇太子诏书：

太子之位，实为国本，苟非其人，不可虚立。自古储副，或有不才，长恶不悛，仍令守器，皆由情溺宠爱，失于至理，致使宗社倾亡，苍生涂地。由此言之，天下安危，系乎上嗣，大业传世，岂不重哉！皇

---

① 薛道衡（540—609 年）：字玄卿，河东汾阴（今山西万荣县）人，隋朝大臣、诗人。隋文帝时拜内史侍郎、开府仪同三司。隋炀帝时历任番州刺史、司隶大夫，后因奏对不称旨，被逼自杀。

太子勇，地则居长，情所钟爱，初登大位，即建春宫，方冀德业日新，隆兹负荷。而乃性识庸暗，仁孝无闻，昵近小人，委任奸佞，前后愆戾，难以具纪。但百姓者，天下之百姓，朕恭膺天命，属当安育，虽欲爱子，实负上灵，岂敢以不肖之子而乱天下？勇及其男女为王、公主者，并废为庶人。顾惟兆庶，事不获己，兴言及此，良深愧叹！

　　薛道衡朗读之声铿锵激昂，顿挫有致，字字句句清晰宏亮，在大殿中回响，发出一股威权的震慑力量。

　　太子杨勇连同他的子女一并被废为庶人，成了平民百姓。对杨勇来讲，这真是从高山之巅坠入万丈深渊之中。

　　诏书宣读完毕，文帝对杨勇说："你犯下的罪恶过失，已是天地不容、人神共弃，废黜你是大势所趋。睍地伐，你还有什么话可说呢？"文帝这一声"睍地伐"，让杨勇刹那间感到自己与皇上之间尚存的一丝父子之情，或许这正是饶自己不死的关键时刻。他"咚"地一下跪伏在地，声泪俱下说："陛下，依臣子的罪过确实应当横尸法场，以警示后人。今日幸得陛下宽容哀怜，免臣子一死，保全身家性命。臣子深感惭愧，无以言表，只有感激不尽，谢陛下隆恩！"

　　说完，杨勇站了起来，似喝醉了酒，一步三摇地朝宫外走去。

　　正在这时，忽然有人大叫一声："陛下！"随即"扑通"一声跪在殿中。文帝一惊，发现眼前跪倒的人是东宫洗马李纲①，于是问道："李纲，有什么事向朕禀奏吗？"

　　李纲抬起头，两行热泪流过脸颊。他悲痛地说："陛下，太子废立乃国家大事，看今日情形，臣知圣意已决，不可更改。满朝文武也都知道不可更改，但这并不等于每个人都赞同陛下的做法，只是没有一个人敢说罢了。臣沐浴皇恩，面对此等国家大事，绝不可因为怕死而不把心

---

　　① 李纲（547—631年）：字文纪，观州蓨县（今河北景县）人，北周、隋、唐名臣。北周时任齐王参军；隋时任太子洗马；唐时任礼部尚书兼太子詹事，后加授太子少保；去世后追赠开府仪同三司。

里的话对陛下讲出来啊！"

文帝静静地听着，心潮翻滚，当初他与皇后几次对杨勇的德行质疑时，尚书左仆射高颎便劝谏不可轻言废立。为此，他还寻机将高颎免职回家。今日废黜太子木已成舟，不知道为何，他这时倒有点想听听有人能对此讲出一点不同的看法来，他颔首道："李纲，有什么话尽管直说，无须有所顾忌。"

"陛下，依臣愚见，太子本就是个平常之人。既然是平常人，既可以使他学做善事，也可以使他胡作非为。当初，陛下若是用人得当，挑选正直无私的人辅佐太子，就像当年陛下任用王韶辅佐晋王那样，太子是能够守护国家大业的。可是，陛下却选用了唐令则一伙，才为今日之结局埋下了祸根。

"臣还记得，有一次太子宴请东宫官员，在酒席上，身为太子宫总管的唐令则竟然亲自弹着琵琶，唱起了叫作《妩媚娘》的小曲。臣当即禀告太子：'唐令则身为宫廷高官，职责是辅佐太子，却在大众广庭之下充当卑贱歌伎，唱淫荡之声，污秽太子视听，应当重加责罚！'但太子却不以为然地说：'我兴趣正浓，你不要多事。'陛下，太子整天与这些只知用声色犬马取悦自己的人待在一起，怎么能不沦落到今天这个地步呢！因而臣认为，太子之今日，并非其一人过失，也是陛下的过失啊！"

说罢，李纲匍匐在地呜咽不止。文帝沉思良久，才缓缓地对殿下众人说："李纲所言你们都听到了，他对朕的责备是非常有道理的。只可惜李纲你是只见其一，未见其二呀。你为人正直，也是朕任用的东宫官员，可是杨勇却不肯亲近信任你，如果这样，就是换上再多的正人君子又有何用呢？"

"陛下，"李纲抬头答道，"这正是唐令则一伙围在太子身边的缘故啊！陛下只需下令处置奸邪小人，再选贤才辅佐太子，臣也就不会被疏远了。可是今天……陛下，臣冒死再说一句，自古以来，皇帝废黜嫡子，很少有不留后患的，望陛下深思！"

"李纲！"文帝突然不高兴起来，呵斥道，"你这样说，确实有些过分了！"

可以说，李纲最后一句话正说中了文帝的心病。文帝深知后患，却不愿意听到有人讲出来。

文武百官都惊恐万状，有人窃窃私语道："李纲的死期怕是已经到了！"

文帝看着跪在地上的李纲，嘴角嚅动了一下，最后果断地宣布退朝。文武百官连忙躬身送皇上走出大殿。文帝走到大殿门口时，忽然停住了，叫道："吏部尚书牛弘！"

"臣在！"牛弘来到文帝跟前。文帝问道："你不是提到尚书右丞一职尚有空缺吗？"

牛弘答道："回皇上，正是，已出缺多日，一直没有合适人选。"

文帝转身用手指着李纲："哈哈，今天就有了。传朕旨意，擢太子宫洗马李纲为尚书右丞，即日赴任！"

太子杨勇的废黜，是杨广阴谋夺嫡取得的巨大成功，他耍阴谋诡计算计兄长，以母后独孤氏为强大后盾，由权相杨素出面，自己躲在幕后，做得可谓天衣无缝。

三、入主东宫

开皇二十年（600 年）十一月初三，据《隋书》记载，这一天发生了地震，长安城刮起了刺骨的大风。晋王杨广正是在这一天被立为太子。

这天的地震被认为是不祥之兆，文帝为此忧心忡忡，于是让杨广先到长安附近的大兴县居住，希望他能以大兴而继承帝业。在宣布他为太子的朝会上，杨广表现得非常谦虚谨慎，只穿着往日的服装，当然他事先征得了文帝的同意。

当上太子之后，他还要求东宫的僚佐都不要向他称臣，这让文帝甚感满意。杨勇刚当太子的时候就因为没有摆正自己的位置，引起文帝的强烈不满，结果下诏：太子只是储君，外朝大臣不准前去跪拜称臣。如今杨广做得更加彻底，连东宫的人也不让称臣，目的是要让文帝放心，太子不过是他身旁小小的臣民而已。杨广继续韬光养晦不露锋芒，此举至少在文帝身上大见成效，文帝甚至把原来关押在内史省的杨勇，转移到东宫交给杨广看管。新旧太子水火难容、势不两立本是情理中的事情，文帝把前太子交到现任太子手里，说明他对杨广的人品没有丝毫的怀疑。

但前太子杨勇始终没有放弃为自己辩护，他一直在寻找机会，据说在软禁关押时，他不断请求到文帝面前申冤，但杨广严密封锁了这个消息。杨勇甚至爬到囚禁处的一棵大树上大声呼喊，声音传到了文帝耳中，于是询问是怎么回事，杨素谎称杨勇神志不清，文帝信以真，遂不再理会。

杨广可以韬光养晦，不过皇储的废立却当合天意而顺民心。当时的民意如何，观德王杨雄①对此表态说："皇上为了百姓，割舍骨肉之恩，废黜没有德性的勇，这是举国之大庆，天下之大幸。"又有太史令袁充根据开皇二十年（600 年）来对天象的观察，向文帝奏报说："开皇元年、十七年，长安冬至那天的日影已从一丈二尺七寸二分，变为一丈二尺六寸三分；夏至日影由开皇二年的一尺四寸八分变至开皇十六年的一尺四寸五分。当时冬至日影比东汉郑玄测量短了三寸七分；夏至的日影比周朝人测量短了五分。臣下以为，太阳离天极近则影短而日长，离天极远则影长而日短，离天极近说明日行内道，离天极远说明日行外道，日行内道则璇玑得其长……"一句话概括就是，大隋建立以来，太阳的影子越变越短，也就意味着天越变越长，这是日行内道或者日行上道的反映，这种现象自古罕见。懂天文的都知道袁充是为迎合皇帝而胡说八道，但在当时能够识破这种伪科学把戏的人实在太少，多数人不知道袁

---

① 杨雄（540—612 年）：本名杨惠，字威惠，弘农华阴（今陕西华阴）人，隋朝宗室将领，北周大将军杨绍次子。历任左卫将军、宗正卿、右卫大将军，进封广平郡王。与高颎、虞庆则、苏威并称"朝中四贵"。后受到文帝猜忌，被削夺兵权，拜为司空、光禄大夫。

充在数字背后究竟要要什么花招。文帝听了袁充的报告后，兴高采烈地对满朝文武说："日影变短是上天对大隋国的保佑，如今太子新立应改元，那么明年年号就取个吉祥的名字叫作'仁寿'。既然白天比往日更长，百姓的作息时间自然也就延伸，每天的工作量（程课①）自然也得增加。"

仁寿元年（601年）正月，文帝成立了一套新的宰相班子。杨素成了尚书左仆射。杨广的长子、河南王杨昭改封晋王，担任内史令。这一年杨昭只有19岁，作为宰相显然还太年轻，但他深受祖父母的宠爱，在内阁也充当了父亲的耳目喉舌。担任门下省长官纳言的是苏威，后来被观德王杨雄的弟弟杨达接替。这样一来，仁寿年间独揽朝政的仍然是杨素，他把有才学的牛弘、薛道衡也拉入宰相班子，参与重大问题的讨论和决策。杨广和文帝一样有耐心，并不急于和杨素争权夺利，两人始终保持着朋友关系。杨广也很注意笼络薛道衡和牛弘这两个知识分子型的大臣，经常与他们交流诗文，这些都是文帝不具备的本领。在文帝建立新的宰相班子的同时，杨广也在谨慎地组建东宫的班底。

仁寿二年（602年）八月二十四日，独孤皇后去世，享年58岁。这对刚当上太子不久的杨广来说，的确是一件不祥之事。旧史记称太子杨广当着文帝和宫人的面悲痛欲绝，但在自己府内却如平日一般谈笑风生，恐怕未必如此。杨广不可能不爱独孤皇后，他对独孤皇后支持自己夺嫡成功感激不尽。当然，严厉的独孤皇后在世时处处都在对他进行监督，他还必须矫饰应对，但独孤皇后既是他的政治靠山，又是他阴谋夺宫的主要支持者，她一死，杨广不但失去了政治上的坚强后盾，而且将直接面对来自各方反对势力的压力，能否顺利继位接班，也成了一大问题。

---

①　程课：指征发赋税徭役。

四、清除夺位劲敌

仁寿元年（601 年），刚入主东宫的杨广仅走出了几步开局棋，棋风稳健，没有留下多少破绽。但到仁寿二年（602 年），就出现了短兵相接的情况，据史书记载，杨广和杨素联手，巧妙地击败了弟弟、蜀王杨秀，扫除了继承皇位道路上的又一大障碍。

在杨家五兄弟中，杨秀排行第四。隋朝建立后杨秀被封为蜀王，当时他八九岁，但文帝还是任命他为益州刺史，总管十四州军事。开皇元年（581 年），杨秀又被任命为上柱国西南道行台尚书令。但年幼的皇子与其说是上任做官，倒不如说是到天府之国做了一次梦幻般的旅行，真正在四川给文帝当家的是益州总管府长史元岩，杨秀只在蜀地待了一年多又回到了父母身边。一晃 10 年过去了，杨秀已经二十出头，身材魁梧，相貌堂堂，胆识过人，并练就了一身出众的武艺，朝臣们见了都怕他三分。开皇十二年（592 年），文帝见儿子已经长大，任命他为内史令、右领军大将军，再度派他出任益州总管。

杨秀是二进益州，但元岩 10 多年来一直在益州没有挪过位子。因为益州地理位置十分重要，又是军阀常常闹事的地方，所以文帝要派元岩这样老成的人去镇守，顺带帮他管教儿子。元岩和高颎以及晋王的僚佐王韶三人是好朋友，在文帝眼里，他们三个都是出将入相、德才兼备之人，但论资历，元岩又超过高、王二人。元岩当过宇文护的中外记室，在周宣帝时就已经是内史中大夫，负责起草诏书，曾机智地救下了抬棺进谏的乐迁。后来，周宣帝又要杀王轨①，元岩却不肯在诏书上签名，颜之仪②再三劝阻皇帝也无济于事。这时，元岩解下头巾给宣帝磕

---

① 王轨（？—579 年）：字沙门，太原郡祁县（今山西祁县人），北周名将、东汉司徒王允后代。智勇双全，累有军功，跟随北周武帝灭亡北齐，累官上大将军，封郧国公。

② 颜之仪（523—591 年）：字子升，琅琊临沂（今山东临沂）人，复圣颜回之后，北周大臣，曾任麟趾学士、司书上士。入隋后，一度担任集州刺史。

头，三拜三进，宣帝说："你难道敢和王轨结为同党？"元岩说："我不是和王轨结为同党，我是担心陛下滥杀使天下人失望啊！"宣帝让宦官打了元岩的耳光，又罢了他的官。虽然元岩忠于周室，但文帝拥有天下后，也明白应该重用元岩这样大公无私的好官。

元岩和王韶向来耿直，文帝选元岩为益州总管长，让骄横奢侈的蜀王杨秀心中也有所畏惧。有一次，杨秀抓来许多獠人（生活在四川的少数民族），要把他们当宦者；他还要杀獠人剖腹取肝拿来做药，这两件事都是因为元岩坚决反对，杨秀才没有做成。元岩执法严明，判案公正，凡是他断的案，老百姓无不心悦诚服，犯人们都说："平昌公（元岩的爵位）判我的罪，我还有什么可抱怨的呢。"可惜的是，元岩于开皇十三年（593 年）去世，也就是杨秀再次到益州任事的第二年。没有了元岩在身旁谆谆教诲，杨秀在益州做了许多无法无天的事。

对于杨秀的为人，文帝和独孤皇后心里再清楚不过了，文帝很早就说过："秀儿以后一定不会善终，朕在世他不会有事，一旦朕归天，他必定会起兵造反。"杨秀确实不甘心在蜀地称王，朝廷派兵部侍郎元衡去益州视察，杨秀就竭力拉拢他，想将他调到自己身边，但是文帝没有答应。元衡去世后，杨秀又一再要求朝廷增加自己的兵力。

讨伐西爨①时，文帝派杨武通将军从蜀州出发，杨秀竟派了个宠信的小官去当行军司马。对于杨秀到处安插亲信的做法，文帝极为不满，他对群臣说："今后破坏我法度的一定是朕自己的儿孙，就好像山里的老虎，别的野兽是不能伤害它的，咬老虎肉吸老虎血的却是藏在它毛皮里的虮虱。"这件事之后，文帝开始削弱杨秀的兵权，但杨秀不仅没有收敛，反而变本加厉，生活更加奢侈。他私造浑天仪、指南车和记里鼓，服饰使用天子的式样和颜色，这在当时都是禁止的事情；他还和王

---

① 西爨（cuàn）：古地名和古族名。爨为三国时的南中大姓之一，居于建宁郡（约在今云南曲靖地区），被诸葛亮封为"领军"，其统治区亦称为爨，治下主要为叟族。后势力不断扩大，成为当地民族的通称。至晋、南朝、隋及唐初，分为东、西两部，均在今云南东部至贵州西北一带，势力亦达西洱河（今洱海）。

妃一起出猎，用弹子伤人，把獠人抓来当奴仆。

太子杨勇被废黜，二哥杨广进了东宫后，杨秀内心非常不满。杨广也担心杨秀会成为自己登位的潜在敌人，于是私下与杨素商量，由杨素到文帝面前告御状。仁寿二年（602 年）三月，文帝在仁寿宫听取了杨素对蜀王杨秀过错的揭露，决定召他回京。

杨秀对父皇召自己回京心存疑虑，他虽然不知道杨素的密告，但对自己的所作所为心里还是有数的。他特别不服气父皇废立太子的做法，总觉得其中有什么手脚，但一时又找不到真凭实据。越是这样，他就越不敢轻易应召回京，于是故意拖着不动身，直到新的益州总管独孤楷来接任，他知道再也拖不下去了，才带着一队人马起程回京。

出了益州后，杨秀越想越觉得不对劲，心里嘀咕：如果留在益州，自己还有点兵力和权力，就算父皇责怪下来，也还能相持一时。现在单枪匹马地返回京城，万一有什么不测，便只能任人宰割。想到这里，杨秀招呼队伍停了下来，并调转马头返回益州，同时还不忘派一个士卒骑快马去打探一下益州的动静。

他们往回走了没多远，那个士卒便风驰电掣般赶了回来，报告说："益州城门紧闭，城墙上站满了弓弩射手，看似严阵以待。"杨秀最后的希望破灭了，只得心怀侥幸回到长安。

杨秀回京城见了文帝父皇，但文帝并不和他说话。次日，文帝派人传达圣旨，谴责杨秀的罪过，杨秀承认在外为藩王时没有遵守法度，确实罪该万死。杨广和皇室的人都到文帝面前磕头哭泣，恳请皇上宽恕杨秀。文帝说："秦王俊挥霍钱财，我尚且以父道教训他，但秀却祸国殃民，对于他只能以君道绳之以法。"于是将他交给司法机构。开府①庆整上奏劝皇上说："勇已经遭废黜，秦王俊也去世了，皇帝的儿子已经不多，对蜀王又何必这样严厉呢？蜀王是个性子十分倔强的人，怕他受不了重罚啊！"庆整虽是个绿豆小官，但他的话戳到了皇上的痛处，文

---

① 开府：古官名，西魏、北周府兵共二十四军，每军设一开府将军，简称开府。

帝大发雷霆，说要割掉庆整的舌头，还说要把杨秀拉到东市上杀头示众，于是命杨素、苏威、柳述①等人对杨秀穷追治罪。

杨广假意为四弟开脱说情，但他知道文帝一旦气消原谅了杨秀，杨秀就有可能东山再起，成为与自己争夺皇位的强劲对手。为了借此机会将杨秀一棍子打死，必须加重杨秀的罪状。于是，他又暗中与杨素精心策划，罗织杨秀的罪名，要置杨秀于死地。因为文帝相信鬼怪巫术，杨广便暗中制作木偶人，捆住手脚，用针钉住其心，带上枷锁，并写上文帝及汉王杨谅的姓名，还写上："请西岳慈父圣母收杨坚、杨谅神魂，如此形状，勿令散荡。"又派人秘密将木偶人埋在华山脚下，然后诬陷杨秀狂妄地自称应图谶，宣称京师有妖异怪状，造谣说蜀地征瑞吉祥，并写了一则檄文曰："逆臣贼子，专弄威柄，陛下唯守虚器，两无所知。"自陈蜀中甲兵之盛，要"指期间罪，发动叛乱"。这些谋逆的材料都收到伪造的杨秀文集中。

之后，杨素装模作样地搜出文集，并按照文集提供的线索，来到华山脚下，发掘出预先埋好的木偶人，这下铁证如山，杨秀也只能哑巴吃黄连——有苦说不出了。面对这些确凿的罪证，文帝震怒，感叹："天底下怎么会有这种事！"于是下令将杨秀关押在内侍省，不能与妻子儿女见面，只给两个从四川带回来的獠人女奴供他使唤。杨秀被囚禁在深宫气愤不平，但又不知如何是好，无奈之下，他给文帝写信请求宽恕。他在信中写道："我荣幸地生在皇家，又受到天子的慈爱和抚育，9岁就已贵为亲王，然只知享乐却未曾尝过忧患，因轻率愚昧而触犯法网，罪已万恶不赦，然皇恩浩荡，幸秀得以宽大处置。直到此时此刻才知道私欲不可放纵，国法不可触犯，想悔过自新却已经来不及。虽然也想过报答父母的养育之恩，神灵不再护佑，福禄也已消除殆尽，对妻儿不胜思念，恐怕只能九泉相会。唯请父皇答应有生之年让我与儿子——瓜子

① 柳述（570—608年）：字业隆，河东解县（今山西运城）人，隋朝外戚、官员，西魏尚书左仆射柳庆之孙，隋文帝杨坚之女婿。官拜开府仪同三司、内史侍郎，后升为兵部尚书，袭父爵建安郡公。隋炀帝时被免官谪贬，死于流放地。

见一面，等我死了给个墓穴埋葬尸骨就行。"这封信足以看出杨秀被囚后的凄惨和绝望，但专制的文帝对儿子没有丝毫同情，又下了一道诏书公布杨秀的罪状。这些罪状大概就是五人"专案组"审查的最终结果。

在诏书中，文帝称杨秀禽兽不如，罪莫大焉，为得皇位六亲不认，无所不用其极；说杨秀对皇上幸灾乐祸，希望他一病不起；嫉妒二哥杨广，诅咒他不得好死；还自称骨相非凡，应当为天子，还造谣说益州有龙现身，乘机在成都大修宫殿；还说自己的名字折开是"禾""乃"，当了皇帝杨家乃有8000年的好运；又说京城出现妖异，想以此证明父兄在位的不祥；此外还使用白玉梃和白羽箭，这些是天子才能使用的器物。最让文帝恼火的就是杨秀走歪门邪道，请西岳华山慈父圣母以神兵九万骑，收取杨坚和杨谅的灵魂，关押在华山；又请华山老母开化杨坚夫妻，使他们能对自己回心转意。

不过，文帝最终还是同意让杨秀和他疼爱的儿子——瓜子住在一起。

五、杨素失势

就这样，杨广不动声色，由杨素出面，诋毁诬陷，借父皇之手又除掉了一个争夺皇位的劲敌。

打倒蜀王杨秀后，杨广又把打击的目标对准了幼弟，汉王杨谅。杨谅坐镇并州，一直都受到文帝的特别宠爱。大哥杨勇被谗废，二哥杨广夺得太子位，使年轻的杨谅受到了不小的刺激。不久，四哥蜀王杨秀又被废，更使他内心越来越不安，预感到下一个遭殃的将会是自己，于是暗中做应变准备。他私下里招兵买马，缮治器械，收纳亡命之徒，准备父皇一死即以武力争夺帝位，夺位不成就复高齐之旧。杨广自然看透了幼弟的精心准备和阴谋，但文帝对杨谅十分宠爱信重，加上自己已连续除掉一兄一弟，不便马上再对幼弟下手，于是暂时搁置此事。

仁寿元年（601年）正月，杨素代高颎为左仆射，苏威为尚书右仆射。苏威性格怯懦，杨素一直很轻视他，做事独断专行，所以相权实际上是由杨素一人独掌。仁寿二年（602 年），杨素负责修建太陵，文帝认为他的功劳比出征打仗更大。此后，杨素的权势达到了顶峰，他的弟弟杨约、叔父杨文思和杨文纪，以及同族伯父杨异都被提拔为尚书，位列公卿，他的儿子们没有半点功劳也都当上了柱国和刺史。杨素家里有上千奴仆，后院的小妾、艺伎披绫罗绸缎的足有千人。他的公馆造得金碧辉煌，很多地方竟然采用了皇宫的装饰。他的上千家僮中有不少南方俘虏来的士大夫，其中包括善写文章的鲍亨、擅长草书和隶书的殷胄。时人都说像杨素一家这样有权有势的，几百年都没有见过。

朝廷上下都对杨素毕恭毕敬，没有一个人不怕他，敢出来说话的只有梁毗①和柳述。梁毗之所以不怕杨素，是因为他两袖清风，大公无私。当时民间流传着梁毗哭金的故事：开皇年间，梁毗在西宁州做了11 年刺史，那里有土著酋长戴金冠的风俗，并以酋长金冠的轻重来决定各部落地位的高下，于是为了争夺金子，各部落经常打仗。新的刺史到任后，各部酋长又以献金来表示顺从。梁毗上任后也收到了许多黄金，他把酋长们都请过来，把金子陈列在客堂，然后对着金子使劲地哭，边哭边说："这种东西饥了不能当饭，冷了不能当衣，为了它们，你们还自相残杀，现在拿来给我岂不是想害我吗？"梁毗哭罢，把金子都还给了土著酋长。生性朴实的土著人经梁毗的开导，后来不再为争夺金子而相互残杀了。因为地方官做得好，仁寿初年梁毗被文帝调到京城当大理卿。梁毗见杨素专权，一张状子告到皇上那里，说杨素作威作福，枯荣全靠他一张嘴，兴废都要听他的指示；又说杨素重用的没有一个是忠臣，提拔的全都是亲朋好友。梁毗还提到一个关键问题，就是太子和蜀王被废，满朝文武都深感震惊，唯独杨素得意扬扬。梁毗在朝堂

———————

① 梁毗（528—609 年）：字景和，安定乌氏（今甘肃省泾川县）人，隋朝大臣，历任京师和地方要职。曾先后向隋文帝、隋炀帝举劾权臣刘昉、杨素、宇文述等人的不法行为；在西南民族地区任刺史 11 年，所辖地方安宁，其刚正、清廉的品格为后人所传颂。

侃侃而谈、理直气壮，文帝虽然当场没有表态，但他对梁毗的意见很是重视，表面上他仍然尊重杨素，说当宰相不必亲自处理细务，只需三五天去官署议论大事即可，实际上是不想让杨素处理日常朝政。

杨素的失势直接削弱了杨广作为太子在国事上的权力，继杨素之后掌权的是文帝的女婿、兰陵公主的丈夫柳述。柳述出身河东名门望族，他的祖父柳庆当过北魏大行台右丞、抚军将军，父亲柳机在北周的地位也很显赫，只因隋朝建立时，柳家转弯不够及时，因此在新政权中的地位大不如前。

有一次，文帝举办宴会，杨素得意地拿柳机及其族兄柳昂开玩笑说："二柳俱摧，孤杨独耸。"意思是说，他还像从前那样有权有势，而柳家已今非昔比。不过，后来柳述娶了文帝的女儿兰陵公主为妻，柳家的地位又显赫起来。柳述虽是文帝身边的大红人，但隋朝刚建立时他被选进了太子勇的卫队，刚开始属于杨勇一派。兰陵公主是文帝的第五个女儿，小名阿五。阿五原来嫁的是王谊的儿子王奉孝，谁知王奉孝不久就病逝了，阿五18岁就当了寡妇。文帝不忍心她年纪轻轻就这么一直守寡，又按照门第的标准为她找了两个女婿候选人，一个是梁朝皇族的萧玚，还有一个就是河东望族的柳述。萧玚是杨广的小舅子，即萧妃的弟弟，杨广自然希望妹妹嫁给萧玚，刚开始文帝也答应了。后来文帝征求关中门阀韦鼎的看法，情况却发生了变化。韦鼎是个谱牒方面的专家，对家族史很有一番研究，但他对柳、萧两家可能不方便表态，只好含含糊糊地说："萧玚应当封侯，从面相上看没有贵妻；柳述应该事业发达，但位子却难以保到最后。"不知道韦鼎的话究竟有没有起作用，总之兰陵公主最后还是嫁给了柳述。杨广对妹妹未能嫁给自己的小舅子非常不满，所以与柳述的关系也一直不好。

柳述当上驸马后，先是在兵部代理尚书，后来父亲病逝辞官守孝，期满之后又当了黄门侍郎。仁寿初年，杨广当太子时，柳述代理吏部尚书，他处置政务的能力得到了众人的赞许，但因为是文帝身边的红人，所以很骄纵，对部下态度粗暴。杨素当时权力很大，人人都让他三分，唯有柳述不买他的账，还经常到文帝面前揭他的短。杨素对柳述也毫不迁就，吏部公务处理得不合他意，他就派手下拿去让柳述修改，柳述则常常对来人说："告诉你家仆射，就说尚书不肯改。"柳述这样做明显是无理取闹，但文帝不让杨素参与朝政，柳述就正式当了兵部尚书，而且参加了核心机密和中枢层的决策，由此形成了杨素失权、柳述得势的局面。

独孤皇后过世，已经使杨广失去了最重要的支持力量。现在杨素也退出了权力核心，在文帝面前已说不上话，一旦有人在文帝面前揭露他与杨素的夺宫阴谋，待文帝醒悟，他的太子地位就可能发生动摇甚至不保。加上他13岁就出藩镇守，长年不在京师，根基薄弱，朝中大臣十之七八与高颎或多或少有些关系。尽管高颎已经倒台，但依然有人信服高颎，同时对杨勇以近乎莫须有的罪名被废黜而心怀同情。与柳述同时被提拔、在朝掌政的黄门侍郎元岩也与柳述一样，并没有依附杨广和杨素。元岩与蜀王杨秀的部下长史元岩姓名相同，同出河南洛阳，为北魏帝裔，但黄门侍郎元岩年纪要小得多，与柳述一样是关陇勋贵的后起之秀。随着权力斗争的消长，在杨素被文帝疏远后，朝廷中出现了一股斥对杨广、同情杨勇的势力。

仁寿年间还出了个叫裴肃的人，是个在朝廷中根本说不上话的小官，但他给文帝写了封信，竟然还管起了杨勇和杨秀的事情。信中写道："树大招风，高颎这样优秀的人，必定会有闲言碎语，希望皇帝看他所立的大功，忘掉他的小过。"信中还说到杨勇和杨秀虽然犯了错误，但也应该给他们悔过自新、重新做人的机会。裴肃写这封信时，杨勇和杨秀已经被关押了好几年。文帝看了裴肃的信很是感动，认为他对皇帝的家事这么牵挂也算是个忠心之人，遂把他召到长安，并亲自在含章殿接见他，说出自己的苦衷："我虽贵为天子富有四海，但内宫的嫔妃并没有几人，杨勇他们五个都是一母所生，我废杨勇而立杨广并不是出于偏爱。"

这一切情形都表明杨广靠手段得来的太子之位压根儿就不稳当，尤其是柳述成为文帝所依靠的力量，更使杨广寝食难安。

第六章 终登帝位

一、险失太子位

独孤皇后去世，对于杨广来说，失去了倚仗，而对文帝来说，在某些方面则是个解脱，至少他有了和身边女人尽情欢娱的机会，平日最受他宠爱的宣华夫人陈氏和容华夫人蔡氏开始主管后宫事务。史书上说文帝后来病死和沉湎于女色，皆与受宣华夫人、容华夫人的迷惑有关系。

仁寿四年（604 年）正月，文帝宣布大赦，并准备去仁寿宫小住。前太子杨勇的东宫术士章仇太翼进宫劝阻，文帝坚决不听，太翼吓唬他说："这次去，恐怕皇上的銮驾不能再回京城啊！"术士太翼的胆子实在太大，简直是在诅咒皇帝离死期不远，文帝自然大发雷霆，下令把他囚禁起来，等大驾回京城再砍掉他的头。文帝虽然不信术士的话，但还是在离京前把朝廷赏赐、财政开销之类的事情，全都交付给太子杨广管理。

杨广自入主东宫以来，还是第一次拥有这么大的权力。文帝即使在生命的最后几年也依旧把大权牢牢掌握在自己手里，没有一点退居二线的意思。杨广当太子后依旧韬光养晦不露锋芒，他在给将军史祥的信中故意流露出对东宫生活的厌倦，说道："父皇在京，当太子的不过是陪伴在皇上车驾左右，即使曾经巡视江南也不过是照本宣科来传达皇上的圣旨。坐在储君这个位置，整天都战战兢兢如履薄冰，父皇离京，命我担任监国，空闲得实在让人觉得无聊，除了养身体就只能端坐宫中，也懒得骑马习箭。"还说他想念过去无拘无束的军旅生涯，喜欢在疆场建功立业，或者到地方去管理百姓。现在东宫也有宽广的园子，但却很少有可以谈心的心腹知己；东宫的亭台楼阁也很美丽，但宫里的宴会却很少让人尽兴；亲朋都分散在遥远的地方……

　　这一年文帝去仁寿宫比往年要早一些，途中他又把朝政托付给太子杨广，一到仁寿宫就尽情享乐。史书说他致病身亡是因为沉湎美色而"精华稍竭"，还说他病危时对自己晚年生活放纵而表示悔恨，说独孤氏如果不死，自己也就不会落到如此地步。不论这些说法是否可信，到了四月仁寿宫就传出文帝病重的消息，左仆射杨素和兵部尚书柳述、黄门侍郎元岩都陆续赶到仁寿宫待命，太子杨广也住在离宫的大宝殿，即文帝养病的地方。但太医虽精心治疗，文帝的病始终不见好转。六月，朝廷下令实行大赦，希望以此感动上苍，保佑文帝，但到了七月，文帝的病反而更加严重了。他心里明白自己已经到了大限之日，于是在七月十日这天安排后事，嘱咐太子赦免章仇太翼，因为太翼算得很准，自己真的不能活着回到京城。七月十三日，文帝在大宝殿去世。

　　文帝死前还发生了一个插曲，据说杨勇一派差点有翻盘的机会。

　　原来，文帝临终的时候，柳述进宫探望，他来到文帝的病榻之前，因为正值盛夏，外面烈日当空，寝宫的窗门都悬挂了层层竹帘，屋里十分幽静黑暗。柳述进屋好久，眼睛才渐渐适应过来，只见三四个内侍守在床边，一个抱着文帝的身子，一个扶着他的头，另一个端着药碗往他嘴里送。文帝面容枯黄，牙关咬得很紧，药汁一大半都顺着嘴角流了出来。看着这样的场景，柳述心中非常清楚文帝将不久于人世。他突然想起4年前高颎说过的话，"废长立幼，只怕国家从此多事"。也正是因为这一句话，让文帝对高颎失去了信任。

　　在柳述看来，老成谋国的高颎和杨素之流的不同便在于此，对国有利的事情，即使对自己不利，他也仍然会尽力而为，这才是宰相的气节。柳述因此对高颎既佩服又崇敬。

　　文帝见柳述到来，似有如释重负之感，还没等他行完叩见之礼，便挥手命左右待卫全部退下，然后气息短促而又微弱地说："爱婿，快召皇子前来见朕！"

皇子？柳述一愣，心想，是皇太子吧？是皇上说得急促还是自己听错了？于是答道："遵旨！臣即刻去大宝侧殿，召皇太子晋见陛下！"

文帝又是摇头又是摆手，补充道："不是杨广，是杨勇，睨地伐！"

柳述心中有些吃惊，忙问道："陛下，臣且斗胆问一句，到底出了什么事？"

这时，文帝脸上现出痛苦不堪的表情，迟疑着想开口说话，又几次欲言又止。可是，这么大的事若讲不清楚，谁也无法圆满地执行。好在柳述是当朝驸马，自己的女婿，也不能算外人，对他说出家丑不算外扬，于是，文帝咬了咬牙说："杨广这个畜生，禽兽不如，竟敢趁朕重病在床，对宣华夫人无礼。朕要立即废黜杨广，重立杨勇为皇太子！"他停顿了一下，又说："唉！也怪朕头脑糊涂，当时偏听偏信了皇后的煽惑。是皇后误了朕的大事呀！"

原来如此！真是苍天有眼，杨广终于被皇上揪住了尾巴，要废掉他的太子之位。而且面授机宜，将这等大事交给自己处理，真是天助我也，正好借皇上权威，除去后顾之忧！借风吹火，无须用力，何乐而不为呢？想到这里，柳述不再犹豫，俯身对文帝说："陛下，臣这就回去拟诏。写好诏书后，立即来请陛下过目，盖上玉玺，再派人带诏书速去长安，召杨勇来此。"

"这是机密大事，万万不可走漏一丝风声。"

"臣遵旨！"

文帝点点头，两眼一闭，不再说话，仿佛已经耗尽了全身的力气。

此时，杨广正独自坐在大宝侧殿里，刚才紧张刺激的场景又在他脑海中闪现：在母后的遗殿中，他被宣华夫人天仙般的美貌迷得无法自制，于是走过去对她动手动脚、百般调戏，但遭到宣华夫人的拒绝。宣华夫人毕竟贵为皇妃，又是自己的庶母，一旦父皇醒来，她将这件事告知父皇，后果不堪设想。想到这里，他心中顿时产生了一种巨大的恐惧感。他站起身来，走到窗前，"哗哗"几下拉开挡得严严实实的窗帷，推开窗户，大宝正殿的景象一览无余。大宝正殿与侧殿同在一座山坡上，两殿相距仅一箭之遥，各自被郁郁葱葱的林木簇拥着。

杨广回头吩咐侍从："你站在这里，盯紧对面的正殿，若有大臣出入，立即来报。"之后，他回到床上躺了下来。

过了一会儿，站在窗前窥视的侍从前来报告说："兵部尚书柳述进大宝殿去了。"

又不是晨昏请安问好的时候，柳述独自一人去大宝殿做什么？若不是皇上召见，柳述也不敢擅闯御殿，那么，皇上又为何单独召见他呢？杨广霍然起身，急步走到窗前站下，双眼望着大宝殿，不敢挪开目光。

不久，柳述出来了，仍然是独自一人，身边既无大臣，也没有随从，而且行色匆匆。这更加重了杨广的疑心：皇上对柳述到底说了什么？有何吩咐？会不会牵涉到……事不宜迟，得赶紧拿出对策。可是，怎样才能探出个虚实呢？还是应该请左仆射杨素来帮忙。想到这里，杨广马上提笔写了一张便笺："天籁如有得，愿报一二闻。"他将写好的便笺交给一个心腹，吩咐他立即送到杨素手中，并且要注意保密。

侍从领命后，匆忙赶到杨素的府中，将折叠成燕尾形状的便笺呈给杨素说："太子有亲笔信，派小人来面呈仆射大人！"

杨素接过便笺打开一看，竟是两句无头无尾、谜语一般的诗，于是问道："太子是否还有口信？"

侍从摇了摇头："没有。"

杨素陷入沉思之中，双眼盯着便笺反复地看，脑海中突然灵光一闪，"天籁"莫不是指皇上那边的动静？他想起文帝刚刚单独召见柳述的事情，太子一定是听到了对其不利的风声。杨素想着，当即提笔写了一张回条："似闻天风招柳枝，疑有秋声隐隐来。"然后他将字条也折叠成燕尾形状，唤来一个侍从说："立即将此条送到大宝侧殿。"

杨素没有想到岔子就出在送字条的这个侍从身上。匆忙之中，他忘了说明将字条交给太子杨广，而送信的侍从也听得马虎了些，他见杨素脸色阴沉，语气又急，不敢多问，接过字条后转身就走。加上以往杨素写的奏章条陈都是送交皇上，侍从认为这次也不例外。于是，他出门后就直奔大宝正殿，将字条交给了守门的禁卫，再转呈皇上御览。

侍疾的内侍接过门卫送进来的条子，一听是左仆射杨素派人紧急送来的，不敢耽误，立即向躺在病床上的文帝禀奏："陛下，有重要条陈送到。"

既然是至关重要的机密诏书，非得亲自过目不可。文帝虽然病得很重，还是勉强支撑起半个身子接过条陈，展开一看，上面只写了短短两句话：

"似闻天风招柳枝，疑有秋声隐隐来。"

文帝如坠云里雾里，反复看了几遍，也没明白到底是什么意思。柳述到底跟朕打什么哑谜呢？为什么他不亲自呈送？文帝又将字条仔细看了一遍，发现这不像柳述的笔迹，但是字体也很熟悉，他赶紧问道："这是哪里送来的？"

内侍回答："是左仆射杨素大人派人送来的。"

文帝脸上顿时变了颜色，双手也微微颤抖起来，马上明白了字条上两句隐语的意思。杨素是在暗示：皇上单独召见柳述，可能是要安排什么秘密行动！那么，杨素是在暗示谁呢？这张字条又怎么会送到朕的手上？莫不是送错了地方？……文帝恍然大悟：杨素这是在给逆子杨广通风报信，这个字条本来是要送到大宝侧殿的，想必是送信的侍从误送到正殿来了！

文帝又想起大臣们之间流传的关于杨广阴谋夺位的言论，不禁吓出了一身冷汗。他立刻命心腹内侍拟写诏书，并用雕刻着飞龙的纯金镇纸代替御览用玺。

"快去，把它交给兵部尚书柳大人，传朕口谕：即刻将御诏发出，不必再等朕过目用玺，以这个雕龙镇纸为凭！"

而杨素派人送走字条后，心中仍旧有些焦躁不安，在屋里来回踱步。不一会儿，杨广来了。

杨素赶忙上前一步，正要叩见杨广，却被杨广一把扶住说："仆射大人，何必行此大礼！"

"太子有事，吩咐近侍传召一声，让老臣前去听命就是了，何必劳动太子大驾屈尊？"

"事情紧急，大宝殿周围耳目众多，还是我来这里方便一些。"杨广不再寒暄，单刀直入地问道，"仆射大人收到我的便笺了吗？"

杨素点点头，杨广又问："那为何不见回复？"

"什么？！"杨素大吃一惊，"老臣早就写了回笺，派人给太子送过去了！"

杨广一听，顿时也呆住了。原来，杨广派人送出探听风声的便笺以后，迟迟不见杨素回信。他心生疑惑，也实在等得不耐烦，便悄悄出了大宝侧殿，亲自来见杨素。

杨素见杨广一副愣住的样子，又解释了一遍："见到太子的字谕之后，老臣当即用条陈上奏，并派专人呈送太子。奇怪，太子怎么会没收到呢？"

杨广困惑地说："这样，该不会有错呀！你派谁去送的条陈？那条陈又送给谁了？"

杨素叫来送条陈的侍从，一问，才知道他把条陈送到大宝正殿皇上那里去了！杨广顿时大惊失色。杨素也暴跳如雷，抽出挂在墙上的长剑，抬手就要砍那个侍从。杨广连忙上前拦住，说："事已至此，杀他也无济于事，反而会惊动上下。这件事还是从长计议吧！"

杨素将剑扔在地上，恨恨地说："要不是太子说情，今天我非杀了你这个误事的奴才不可！还不快滚出去！"

那个侍从如捣蒜一般磕头谢过不杀之恩，一跌一撞地跑了出去。内室里只剩下杨素和杨广两人，他们将眼下的形势梳理了一遍，一致认定皇上有机密大事交托给柳述，而且这件事很可能对杨广不利。

但杨素也感到不解，皇上正在大病之中，怎么会发生这样的变化。杨广不好再隐瞒真相，只得把对宣华夫人无礼之事详细告诉了杨素——

文帝派他和宣华夫人去各殿寻找珍珠，在母后的遗殿，他一时冲动抱起宣华夫人欲行好事，差点被宫女撞见。

杨广又说："宣华夫人是个懦弱的女人，心里瞒不住事，回大宝正殿之后，很容易被父皇看出破绽，逼问实情。所以父皇才密召柳述，估计是对我不利。"

杨素点点头说："原来是这样。看来，皇上的心思极有可能是太子猜想的那样。"

杨广问："事情紧急，仆射大人有什么好办法吗？"

杨素低头沉思着，他想到了长久以来自己与杨广之间的关系，可谓一荣俱荣、一损俱损，休戚相关，现在也只能共进共退了。想到这里，他果断地说："看眼下紧急的情势，只有先发制人！"

二、先发制人

话说柳述暗中派禁卫轻骑带着密诏去长安接杨勇，自己则躲在内室托病不出，静候消息。

不久，他派去窥探杨素动静的侍从也回来了，报告说："仆射院内灯火通明，隐约可听到'丁丁咚咚'的声响，好像是打磨兵器的声音。"

柳述大吃一惊，急忙在头上缠裹了一块丝巾，带着几个侍从悄悄出门，往杨素住处走去，并吩咐手下人说，如果遇到杨素的人问起，就说是柳尚书带病夜巡。

一行人来到杨素馆舍前，只见大门紧闭，院内灯火通明，从门前经过，隐隐传出如金石相击的声响。柳述心中更加忐忑：莫非是走漏了风声，否则，杨素在夜里操练兵刃做什么？他加快脚步，登上旁边的一个高坡往下看，只见杨素的殿堂里铺了一张大席，席上摆着一个小儿，杨素坐在小儿旁，对面坐着一个亲随，两人正在对弈！

真是虚惊一场！柳述暗怪自己过分紧张，以致风声鹤唳，草木皆兵。杨广、杨素两边都未发现异常，柳述那颗高悬的心遂放了下来。回到馆舍，他一面让心腹继续监视杨广和杨素的动静，一面派出禁卫官兵在长安通往岐山的大道上巡逻，留意长安方向的情况，并及时禀报。只要杨勇到了仁寿宫，即刻传皇上敕令，召杨广、杨素同去大宝殿面圣，由皇上宣布杨广罪状，废为庶人，立即拘捕，押往长安囚禁，复立杨勇为皇太子。杨广如果敢抗拒，自然是格杀勿论。

忽然，一个侍卫脚步匆匆地进来禀报："巡哨士兵发现，有一队人马从长安方向奔来，已经接近仁寿宫了！"

柳述精神为之一振，猛地站起身来，下令道："迅速穿戴，迎接太子杨勇！"他取出随身佩带的一柄青锋剑，带着一队随身侍卫走出馆舍，向仁寿宫大门外奔去。刚出宫门，就听见一阵急速猛烈的马蹄声，直奔仁寿宫而来。柳述快走几步迎上去，高声问道："前面来的是太子杨勇的人马吗？"

对方大声回答："奉诏护送太子到仁寿宫面圣！"

终于来了！柳述心中大喜。此时正是拂晓前天色最暗的时候，山路上人影绰绰，面目看不太清，不过看得出人数不是很多。这样一来，柳述心中更不疑惑了，按惯例高呼道："队伍停下，请太子先来会面。"

队伍在一箭地之外停了下来，只有十几骑继续前来，走到柳述跟前一个个翻身下马。柳述又问："太子杨勇在哪里？"

有人回答："庶人杨勇在长安废园。"

柳述顿觉不妙，全身一抖："那你们是什么人？"

"太子杨广的东宫卫队！"

柳述惊得头发都炸了起来，厉声呵斥道："没有皇上旨意，东宫卫队竟敢擅闯仁寿宫，你们想干什么？"

对方不再答话，十几个人蜂拥而上，十几把刀一齐砍了过来。柳述连忙拔剑抵抗，他身后的侍卫也赶忙举起刀枪奋力迎战。

立在不远处的那队人马听见这边刀剑相交的声音，也扬鞭策马上前参战。

顷刻之间，柳述和他的卫队完全陷入对方包围之中。东宫卫队人多势众，而柳述这边只有十几个随身侍卫，他虽然奋力拼杀，刺倒了两三个人，但终究还是寡不敌众，很快便失去了招架之功，被东宫卫兵生擒。随身侍卫死的死，伤的伤，剩下几个见柳述已被拿下，也都扔下刀枪投降了。

等候在山下的东宫人马，听闻前哨已经得手，在宇文述和郭衍的率领下，气势汹汹地挺进到仁寿宫前。

士兵们将柳述绑了，拉到宇文述和郭衍马前。柳述怒目以对，说："你们两个难道想拥兵造反吗？"

宇文述冷笑一声道："已经被擒了，还逞什么驸马威风？想拥兵造反的是你！你趁皇上病重，串通庶人杨勇，妄图加害太子杨广，蓄意谋反篡国。我们是奉了御诏前来仁寿宫护驾，擒拿逆贼的！"之后，宇文述又对郭衍说："郭将军，你去禀报太子，东宫卫队已奉命赶到，逆贼柳述已被拿下，听候处理。我先在宫外布置防务。"郭衍点点头，进宫向杨广禀报去了。

柳述仍不甘心，想晓以利害说动宇文述："宇文将军，我有密旨在身，你快给我松绑。千万不要听信杨广的谎言，助纣为虐，酿成大祸，那可是要诛灭九族的！"

宇文述微笑着说："正巧，我也有御诏在身。"

"那你说御诏在哪里？"

"在太子手中。"

柳述还想力争："既然如此，咱们一块去大宝正殿，见了皇上就知道是真是假了。"

"哈哈……"宇文述仰天大笑，"柳驸马，恐怕你这辈子再也见不到皇上了。来人，将他押进囚车，严加看管！"

实际上，在柳述行动之前，杨广已抢先一步，派得力心腹骑上自己的千里马雪花骢赶去长安调动东宫卫队。

杨广暗暗估算，自己与杨素的随侍有近百人，都是曾随主帅南征北战、武艺高强的勇士，自己和杨素更是能以一当百的角色，如果有突发事件，足以抵挡一阵子，当然，没有意外是最好的。想着想着，他不知不觉打起盹来。但只要稍有动静，哪怕是风吹草动、巡夜更鼓，他都会马上睁大眼睛。就这样迷糊一阵，清醒一阵，睡睡醒醒之间，东方既白。

突然传来一阵马蹄声，杨广猛地翻身坐起，穿戴整齐，打算派侍从去宫前探看，只听殿外传来一声长长的马嘶，声音欢快而响亮，那么亲切，那么熟悉，杨广知道是自己心爱的雪花骢回来了。

很快，郭衍精神大振地走进殿里，见了杨广即拜伏在地上，大声说："右卫率郭衍叩见太子，东宫卫队奉召前来！"

杨广上前扶起郭衍，迫不及待地问道："快起来，快起来！郭将军一夜辛苦了。怎么样，事情进展得还算顺利吧？"

郭衍将卫队执行杨广命令的情况进行了简单的汇报：东宫卫队分出一支小队接管了长安城防；柳述派去接杨勇的人马被全部歼灭，杨勇仍旧囚在废园；东宫大队人马连夜赶到仁寿宫，并在宫门前擒获了柳述。

杨广听了，再也按捺不住内心的激动，使劲拍了一下巴掌，叫道："好，大局已定！"他立即派人到柳述内室抄出调兵符令，然后用兵符传令禁卫军各队官兵马上到宫前听命。他站在宫前高高的台阶上，面对众官兵大声宣告：兵部尚书柳述趁皇上病重，假传圣旨，意欲谋反，现已抓捕归案。皇上有旨，自即日起，仁寿宫宿卫由东宫卫队取代，原禁卫军另任新将带领。

一夜之间，形势发生了翻天覆地的变化。此时，文帝仍被蒙在鼓里。他在病榻上，心中有种从未有过的疲劳之感。早前他听内侍回奏说，柳述已将雕龙镇纸随密诏发出，于是微微地吁了口气，随即传旨：臣下问安省视，今日一概免了。殿内也只留了宣华夫人和几个宫女照料。

天空拂晓之际，文帝从噩梦中惊醒，醒来后他首先想到的就是：杨勇来了吗？他在哪里？

他想叫一个内侍去找柳述问一下，但环顾左右，大殿里竟空无一人。文帝脑子里轰的一声，突然产生了一种不详的预感：这是怎么了？发生什么事了？人都到哪里去了？

片刻，文帝隐隐听到了脚步声，同时也传来一句冷冷的回答："遵太子之命，宣华夫人回后宫去了！"

文帝侧过头来，看见一个带刀侍卫，觉得此人十分陌生，于是问道："你是什么人？"

侍卫微笑着说："我是东宫卫队的一个小卒。"

"东宫卫队？"文帝追问，"那为什么到仁寿宫来了？"

"奉旨前来接管仁寿宫防卫。"

"奉旨？奉谁的旨？"

"奉太子之命。"

文帝顿时恍然大悟，看来大宝正殿，不，是整个仁寿宫已经被逆子杨广掌控了。那么，柳述呢？朕托付给他的机密大事，怎么会出现这种疏漏！焦急之中，文帝感到腹中一阵内急，忙对那个侍卫说："快，扶朕如厕。"

但侍卫却待在原地不动，说："太子有令，陛下不得离开御榻半步！"

文帝浑身一阵颤抖。太子有令？好一个逆子杨广，竟然敢对朕发号施令！不得稍离御榻？这就是说，非要把朕逼死在床上不可！古往今来，发生过多少弑父篡位、骨肉相残的故事，万万没想到这出悲剧今天又要在仁寿宫上演了！文帝越想越怕，脸色灰黄，额头上渗出无数豆粒大的汗珠，心如刀绞般剧痛。站在一边的禁卫看见文帝那痛苦难忍的表情，不禁动了恻隐之心，转身想去找太医过来。

然而，等他再次回到御榻旁边时，只见文帝的一只手无力地悬垂在床沿，脸庞因剧烈疼痛而变了形，全身再也没有任何动静。士卒轻手轻脚上前两步，俯下身子，侧耳倾听，却听不到心脏的跳动，也没有喘气的声息。

他惊恐万分，跌跌撞撞地向大殿外跑去，刚跑出门槛，就觉得两腿发软，一个趔趄从高高的青石台阶上滚了下来，紧接着，一个令人毛骨悚然的号叫声响起："快去禀报太子，皇上驾崩了！"

文帝驾崩那天，宣华夫人等被分别关押在不同的地方，听到皇帝驾崩，人人都吓得两腿发抖、脸色发白。随后，杨广送了个金盒子到宣华夫人处，开口处贴了纸条，纸条上是杨广亲自写的"封"字。宣华夫人心里很清楚，现在杨广已经掌控了局势，不可能放过自己。她死死盯着使者手里的盒子，以为里面是赐自己自尽的毒药，因而不敢伸手去接。

使者在一旁催促了几次，宣华夫人这才颤颤巍巍地打开盒子，只见盒子里放了几枚同心结。宫女们看见后都很高兴，说这下总算没有性命危险了。宣华夫人却很气愤，坐在椅子上不肯行礼答谢。宫女们纷纷过来提醒，她这才行礼表示感谢，据说当晚杨广就和宣华夫人上了床。

文帝的丧礼是在七月二十一日举行的，也正是这一天，杨广在仁寿宫即帝位，成为隋朝第二代君主。恰好杨约来仁寿宫朝见，炀帝便派他去长安，更换留守在那里的官兵，同时以文帝的名义赐死杨勇。杨约先将杨勇绞死，再派重兵镇守京城，然后将百官召集在一起，宣布了文帝驾崩和杨广登基的消息。杨广得知杨约已经顺利掌控了长安，非常高兴，连连称赞说："杨家这对兄弟果然能够承担重任啊！"

事后，杨广追封杨勇为房陵王，杨勇的 8 个儿子暂时没有被处死，长子杨俨一直跟随在杨广身边，直到大业三年（607 年）才在旅途中去世，据说是被杨广派人毒死的；其余 7 个儿子被流放到岭南，到达岭南后又被当地官吏处死。

三、汉王举兵造反

当仁寿宫和长安城内为办文帝丧事及杨广登基大典忙得不可开交之际，并州总管、汉王杨谅迅速发动叛乱，这也是隋朝争夺帝位的最后一搏。杨广消灭长兄杨勇如同瓮中捉鳖，但对付正在并州当总管的杨谅却不是那么轻而易举的事情。

杨谅是文帝的第五子，隋朝开国时只有 7 岁，被封为汉王。三个哥哥均出任藩王，而他却一直留在父母身边，直到成亲后才离开皇宫，但也一直生活在长安。开皇十二年（592 年），杨谅 19 岁，始任雍州牧，加上柱国，兼右卫大将军。开皇十七年（597 年），三哥杨俊中毒身残，杨谅被派去接替杨俊的并州总管职务。杨谅在几个兄弟中年龄最小，加上长期陪伴在文帝和独孤皇后身边，所以备受宠爱。任职并州是他第一次出远门，文帝一直送他到长安西面的温泉。杨谅作为并州总管，西到太行山，东到大海，南到黄河，北到长城，52 个州都归他管辖，还得到特许——必要时无须向皇帝请示，可以见机行事。

开皇十八年（598 年），高丽王率万骑攻打辽西郡，也就是今天辽宁朝阳一带。文帝发动 30 万水陆大军进行反击，由杨谅担任行军元帅。杨谅虽然已经二十五六岁，但从小长在深宫，没有经历过风雨，所以文帝又派高颍为元帅府长史，担任实际指挥。高颍是个忠诚老实之人，知道皇上任命自己为汉王助手是对自己的器重，所以毫不避嫌，承担起全部的指挥责任。至于杨谅的意见，高颍大都没有采纳。而这回征辽偏偏遇到了大雨，军队中又发生了瘟疫，陆续死掉的人竟占全军的八成，军队力量迅速削弱。隋军惨遭失败，杨谅把责任全都推到高颍身上，说他独断专行，自己也差点死在他手上。

开皇十九年（599 年），隋军与突厥作战，杨广和杨谅都为行军元帅，但杨谅竟然连前线都没有去，其手下打了败仗，有 80 多位将领被解职、贬谪岭南。杨谅到文帝面前为他们求情，文帝教训他说："你做藩王只能恭敬地服从朝廷的命令，怎么能袒护自己的部下，而把国家的法律置于一旁？你这个浑小子，如果没有了朕，还想轻举妄动，你那当皇帝的哥哥对付你，就好比在笼子里抓小鸡一般轻松。"

　　杨谅自恃有文帝的宠爱，统领的又是精兵强将集中的东部地区，在太子杨勇被废后，心中产生了与二哥杨广争天下的念头。他对文帝说突厥的力量还很强大，太原是镇守北疆的重地，应该加强战备修好工事。文帝批准了他扩军备战的计划。之后，杨谅大举修建城堡，制作武器装备，又在并州招募士兵，收容了数万亡命之徒。

　　杨谅的身边也有几个能人支持他造反，为首的就是学者王頍。

　　王頍是南朝梁大将王僧辩①的儿子，南朝梁灭亡后跟兄弟一起逃到北方，那时他才几岁。因为从小缺少管束，王頍后来成了少年游侠，南方官宦子弟流落北方走这条路的不在少数，炀帝的忠臣"肉飞仙"沈光也属游侠一类的人物。但凡称得上侠的人，对"义气"二字都十分看重，又都练了一身好武艺，其背后往往有某个势力集团支持，如长安大侠刘居士当年就是以太子杨勇为后台。但王頍到20岁时连字都不会写，一心混迹于江湖。他的哥哥王颙见弟弟如此不争气，把他痛骂了一顿，王頍顿然醒悟，开始发愤求学，昼夜攻读《孝经》《论语》，一点也不感到疲倦，反而津津有味。接着，他又读《左传》《礼记》《易经》《诗经》和《尚书》，真正体会到了读书的乐趣，他深有感触地说："世上没有不值得阅读的书。"王頍勤学数年，熟读五经，融会贯通，博得儒学大师们的一致好评。22岁那年他被周武帝选为"露门学士"，每次决定重大事情，武帝都要请他发表意见。王頍精力充沛，广泛阅读诸子百家、野史杂记，擅长写作，也很雄辩，不但知识渊博，而且精通兵法，常有出奇制胜的策略。他心存高远，抱负很大，认为自己是个出将入相的人才，平日里常常叹息生不逢时。开皇五年（585年）王頍当上了著作佐郎，有一次到国子监授

---

　　① 王僧辩（？—555年）：字君才，太原郡祁县（今山西祁县）人，南朝梁名将，右卫将军王神念次子。智勇兼备，所经战阵，屡获胜利，曾参与平定"侯景之乱"。

课，文帝亲自出席听讲，国子祭酒元善主讲《孝经》，王頍善质疑，问题提得很尖锐，常常让元善陷入两难境地，答不出来。文帝佩服王頍的才识，提拔他为国子博士。后来王頍因为犯罪流放岭南，从岭南回来后又担任了汉王杨谅的僚佐。杨谅对王頍很尊重，王頍也对他忠心耿耿。

杨谅在太原时时关注着京师的政治动向，因为得不到京师的消息，他便天天观察天象。文帝驾崩那天，杨谅观察天象，见"荧惑守东井"，即火星正好处在井宿的位置。汉王府仪曹傅奕①通晓天文星历，杨谅问他："是何征兆？"傅奕知汉王有异图，为免于祸，不敢随便推测，便称天象正常。杨谅听了很不满意，内心焦虑万分。

而杨广也没有忘记坐镇并州企图夺位的最后一个对手——幼弟杨谅。他登上帝位后，立即派车骑将军屈突通②前去太原，召唤汉王杨谅返京。杨谅看过京城使节送来召他进京的诏书，就知道皇宫里出事了！原来，他与文帝有一个秘密约定：如果召汉王回朝，诏书的敕字旁边应加一点，再配合以玉麟符，才是真诏。否则，就是有诈。之所以做此密约，并非出于文帝的老谋深算，而完全是杨谅的主意。

大哥杨勇被废为庶人，四哥杨秀因莫须有的罪名身陷囹圄，而与此相对应的是，杨广成了皇太子，杨素晋升左仆射。接二连三发生的事情，使杨谅感到疑惑和恐惧。他坚信这一切背后有人在操纵，说不准哪一天就会殃及自己。为防不测，他向文帝提出密约，文帝答应了。

杨谅看了假诏，不由得倒吸了一口冷气，长期以来令他不安的事情终于发生了！但他还是不动声色地对来使说："请回奏皇上，臣杨谅近日起程回京。"

杨谅吩咐侍从送走使节，把自己关进书房，并传令任何人不得打扰。他在屋里来回踱步，思考应对之策。

---

① 傅奕（555—639 年）：唐初著名学者，精通天文星历，长期担任太史令。极为厌恶佛教，生前多次表奏废除佛教，但都没有成功。

② 屈突通（557—628 年）：长安（今陕西西安）人，隋唐名将，凌烟阁二十四功臣之一。

皇宫里究竟出了什么事，他不得而知。但仅凭这道诏书可以断定仁寿宫发生了变故，他不愿坐以待毙，决定发难。

事不宜迟，杨谅马上找来咨议参军王頍和总管府兵曹裴文安商讨举兵大计。

王頍对杨谅起兵造反的意图拍手称快，说道："大王，自古举兵都讲究师出有名。眼下我们虽说对朝廷中发生的事情并不清楚，不过有一个人下官自信不会看错，那就是杨素。这些年来，杨素自恃功高权重，横行霸道，把谁都不放在眼里。如果说有人合谋篡国的话，其中必有此人！因此，我们就以'杨素谋反，天下诛之'为旗号起兵，名正言顺。就像西汉吴王刘濞诛晁错清君侧一样。再者，大王麾下的将领士卒多为关西人，正好用作讨伐的主力，一旦发兵就长驱直入，以迅雷不及掩耳之势，直捣京师，方能取胜。"

总管府兵曹裴文安在一旁附和道："大王，王参军说得极是。我想，井陉以西完全在大王的控制范围之内；崤山以东的军队也全归大王节制，应该全数征发作战。以弱兵据守险要，当然也不放弃攻城略地。精锐之旅则直插蒲津关（今山西永济西），拿下蒲津关，就打开了通向长安的大门。大王，我愿充当先锋，大王率大部队随后跟进，迅速挺进灞上，咸阳以东便可以挥手而定。这样，京师就会被惊扰，人心离散。我们陈兵以待，发号施令，哪个敢不服从！不出半月，大功即可告成。"

杨谅听了他们的计谋，大为高兴，立即部署分五路进击：一路由大将军余公理率领，从太谷出发，前往河阳（今河南孟县南）；二路由大将军綦良率领，从滏口（今河北武安西南）出发，挺进黎阳（今河南浚县北）；三路由大将军刘建率领，自井陉（今山西阳泉东）出发，夺取燕赵一带；四路由柱国乔钟葵率领，从雁门出发进击；五路任命裴文安当柱国，会同柱国纥单贵、大将军王聃等人，挥师直指长安。

一切部署完毕，杨谅一声号令，并州以下52个州中就有19个州纷纷起兵响应，众呼："杨素谋反，天下诛之！"一时间，京师长安东、南、北三面狼烟纷飞！

四、平叛改元

驿卒将十万火急的军情飞报仁寿宫。大宝侧殿里，杨广和杨素依然沉着冷静，商量着应对之策。杨广甚至半开玩笑地说："五弟怎么能看出破绽呢？到底是他聪明，还是有人走漏了消息？"

杨素说："陛下，先别管汉王是否聪明。臣以为，当务之急是发布诏书，告示天下，先皇驾崩，太子即位，执掌国柄，国人应一如既往，遵从皇朝圣旨。"

"朕也是这个意思，"杨广点头道，"还要将汉王杨谅举兵谋反之事如实诏告国人。自晋以来，南北两朝划江分治近 300 年，百姓受尽战乱之苦。开皇九年，我朝平定南陈，使江山一统，国泰民安，天下太平，至此不过 10 年有余。叛乱之祸会让天下重新陷于水深火热之中。民心思定，已是大势所趋。所以，杨谅此举有违天道人心，必遭世人唾弃，是不能长久的。"

杨素听了哈哈大笑："陛下之言精辟之至！而且从时间上看，汉王所辖各部皆是仓促集结，并没有什么周密部署和详细战略，一心想以声势取胜。老臣断言，叛军定不堪一击！"

杨广见杨素一副胸有成竹、胜券在握的样子，非常高兴地说："这样看来，剿灭叛军还有劳您出马呀！"

杨素躬身应道："臣遵旨！"

"好！"杨广欢喜地叫道，"即刻颁布诏书，明天起驾返回长安，先皇国丧与讨伐叛军同时进行！"

第二天傍晚，文帝灵柩和新帝御驾浩浩荡荡地进入长安城门，这时驿卒又传来快报：杨谅叛军已攻陷蒲州（今山西永济市蒲州镇）！

镇守蒲州的是蒲州刺史丘和。这天夜晚，丘和刚要入睡，忽有侍从前来禀报：汉王应召回京，途经蒲州，走在前面的一群使女已叩开城门进入城中。

丘和立刻起床穿戴，准备迎接，一边随口说道："汉王真是有趣！出门不要侍卫开道，却用婢女来打前站。大概有多少人？"

侍从回答："看样子有三五百人。"

丘和一愣：汉王府全部婢女仆人也不过三五百，难道都随着进京了？又问："你看清楚了吗？"

"她们自称是汉王府的婢女，个个身穿面罩长衣，这种长衣只有妇人才用。"

"不对，其中必定有诈。"丘和急道，"即使夜间入城，汉王也该在日落前有快马先报，以便我们提前做好食宿安排。"说话间，他已穿戴整齐，又对侍从说："走，出去看看！"

他们还没走到大门口，就听远处传来一片喊杀声，阵阵火光映红了夜空。丘和心中暗叫不好！又见一个守城校尉浑身血迹，跌跌撞撞地跑过来说："杨谅叛军已攻进城里，蒲州几百豪杰强人随声响应，守城的弟兄们快支撑不住了！"

丘和怒喝道："简直是一群废物，那么坚固的城门，叛军怎么会轻易攻破！"

"大人，先有数百人诈称汉王府的婢女进入城中，其实全是叛军官兵，在面罩长衣中暗藏刀剑，与城外叛军里应外合，这才打开了城门。"

喊杀声越来越近，丘和见大势已去，匆忙召集几个侍卫，从州府后门走出，又用绳索从城墙上溜了下去，逃离蒲州。天亮时，他们路过一座驿站，丘和向驿站要了一匹快马，让一个侍卫将蒲州失陷的情况火速传报长安。

杨谅是在天亮以后率大队人马进入蒲州城的。经过一夜混战，城中大街小巷一片狼藉，裴文安的一些部下正在清理战死兵士的尸体。杨谅找来一名军官，要他快去请裴文安来见。军官回答说，拿下蒲州城之后，裴将军留下一支小队守城，自己领着大队兵马出城一路向西，去夺蒲津关了。

杨谅急忙说："速派卜将裴将军追回来，就说本王计划有变，不要去攻打蒲津关了。"

裴文安对杨谅突然改变计划无法理解，返回蒲州后他匆忙找到杨谅，急切地说："大王，自古用兵贵在诡秘而神速，大王这样优柔寡断，必定错失良机，想成大事就难了！"

杨谅叹道："我何尝不想诡秘神速，只是京城中的军情尚不明确，需些时日探察，贸然挺进恐怕会误入陷阱。我已命纥单贵拆断河桥，据守蒲州。我要你做晋州刺史，固守城池。明日起程，我与你一道去晋州（今山西临汾），你觉得怎么样？"

裴文安明白了，汉王来了个急转弯，将先前制定的进攻战略变为防守。这样一来，进攻长安夺取皇权是根本不可能的了。想到这里，他无可奈何地长叹一声。

而裴文安在距蒲津关不足百里的地方突然掉头撤回蒲州城，也让杨素看穿了杨谅用兵的失误和心虚。他心中窃喜，立即率领 5000 精锐轻骑，于第二天夜晚抵达黄河西岸。蒲州西面的这段黄河，河面不是很宽，水流也不太急，往日有木桥通行两岸。眼下木桥已被叛军拆掉烧毁，河中只剩下几根木炭一样的桥桩。

杨素派人分头行动，很快就调集征用了数百只民用和商用木船。他们在船内铺上厚厚的干草，避免人马踏上去发出响声。为了防止士兵无意中发出声响，杨素下令每个士兵口中衔枚，即一根如筷子长短的扁圆木棒，两端各系一条细丝带，将其横衔在口中，把丝带紧紧系在脑后，这样人就无法发声说话了。

在夜幕的掩护下，杨素率兵神不知鬼不觉地渡过了黄河，登上东岸。黎明时分，杨素一声令下，向蒲州城发起进攻。留守的纥单贵方寸大乱，慌忙组织人马迎战，刚一交锋，他就感觉自己不是对手，于是掉转马头落荒而逃。城中将士见状也无心抵抗，索性挂起白旗，大开城门投降了。

蒲州城失而复得，使杨素的部队士气大增。杨素乘胜前进，率领大军朝杨谅叛军固守的晋州、绛州（今山西闻喜）、吕州（今山西霍具）

等重镇围了过去。其实，杨素扬言要同时进攻晋州、绛州、吕州三处重镇也只是虚张声势，他只向绛州和吕州各派了 2000 人马，假装包围。他真正要拿下的目标是杨谅的老巢——并州首府晋州。因为他得到密报，杨谅刚刚在晋州城中平息了一场内乱，已是筋疲力尽，军心极其不稳。这正是趁火打劫的大好时机。

内乱起自汉王府主簿豆卢毓。豆卢毓是汉王妃之兄、杨谅的大舅子。杨谅起兵之初，他苦苦劝谏杨谅不可妄自冒险，但杨谅根本听不进去，执意要举兵。豆卢毓预感到造反不会有好结果，便考虑为自己留条后路，他找来担任显州刺史的弟弟豆卢贤，对他说："汉王举兵是绝不会有善终的，你我都是朝廷命官，不能为虎作伥。你要寻机逃回长安，向朝廷禀奏，就说我豆卢毓没有跟随汉王一起造反，只是暂时假装服从，等待时机，以便与朝廷大军里应外合。这样比我自己单枪匹马逃出去更好！"

豆卢贤顺利逃回了长安，不久，豆卢毓也等到了时机。

蒲州失陷，给了杨谅沉重一击，他知道杨素必定一路北上，直袭晋州，而他最放心不下的就是晋州南边的前哨门户介休，因此决定去介休督战，并把镇守晋州城、看守总管府的重任托付给豆卢毓。没想到他前脚刚出城，豆卢毓便背叛了他。听说后院起火，他一时也顾不上前方吃紧，迅速杀了个回马枪。豆卢毓还在部署防范，没想到杨谅已杀到城外。守城的士兵原本就对豆卢毓存有三分疑心，现在看见汉王回来，马上开城门迎接。可怜豆卢毓报效朝廷之志还没来得及实现，就做了杨谅的刀下鬼。

这场内乱使杨谅胆战心惊，大大动摇了他在将士中的权威。他再也不想去什么前哨后营督战，下令关闭四方城门，老老实实地守在家里；又命大将赵子开率领 10 万人马，筑起栅栏，切断并州府周围的山径小路，并在峭壁山崖上屯兵据守，长长的军阵蜿蜒晋州城四周足有六七十里。

杨素派出探子探明军情后，决定各路大军仍照常挺进，自己率一支轻骑拐进深山。他们昼夜不停，走了几天山路，终于出了谷口，来到一处高地，正好俯瞰杨谅叛军的后背。

杨素下令安营扎寨，让队伍稍作休息。天色将黑时，杨素吩咐军司："留300士卒看守营寨，其余迅速集合，随我袭击晋州外围。"

但军司去了很久，仍不见复命。杨素十分气愤，刚要出帐去看个究竟，军司恰好进来了。他劈头盖脸一顿怒斥："没用的东西，一点小事也要这么半天，你还会有什么作为！"

军司委屈地说："将军，连日来翻山越岭，兵士们都累坏了，都想留守营寨休息一下。请求留守的人太多，但将军吩咐只需300人，我不知让谁留谁走才好。"

"难道这事还得老夫亲自出面不可？传令全体将士集合！"

队伍集合完毕，杨素来到队前，高声说："今夜奔袭晋州，只需留300人守营，愿意留守者出列站到前面，以最先站出来的300人为准。"

话音未落，队伍中就一阵骚乱，许多兵士争先恐后地站到了前面。有几个出来晚的，看看人数可能超过了300，又垂头丧气地退了回去。

队伍恢复了平静。杨素下令道："军司，清点人数，看看是否够300人。"

军司就一五一十地数起来，数完对杨素说："回禀将军，307人。"

想必多出的7个人是不想退回去了。杨素感叹了一声说："既然如此，多7个就多7个吧。"随即，他厉声喝道："卫队，将这些人立即斩首！"

有这307个冤魂督阵，兵士们哪个还敢怯懦不前。午夜，杨素率军驰马前进，直击叛军大营。顿时鼓声大作，火光冲天，叛军营内乱得如同蜂窝，兵士们抱头鼠窜，自相践踏，死伤者达数万之众，刀枪器械散落一地，溃不成军。

杨谅得知外围已被攻破，大惊失色，亲自率领数万人马冲出城来布阵抵抗。还没等他摆开阵势，一阵电闪雷鸣，下起了倾盆大雨。杨谅忙下令撤军。王頍一看急了，喊道："大王，万万不可撤军啊！"

杨谅问道："为什么？"

王頍解释道："大王，杨素孤军深入，虽然暂时取得了胜利，但已经人困马乏。若大王亲率精锐出击，定能大获全胜。如果尚未见到敌军就撤退，会使军心消沉，更助长了杨素的气焰，这样的话，就很难转败为胜了。"

但杨谅不听，执意要撤兵。杨素果然冒雨追了上来。杨谅率人马边战边退，被杨素军队杀死近 2 万人，但好歹还是退回了并州首府。

雨过天晴后，杨谅登城远望，清楚地看到城池四周已被杨素的几路兵马围成了一只铁桶。他知道，照这样下去，无须攻城，不出一个月，晋州城中就会粮草皆空，到时候还是死路一条。他绝望地仰天长叹，随后下令在四方城门悬挂白旗，俯首投降。消息传出后，叛军各部顿时土崩瓦解。

汉王叛乱不足一个月就灰飞烟灭、无声无息了。朝廷重现安宁，天下复归太平。杨广宽大为怀，赦免了杨谅的死罪，只夺取了他的爵位，并将他从皇族中除名。

朝政稳固了，天下太平了，官仓府库座座充盈，大隋王朝又翻开了新的一页。杨广下诏，改元大业（605 年），以表建立丰功伟业的雄心。

第七章　营建东都

一、勘察洛阳地形

杨广即位不久，就匆忙离开长安来到洛阳，实施自己酝酿已久的宏伟大业——建一座新都城。

长安一直是西魏、北周、隋朝的政治中心。当时外族侵扰大多来自西北的突厥和吐谷浑。山东地域宽广，人口众多，曾长期受东魏、北齐的统治，入隋后存在许多不安定因素。而江南情势的复杂性远远超过山东。南陈灭亡后，江南人士对北人心存恐惧，反叛心理很强。虽然一年后江南地区的反叛全被平息，但是并没有从根本上铲除江南豪族的势力，江南地区的变乱和少数民族叛乱仍然不时发生，这也正是隋王朝的忧患所在，亟须加强对江南的控制。炀帝的诏令中就有欲控制江南却鞭长莫及的感叹。

另外，兴建东都也有经济上的原因，长安所在的关中地区，农业在战国以后一向兴旺，被称为膏腴之地，但关中八百里秦川土地有限。当关东黄淮大平原一望无际的田野被逐渐开垦出来后，关中地区的农业经济在全国的重要性日益下降。汉魏之际，关中农业的命脉郑国渠、白渠等水利设施，因河床下切等原因，灌溉面积急速下降十分之九，面积减少了三万八九千顷之多，粮食产量急剧下降，而关中人口又日益增加，使长安的粮食供给发生了困难，不得不靠运输关东的粮食来缓解。到了隋朝，地狭人多的渭河平原的粮食产量远远无法满足庞大的中央政府机构和驻军的需求。隋文帝对于解决关中的粮食问题一筹莫展。开皇十四年（594年）八月，关中又发生大旱，很多人被活活饿死。遇到荒年，朝廷也只能采取"移民就丰"的办法来解决粮食供给问题。文帝曾带领百官就食洛阳，后来人们讥讽那些因饥荒而离开京城的皇帝叫"逐粮天子"。这种窘迫的局面对于新继位的杨广来说，无法忍受，必须加以改变。

再则，在魏晋南北朝时期，江南经济得到了良好的发展。隋朝时长江流域各州郡每年都存有足够的余粮，文帝以长安为都城，粮食和物资供应在一定程度上要依赖漕运南方资粮，而这正是炀帝修通南北大运河的重要原因。

上述一系列情况表明，在土地资源日益耗尽且漕运艰难的情况下，长安已经渐渐失去了作为国都的优势。而洛阳的经济条件比长安优越，地域更辽阔，农业生产更发达，又临近山东、河北与江南等产粮地区。与其守在粮食匮乏的长安，不如迁都于水陆交通便利、赋税征缴方便的洛阳，这对当时的隋朝来说不失为一件大好事。

仁寿四年（604年）十一月二十一日，炀帝下了一道营造东都的诏令。大致意思是说，他即位之初决定营造洛阳，是基于对当时政治、经济、军事形势的详细分析，以及洛阳对控扼东方的重要性的充分认识。诏令中还提到"民为国本，本固邦宁"的先王之教，以说明他的举措是利国利民的好事；更提起先圣"变则通，通则久"，以及"有德则可久，有功则可大"等警句，以此说明变革是根据时代发展而必须进行的，是合乎天道、顺应时代潮流的。后来的历史证明，炀帝营造东都可以说是功在千秋的壮举，洛阳成为他留给后人的宝贵历史遗产。

这里还有一个小插曲。据说文帝驾崩后，炀帝从仁寿宫返回长安，根据文帝的遗嘱释放了被囚禁半年之久的术士章仇太翼。因为文帝临去仁寿宫前说过等回来时就将章仇太翼斩首。现在他被无罪释放，于是对炀帝感激涕零，却不知是文帝的嘱托。

实际上，炀帝释放章仇太翼，不仅是遵从文帝的遗嘱，更是出于对章仇太翼的钦佩，甚至可以说是畏惧。章仇太翼曾极力劝谏文帝不要去仁寿宫避暑，并且说这一去很可能就回不来了。但文帝不听，反而囚禁了他。结果，文帝真的一去不回。炀帝因此佩服章仇太翼善观天象、料事如神的能力。既然能占卜吉凶，当然也有办法化险为夷，这样的人对朝廷的用处是很大的。果然，章仇太翼出狱没几天，就向皇帝呈上一份奏表说："陛下本是木命，而长安一带是破木之势，不可久居。洛阳北面有山，三面有水，木生长在山上，又得到水的滋润，定能千秋不朽。开皇之初就有民谣唱道：'重建洛阳，恢复晋朝天下。'陛下曾被封为晋王，民谣真是灵验啊！"看了章仇太翼的奏表，炀帝更加坚定了迁都于洛阳的决心。

为了确定洛阳新城的位置，炀帝刚到洛阳就带上博学的左仆射苏威登上邙山观察地形。邙山脚下有涧水、洛水蜿蜒流淌，前方是东西对峙、郁郁葱葱的两座大山，两山中间似乎有一座天然门户，伊水由南向北流过，这座"门户"被古人称为伊阙，后人又称为龙门。龙门的西面是龙门山，东面是香山，闻名遐迩的洛阳龙门石窟大半窟龛都集中在龙门山上，特别是北魏的石窟全部开凿于此。

炀帝站在邙山之巅俯视伊阙，发现若将邙山和伊阙连成一条直线，把东都修在这条中轴线上简直妙不可言。于是他问苏威："这是龙门，自古那么多人在邙山脚下建城，为什么就没有人选择正对着伊阙这座龙门呢？"

苏威为了讨炀帝欢心，回答说："这是因为上天正在等候陛下您的发现。"

炀帝是否第一个称伊阙为龙门的人，历史并无定论，但正对龙门营造一座京城则可以肯定是他的主张。

二、起用工程专家宇文恺

大业元年（605 年）三月十七日，炀帝宣布任命尚书令杨素为营建东都的大监，担当副监的为纳言杨达和宫廷建筑家宇文恺。修建东都洛阳的工程正式启动了。

炀帝任命的工程指挥班子堪称一流：总监杨素，一个月前刚被提升为尚书省的正职，这个居于群臣之首的职位足以保障建造洛阳能够调动整个国家的力量。杨达是文帝的远房侄子，兄长是赫赫有名的杨雄。杨达阅历丰富，既打过仗又有在中央和地方的从政经验，天下统一后，文帝评选地方官吏，时任赵州刺史的杨达被评为第一。杨达后来当了工部尚书，宫殿陵墓的修建就是归这个部管理，所以他也参与了文帝和皇后的太陵的修造。杨达宽达有气度，与主持太陵项目的杨素合作得非常融洽，被杨素称赞为有君子之貌又兼有君子之心的人。炀帝即位后把杨达调到门下省当长官，不久又让他与杨素共同负责营造洛阳，这样一来，洛阳工程的决策层就有了三省中的两名长官。杨素和杨达主要负责资源和人力物力的调配以及宏观调控，宇文恺则负责设计施工。

宇文恺是隋朝最杰出的工程专家，几乎承担了隋朝所有大型工程的修建。他出身将门，因父辈的功绩，3 岁就被赐为双泉伯，7 岁晋升安平郡公，拥有 3000 封户。宇文家世代习武，擅长骑马射箭，但宇文恺却喜欢读书，善写文章又精通工艺，时人称他为"名父公子"。他曾经担任营造宗庙和新都大兴城的副监，后受其兄宇文忻①事件的牵连被罢官。后来他还主持了运河工程。因为许多重大工程都少不了他，杨素奉命修建仁寿宫时也极力推荐让宇文恺来主持。文帝批准了杨素的请求，不久又任命宇文恺为检校将作大匠，也就是负责宫廷工程的代理总管，

---

① 宇文忻（523—586 年）：字仲乐，昌黎大棘（今辽宁北票）人，北周隋初时期的将领，太保宇文贵之子。精通兵法，治军严明，曾参与平定尉迟迥，拜上柱国，封杞国公。开皇六年（586 年）联合梁士彦、刘昉密谋叛乱，事泄被杀。

一年之后又命他为仁寿宫监。独孤皇后死后，文帝下令修建皇陵，宇文恺又一次和杨素搭档，完工后文帝十分满意，由此宇文恺得以恢复他已失去很久的安平郡公的爵位，并重新拥有上千封户。如今炀帝要营造东都洛阳，自然离不开宇文恺，除了封他为营东都副监外，还任命他为将作大匠。新都的营建完全由宇文恺一人具体规划完成。

宇文恺善于揣摩皇帝的心思，知道皇帝喜欢宏伟堂皇的建筑，于是将洛阳建造得极其华丽。炀帝对工程非常满意，洛阳建成后便将他提升为工部尚书。洛阳新城从动工到建成，只用了十个月，每月征调到工地的民夫足有 200 万人。

三、迁都洛阳

新建的洛阳城规模宏大，气势雄伟，富丽堂皇。都城南面龙门，北依邙山，东逾伊水，西至涧河，洛水穿流其间，分为宫城、皇城、东城和外廓城。

宫城，也就是禁城，东西宽 5 里 200 步，南北长 7 里有余。与长安的宫城不同，洛阳的宫城位于北面，并未处在都城中央。宫城里建有乾阳殿、大业殿、文城殿、元清殿等。宫殿鳞次栉比，金碧辉煌。宫殿四周有轩廊，供值勤的卫士居住；东南和西南各有一楼，一悬钟，一挂鼓。北面的大业殿规模小于乾阳殿，但装饰却比乾阳殿更加华丽。内宫的殿堂前有的还辟有庭院，种植着枇杷、海棠、石榴和各种名花奇卉。

皇城围绕宫城东、西、南三面，东西墙和宫城形成两段夹墙。皇城南门为端门，在应天门通往端门的大道两侧是朝廷的各个部门，门下省在道东，内史省在道西，东西各有朝堂，是大臣等候上朝的地方；再往南是将军的府衙。皇城最南边是御史台、秘书府、光禄寺和左右监门卫府等机构。

外廓城也称罗城，在宫城和皇城的南面偏东，是百官的府第和百姓的住所。外廓城的总体布局呈方形，东北一面和洛河南岸为里坊。

"坊"是对民居区域的称呼。因为每坊的东西和南北的长度各为300步，正合一里，因此叫作里坊。新都洛阳共有103个里坊，3个大市场。洛河南岸有东、西两市，东面的叫丰都市，西面的叫大同市；洛河北岸的市场叫通远市。三个市场都临近可以行船的漕渠，往来十分便利。仅丰都市周围就达1800余步，四面有12个门可供出入。市场内有120行，3000多个肆，400多家客栈。市内重楼延阁，鳞次栉比，道路两旁遍植榆柳，交错成荫。

皇城正南，是一条宽约百步的大街，叫天津街。它北起皇城的端门，向南跨过护城河上的天津桥，直通外城正门——定鼎门。

大业二年（606年）正月，东都基本完工，炀帝兴奋地在扬州犒劳指挥工程的主要官员，提升宇文恺为开府仪同三司，也就是隋朝的六等勋位。杨素在此之前已得到重赏，炀帝赏给他的是东都住宅一区，也就是整整一个街坊，另有绢1000段，还拜他为太子太师，即太子杨昭的老师。赏赐杨素是在炀帝下扬州之前，可能是因为老太师此时也随行下扬州，东都的后期工程已经不用他劳心，所以奖赏也就提前给了。至于对其他官吏的奖赏以及东都宅院的分配，大概是在大业二年（606年）四月炀帝从扬州回来之后颁布的。

大业二年（606年）春夏交替之际，炀帝下令乔迁新都洛阳。北方的突厥、契丹、匈奴，南方的暹罗，西边的天竺等纷纷派遣使者前来祝贺，并敬献本土特产和珠宝。炀帝为了向他们炫耀国力并表示热情的欢迎，举行了规模空前的庆祝活动。

从端午节开始，天津街上，从天津桥南端至定鼎门以里，一派喜庆祥和。大街两侧陈列百戏，杂耍、皮影、龙灯、旱船，五花八门，应有尽有。从日出至日落，大街上鼓乐喧天，热闹非凡。从傍晚开始，来自全国各州府县的1万多名乐工，分列天津街两侧，吹拉弹奏，管弦之声不绝于耳，直至东方既白。这些都是炀帝下诏安排的，不过，这道诏书没有四处张贴，而是由各级官吏层层口头传达下去，这样做是为了不让外国使者知道这种繁荣喜庆的景象是皇帝下诏搞起来的，而是常年如此。

炀帝还密令：自五月端午起一个月内，是诸国使节的朝贺时间。在此期间，洛阳臣民都要锦衣盛饰，以显示大国威仪。街市上，如有车服不够鲜艳华丽者，一律由京城禁卫拘捕，遣到开河工地服徭役。

东都城内的店铺商家应备足各种各样的货物，货物不丰盈、花色不齐全的，勒令停业。酒肆饭庄遇有外国客使从门前经过，一定要鞠躬微笑，盛情邀入店内，全力接待，直至酒足饭饱，不准收取分文。

炀帝心中明白，这是一项庞大的开支，一般商家恐怕承受不了，于是便事先命令天下各州的数万家富商巨贾迁入东都，由他们支撑门面，洛阳市面上确实显现出一派繁荣景象。一般百姓为避免被发配到开河工地服徭役，只好东拼西凑或变卖家当，添置服饰。少数实在无计可施的穷人，就多多储备柴米油盐，闭门不出，熬过这一个月。

无论如何，洛阳城的辉煌自此展开，在很长一段时间内都占据着中国中心城市的地位。

四、显仁宫和西苑

在东都洛阳，还有一项规模宏大的工程，与新皇宫几乎同时完工，这就是显仁宫和西苑。

显仁宫建在洛阳西南数十里的寿安，南连洛水支流皂涧，北到洛河北岸，方圆10里。由大将军宇文恺和内史舍人封德彝①监造。

西苑方圆200多里，在显仁宫西面，与显仁宫相辅相成，浑然一体。负责监工的是内史侍郎虞世基②。

---

① 封德彝（568—627年）：名伦，字德彝，观州蓚县（今河北景县）人，隋唐大臣。隋时为杨素幕僚，因督建仁寿宫有功升任内史舍人；唐时官至中书令、尚书右仆射，封密国公。

② 虞世基（？—618年）：字茂世，一作懋世，会稽余姚（今浙江慈溪市观海卫镇鸣鹤场）人，隋朝大臣、书法家、文学家。历任通直郎、直内史省、内史舍人，受隋炀帝器重，专典机密，参掌朝政。后从隋炀帝东征高句丽，以功进金紫光禄大夫。著有隋朝《区宇图志》，是一部较早的全国性区域志。

炀帝在决定迁都洛阳、新建皇城的时候，就萌发了修建显仁宫和西苑的想法。这主要是因为他年少时在王韶辅导下熟读《史记》《汉书》，对秦皇汉武的上林苑羡慕不已。秦皇嬴政在渭南开辟了上林苑，听政之余，可以到苑中游玩狩猎。令人惋惜的是，上林苑毁于战乱。炀帝虽然无法亲眼看到它究竟什么样子，却能从关于汉武帝狩猎的《上林赋》中想象出其规模和盛况。

《上林赋》中气势磅礴、波澜壮阔的描绘，使炀帝心驰神往。既然要自比秦皇汉武，那就要修建一座绝世宫苑，甚至要超过上林苑。

炀帝主意已定，就召来内史侍郎虞世基，说了自己的打算。虞世基原是南陈尚书左丞，写得一手漂亮的隶书，且博学多识。有一次，陈后主在草府山打猎，命虞世基作一篇《讲武赋》。他出口成章，当场呈上一篇洋洋洒洒的骈文，让陈后主连连称赞。虞世基是江南人，深知江南水乡园苑之妙。他听炀帝说要建造宫苑，很快就拿出了一套修建园苑的规划，正合炀帝的心意，于是命他为宫苑监造。

西苑中央以人工挖了一个方圆 10 多里的海，水深一丈有余。海中筑起蓬莱、方丈、瀛洲三座仙山，各高百余丈，西面可回望长安，南面可远眺江淮。这三座仙山是炀帝指名建造，其中还有些讲究。

战国时，燕国人宋毋忌、羡门子高是两位很有名气的术士，自称有仙道，善尸解销化之术。他们说，东方渤海中有三座仙山，名蓬莱、方丈和瀛洲，山上有许多神仙和长生不老之药。齐国的威王、宣王，燕国的昭王都相信了他们的话，多次派人入海寻山求仙。但是，三座仙山在大海烟涛微茫之中很难找到，经常是远望如云，船到跟前时，仙山又隐没在水下。有时眼看要行到山脚了，又忽然刮起一阵大风把船吹到离山很远的地方。所以，始终没人登上过那三座仙山。

汉武帝东封泰山的时候，曾顺道亲临渤海，久久驻足海边，他希望亲自登上仙山，一睹蓬莱壮丽之景。但是，他也未能如愿，仙山实在太渺茫难求了。后来，他干脆在建章宫太液池中建造了蓬莱、方丈、瀛洲三座仙山，聊寄思仙之情。

炀帝也在西苑人工海中修建三座仙山，并把这个海叫作内海，内海里有了三座仙山，神仙们就会留居此，不必再跑到外面去寻找神仙。按虞世基的设计，在内海外围又挖了五个湖，喻示天下五湖之意。每个湖方圆10里，湖边砌成长堤，栽满奇花异草。沿湖百步设一亭，五十步设一榭，以便游玩时驻足赏景。亭榭两边还栽植了红桃绿柳。五湖的流水都与内海相通，是一个内海外湖的格局，从任一处乘船，便可游遍湖海。湖海里放置了许多游船，如青雀舫、翠凤舸等，还有一艘龙舟专供皇上使用。在内海北面一带筑有一道长渠，渠水自内海引入，潺潺流过。沿渠每有风景胜处，便建造一院，共十六院，作为三山五湖的点缀。

宫苑即将完工的时候，炀帝在虞世基的陪同下前去游玩。所到之处，海天一色，绿水荡漾，简直是人间仙境。炀帝高兴地对虞世基夸赞说："秦皇汉武的上林苑，是陆地苑囿，适合跑马打猎。爱卿建造的西苑，以水见长，比上林苑的景色更胜一筹。朕应该为此苑取个好名字！"

经过一番商议，五湖十六院的名字很快确定下来。五湖的布局按照东西南北中的方位，东湖称翠光湖，西湖叫金光湖，南湖是迎阳湖，北湖为洁水湖，中湖则取名广明湖；十六院的名字也很文雅别致：景明院、迎晖院、栖鸾院（又说秋声院）、景光院、明霞院、翠华院、文安院、积珍院、影纹院、仪凤院、仁智院、清修院、宝林院、和明院、绮阴院、降阳院。

内侍将五湖十六院的名称一一写下来，呈交炀帝审阅是否有误。炀帝想起几年前曾送给宣华夫人一只金凤凰，在仁寿宫，宣华夫人住的又是金凤殿。现在东都建成，他不想再让宣华夫人长住殿宇阴冷的高墙壁垒中，有意让她住到西苑来。这里有江南景色，可以让她静养身心，免去许多乡愁。于是，他将十六院中的仪凤院改为金凤院。

炀帝和虞世基为十六院取的名字，都有浓厚的脂粉气，这也是炀帝追比秦皇的结果。

炀帝建西苑十六院，就是仿秦皇所为，不过没有避恶鬼之意，只在每个院中安置美女，以备他随时游幸。

西苑还在营造中的时候，炀帝就派人分赴四方，挑选天下美女。此时，采选的美女都已陆续到达东都。炀帝从中挑选出 15 名佳丽，除金凤院以外，每院分派一名，封为四品夫人，分管各院事务。虞世基又亲自监制玉印，上面刻了院名和四品夫人的姓氏，发放给各院。每院又挑选 20 名美女，学习吹弹歌舞、礼仪知识，以备服侍皇上。西苑的各处楼台亭榭，也分派了人数不等的美女，充当使役。

经过一番精心的布置，西苑终于成了一座湖光山色齐全、胜景美女俱佳的皇家宫苑。炀帝对此十分满意，他从心底觉得，自己的西苑已经赶超了秦皇汉武的上林苑。

自从住进西苑，宣华夫人的心境好了许多。这里的湖水、假山、曲堤、岸柳都与江南风景相似。因为水多的缘故，就连西苑里的风也比外面柔和得多。金凤院中的馆舍、回廊、拱门、天井，白墙黑瓦，翠竹交映，与建康一带的庄园相差无几。最让宣华夫人感到欣慰的是，金凤院里的 20 位姑娘也都是从江南挑选而来。她们的一颦一笑、一言一语，都与北方女子大不相同。吴语呢喃，乡音浓厚，使宣华夫人备感亲切和温暖，在一定程度上缓解了思乡之情。

此时大运河已经开挖，西苑附近正是运河北端的源头。等运河挖通后，从这里登船回江南，要比再从长安赶来方便得多。

自从有了西苑，炀帝就沉醉在这里的美景和美人之中。为了让自己玩得开心，炀帝下令把西苑装点得四季如春。到了秋冬时节，宫院里树木凋零，于是用彩绫剪成花叶，扎在树枝上。苑内还饲养了各种珍禽异兽，供炀帝观赏、围猎。到了晚上，他经常带着成群的宫女在苑内游玩，一面奏乐一面饮酒赏月，日子真如神仙一般。

第八章　开挖运河

一、启动运河工程

　　任命东都工程指挥班子后，炀帝在第二天又下了道诏书，说要到淮海观光体验民间风俗，因为只有了解民情，决策才能正确。大业元年（605 年）三月二十一日，炀帝下令调集河南各郡男女百万人开凿通济渠，这就是后世人称京杭大运河的一期工程，其中包括调集淮南民工10 余万人开凿与通济渠同时动工的邗沟。

　　负责运河工程的是尚书右丞皇甫议。与大运河的开凿密切相关的还有于仲文、郭衍。这二人在炀帝当太子时已经成为他的亲信，于仲文最先向文帝建议开运河以解决长安漕运。开皇年间开凿的这条运河的起点在长安附近，由渭水的南面傍南山向东直流到潼关与黄河衔接，河道利用了汉代开凿的渭渠，然后裁弯取直，所以取名为广通渠。后来为了避炀帝的讳而改名为富民渠。郭衍则是文帝任命的开漕渠大监。于仲文、郭衍，以及广通渠的设计者宇文恺，都深得炀帝信任，直接参与了运河工程的筹划工作。另外，炀帝本人以前也到过江淮，又在扬州待过10年，曾多次往返于扬州和洛阳之间，当太子时还到过南方巡视，所以他对那里的水陆交通了如指掌。

　　炀帝修京杭大运河，最先开凿的一段是以洛阳为起点的通济渠。如果说邗沟的作用是沟通（长）江淮（河），那么通济渠则主要是连接黄河和淮河两大水系，它以洛阳的西苑为起点，将谷水和洛水引进黄河，然后再将黄河引到板渚①，继而将黄河水引进淮河。通济渠的前身是战国时代魏国开凿的鸿沟，前半段经东汉整修后称为汴水。东晋时汴水因战乱年久未修，直到炀帝开通济渠，新运河上段利用的还是汉魏古汴水，从荥阳一直流到开封。开封以后通济渠的走向，经睢水过商丘，后循蕲水故道由安徽宿州、泗州进入淮河。

后来唐朝人讲的汴河就是隋朝重开的通济渠，它不但能够引水灌溉和航运，而且对黄河分洪起着重大作用。隋唐五代黄河比较稳定，水利专家认为与通济渠等分支河道的存在有很大关系。用汴水灌溉，一是可以解决干旱时缺水问题，二是可以治理盐碱地。宋神宗曾经尝试过引汴水到低洼地带，利用水干后的土种庄稼，据说土细如面，可以使小麦一年增产数百万石，一时掀起了用汴水灌溉的热潮。这时距炀帝开通济渠已有 450 年。对于隋唐的统治者来说，汴水更直接的作用在于它能将江南的粮食物品大量漕运到东都和西京，虽然隋朝的漕运并无记录，但只须看看隋朝洛阳粮仓的规模，便不难想象当年漕运的情况。到了唐初，由汴河运往京师的粮食为 20 万石，天宝二年（743 年）创下了唐代漕运最高纪录 400 万石；宋代大中祥符年间（1008—1016 年），由汴河漕运到东都（开封）的粮食最高达到每年 700 万石。作为唐宋都城的经济大动脉，汴河在开通后的几百年间一直得到良好的维护，宋太祖曾经下令沿河州县官吏督促百姓在汴堤上种植榆柳，汴河的疏浚更是经常不断。

在开凿通济渠时，为了保质保量，据说曾用一种装着 1 丈长铁脚的木鹅来检查河床的开掘深度，木鹅顺流而下时，若停止不前，说明河深未满 1 丈，那么参与施工的民工将被全部处死。这也说明了炀帝的残暴及对工程要求的严格程度。

开挖运河期间，炀帝曾亲临现场视察。他看到距离开河工地数里远的旷野上，一座新的城池拔地而起，周围有八九里，城墙上站满守卫的

---

① 板渚：古津渡名，板城渚口的简称，在今河南荥阳市汜水镇东北黄河侧。

士兵，他们身穿铠甲，手执兵器，在城墙上飘扬的旗帜衬托下，显得甚是威风。城墙的四角设有瞭望台，四面各有一个城楼，城楼下又各开三个城门。炀帝惊奇地问身边的侍卫："京西这座行宫是什么时候建起的，朕怎么不知道？"

侍卫们也都一脸茫然，全都回答说不知道。恰在这时，太府少卿何稠①前来迎驾，听到炀帝的问话，急忙回答说："臣为了陛下巡视开河工地时方便起居，特意修建了这座六合城。"

炀帝第一次听到六合城这个新鲜的名字，问道："为什么叫六合城？"

何稠解释说："六合城是东西南北天地六合之意。为天子起居，整个城池一朝可以建成，又一朝可以拆开运走，十分方便，适宜远行时使用。一旦陛下亲征北疆大漠等遥远之地，随军携带，比住在帐篷里要舒服得多。"

炀帝听说还有这样的城池，非常高兴，夸奖何稠道："爱卿忠心可嘉，为了国事，也为了朕，费尽了心思，朕当好好地奖励你！"

在何稠的引领下，炀帝驱驾入城，这才发现之所以说一朝可以建成，一朝可以拆运，是因为这座城池是用木板拼成的，城中的殿宇、行宫、起居坐卧及饮食用具也都是木质的。

炀帝入住六合城后，问及役夫的伙食问题，内侍将役夫们食用的糠菜团子拿给他看。原来在修建新都时，炀帝就下令在洛阳建造粮仓。仓城周围20余里，有3000多个粮窖。又在洛阳北面7里建有回洛仓，仓城周围近10里，有300个大窖。仅这两处官仓即可容纳粮食2800万石，再加上地方的官仓、义仓，足以保证役夫们的口粮问题。现在看到役夫们吃这样难以下咽的菜团子，炀帝十分生气，唤来何稠询问。何稠惶恐之下，将责任推到洛阳令的身上。炀帝又责成洛阳令彻查此事，以

---

① 何稠：字桂林，益州郫（今四川成都市郫都区）人，北周至唐初著名工艺家、建筑家，善制工艺品。主要成就：设计制造"行殿"及"六合城"，为隋炀帝制造性工具"任意车"。

保证役夫们吃饱，按期完成工程。

为防止意外发生，保护皇上的安全，从炀帝入住六合城当晚起，提刀执枪的宫禁卫士便彻夜巡查。何稠还特意在距离城墙几丈远的地方安装了许多弩床，由一条绳子连接机关，只要有人接近，绊动绳索，弩机便会自动调整方向，朝目标射出箭矢，灵敏度非常高，几乎百发百中。

次日清晨，侍卫们到城外察看，果然有几处弩机被触动，射杀了几只野兔。同时还有一个老者可能是误碰了机关，不幸被箭射中而丢了性命。

民间流传着许多隋炀帝开运河的故事，有的还非常恐怖，比如安徽泗县一个枯河头的民间传说。

枯河头是泗县东北20里一个紧邻古汴河的小集镇。据说炀帝命令大将麻叔谋押着民夫开运河，40里为一站，限期完成，若到期完不成就要杀头。麻叔谋特别喜欢吃熊掌，每到一处，地方官都要献熊掌给他。但运河挖到今泗县东面时，因为附近没有山，也就逮不到熊，自然就吃不上熊掌了。麻叔谋对熊掌嗜食如命，为了解馋便派手下陶、柳二人偷老百姓的小孩，剁掉手掌烹了吃。起初老百姓以为孩子被野兽叼走了，后来发现是被麻叔谋所害。大家为了记住仇恨就将小镇取名为"哭孩头"，后来才改名为枯河头。

枯河头的传说不知是否可信，但麻叔谋食小孩之事却流传甚广。安徽淮北是古运河经过的地区，炀帝下扬州和麻叔谋开河的传说在这里家喻户晓，淮北人现在还会用麻叔谋来吓唬淘气的小孩。这或许是因为运河工地上特别严厉的监工，让各地来的民工留下了深刻的印象，民工们回家口耳相传，于是，麻叔谋就成了群众创造的一个艺术典型，而且还有了许多不同的版本。

通济渠和邗沟总长大约2000里，宽40余步，这项工程从大业元年（605年）三月动工到当年八月十五就已全部竣工，只用了171天。即使百万人一同上阵，要完成如此大规模的工程也是件很难办到的事情，更何况平均每天在运河工地服役的不过二三十万人而已，而且不可能

171 天全都在施工，尤其是在雨水集中的季节，大部分时间都无法施工。之所以能在这么短的时间内完工，原因在于隋朝的大运河是靠不少原有天然和人工河道疏浚、截取或相互连接而成。可以说，炀帝是在统一时期，做了一项集前人之大成的宏伟大业，因为在此之前各区域的运河早就已经存在，只是在分裂时代想要实现南北沟通是绝无可能的。尽管京杭大运河在大业元年仅完成了一小半，但通济渠和邗沟在隋唐时代被认为是运河上价值最高的一段。

炀帝即位三四个月就启动运河和东都两项工程，说明他并非心血来潮，而是早有打算。但这么宏大的工程，本应缓上一年半载，听取方方面面的意见。可惜炀帝一生最大的毛病就是一意孤行，不肯集思广益。他是那种骨子里就很傲慢的人，在朝堂上往往不露声色，除少数亲信外，他极少听取旁人的意见。行动之前他也会反复思考，所以认真计划过的事大多办得还算成功。他败在了自己意想不到的地方，而且最终自己也不知道问题究竟出在什么地方。但凡像炀帝这样的人，千虑一失，犯的往往是平常人都可以明白的低级错误，这大概也是像他这样的封建暴君的通病。

二、豪华的南巡队伍

由于炀帝急功近利的心理，大运河不仅成了后人批评他不爱惜民力的表现，更成为他游山玩水、荒废江山的有力证据。古人有"种柳开河为胜游"的诗句，今人亦有开河"出于君王游幸之私"的评说。这些批评并非没有根据，因为炀帝在通济渠和邗沟刚开通时，就迫不及待地乘龙舟率领皇后妃主、百官大臣、僧尼道士以及大批军队，扬帆启程往江都巡游。而且，炀帝还分三次沿着运河巡游江都。

这样看来，营建东都、开凿运河、巡游江都三件事在炀帝头脑里是放在一起通盘考虑的，都是刚即位的他所要完成的宏伟大业。为方便在运河开通后南下巡游，他下令修造各色船舰数万艘。粗略计算一下，造船所役船工应该有数十万人，加上后来巡游路上所动用的民力，这是不亚于营东都、修运河的又一大工役。

为了这次大规模巡行，炀帝还特意准备了大型龙舟。据《隋书·炀帝纪》记载，龙舟船队有龙舟、凤䑧、黄龙、赤舰、楼船数万艘。其中送往东都奉迎炀帝的各类船只就有数千艘，组成规模庞大的龙舟船队。唐代杜宝在《大业杂记》中讲龙舟船队 5000 余艘，并对这支船队的各类船作了较详细的记载：有龙舟 1 艘，翔螭 1 艘，浮景舟 9 艘，漾彩舟 36 艘，五楼船 52 艘，三楼船 120 艘，二楼船 250 艘，板艎 200 艘，朱鸟航 24 艘，苍螭航 24 艘，白虎航 24 艘，玄武船 24 艘，飞羽舫 6 艘，青凫舸 10 艘，凌波舸 10 艘，黄篾舫 2000 艘，平乘 500 艘，青龙 500 艘，艨艟 500 艘，艗舟 500 艘，八棹舸 200 艘，棹艋舸 200 艘，总计为 5191 艘。也有人统计为 5245 艘。

龙舟船队不仅数量庞大，而且规制独特、用工精巧，各色船只如舟、航、舫、舸、船、艎、艗等，在形制、功用、大小、花色上都有明显区别。舟和船是古代对水上航运工具的通称，但是一般来讲，舟是尊称，船是俗称。龙舟船队中以舟命名的，都是皇帝、皇后、妃嫔、贵人、美女、夫人乘坐的船；而用船命名的，则为一般官吏、士兵所乘，其规制有明显的不同。航，一般指方形的船，或两船相并而行的船。舫，原本指竹木筏，后用来称呼船，一般也指两船相并。舸，一般是大船，但后来也用来称呼小船。艗，既用来称呼货船，又用来称呼一般战船。艨艟又称"蒙冲斗舰"，是一种典型的战船，其形制外狭而长，用以冲突撞击敌船。棹艋是一种小船，形状像蚱蜢，也用来作战。

炀帝为巡游江都，在不到半年时间里制造了这么多大大小小、种类不一的船只，龙舟凤船，货船战舰，琳琅满目，其数量之多、规模之大、制造速度之快，在中国古代造船史上是很少见的，展现了隋代造船工人的聪明才智和当时造船业的高超水平。当然，船工劳役之苦也在所难免。

大业元年（605 年）八月十五日，炀帝率文武百官游历江南。其中，左武卫大将军郭衍为前军统领，右武卫大将军李景为后军统领，率领卫队护驾南巡。大队人马从显仁宫出发。炀帝、萧后身穿崭新的龙袍、凤服，乘坐一辆以金玉装饰的逍遥辇，率领显仁宫和西苑的三千佳丽，迤逦西去。那是一段通向洛口的漕渠，漕渠狭窄水又浅，像龙舟这样的大船驶不进来，只有先乘小船到洛口，再转乘大船。

炀帝和萧后登上一只叫作朱航的小船，沿漕渠行进，不一会儿便到了洛口，远远便望见那艘巨大的龙舟停泊在洛水中，随着粼粼清波微微摇荡。

这艘龙舟就像一座浮在水上的宫殿，长 200 尺，高 45 尺，共有 4 层。上层是正殿、内殿和东西朝堂；中间两层有 120 个房间，均以金玉装饰，富丽堂皇，是皇上休息娱乐的地方；最下层是内侍居住的。整个龙舟的外观造型名副其实，前面是高昂的龙头，后面是高翘的龙尾。从龙舟正面看，只见龙嘴半开，龙目圆睁，龙角丫杈直冲苍穹，显得十分威武。龙舟上兵甲列阵，旌旗猎猎，颇为壮观。

萧后乘坐的船名为翔螭舟，翔者，盘旋而飞也；螭者，无角之龙，是人们常用来作为器物装饰的一种吉祥物。用这种盘旋而飞的无角之龙来描绘船首，作为皇后所乘之船的代称，是名副其实的。其规模虽比龙舟略小一些，但装饰几乎没有多大差别，只是翔螭舟前首的龙头是一条雌龙，没有角而已。

在龙舟和翔螭舟后面跟着的是 9 艘叫作浮景的大船，船分 3 层，满载日常起居饮食所需，供皇上和皇后享用。

此后便是称作漾彩、朱鸟、苍螭、白虎、玄武、飞羽、青凫、陵波、五楼、黄篾等各式船只，有楼船，也有平船，分载后宫、储王、百官、公主、僧尼、道士、番客及供奉物品。光是拉纤挽船的就有 8 万余人。炀帝旨令储王、公主及五品以上官员赐坐漾彩、朱鸟、苍螭等一类的楼船。于是，拉纤的船夫也自然而然地分出了等级。拉漾彩以上船只的一共 9000 多人，他们有一个雅号，叫殿脚，一律身穿特制的锦衣彩袍。

随行护驾的卫兵分乘青龙、平乘、艨艟、八舴、舴艋数千艘，这些船上载有兵器帐幕，因而都由兵士牵引，不用船夫。

整个南巡船队，舳舻相接200多里，两岸有20万骑兵和10多万步兵夹岸护卫，水陆并进。若从稍远处望去，根本分不清楚哪里是河中，哪里是岸上，只见旌旗飘飘，浩浩荡荡。自古以来，不论哪朝哪代的皇上出巡，都没有过这样的气派和声势！

炀帝坐在龙舟前首顶层船楼的廊檐下，看着河里、岸上声势浩大的行进队伍，喜笑颜开。新开的运河水满河宽，足足有二百三四十尺，即使像龙舟这样大的船，也可以并行4艘。河堤上筑有宽阔的御道，可行走车马。夹道垂柳依依，殿脚们背负彩绳，纤夫走在柳荫下，可免受阳光曝晒之苦。两岸密密的垂柳还可以护岸固堤，也是沿河的一道靓丽风景。

"苏杭熟，天下足。"江南鱼米之乡，物产丰饶。天下租调赋税，十之八九来自江南。以往由于漕运不便，江南粮米不易北调，一遇荒年，京师及各地方州府为调粮应急忙得焦头烂额、不可开交，如今运河开通，万千漕船可以轻快顺畅地运送皇粮了。

这时，一队漕运船从对面驶过来，皇帝的开道前卫船急忙上前拦截，要他们靠岸停驶，为皇上的龙舟让道。炀帝见河面有足够的宽度，便下令开道船不用拦截漕运船队，让漕运船队傍岸行驶。

于是，漕船首尾相接，如游鱼一艘跟着一艘，傍着河岸北行。船夫们在感激皇上恩典的同时也被眼前这支浩浩荡荡、威仪无比的皇家船队所震撼，纷纷跪在船头，朝着龙舟叩首礼拜。

龙舟缓缓驶过，炀帝站在船楼上，居高临下看着北上的漕船，内心无比高兴。他想，运河从洛阳到扬州才是第一步，还要继续向南开挖，直达余杭，那里才是真正的江南腹地。

翔螭舟跟在龙舟的后面缓缓前行，萧后平生第一次乘坐这么大的船，在船上经历如此漫长的旅程。她对一切都感到新奇。

船队起航之后，萧后把翔螭舟上上下下看了个遍。比起洛阳或者长安的皇宫来，这座漂浮在水上的宫殿少了许多刻板和森严，更多的是浓浓的人情味，给人一种自然愉快的感觉。两岸的田园景色，头上的蓝天白云，变幻莫测，一会儿一个样，一时一个景，不像在皇宫里那么单一枯燥。人在船上，船在画中，人的心境也就随着这幅自然长卷清丽明朗起来。这种心境，在高墙深宫里是不可能有的。萧后觉得自己已经好久没像此时此刻这般舒心了。

为了方便炀帝巡游，运河沿岸每隔四五十里就修建了一座行宫。每次船队走到行宫前都会停下来，看炀帝是否需要下船休息。如果炀帝不下船，就继续前行。如遇天晚，则须停下过夜。

出行之前，炀帝在洛阳颁布诏令：巡游船队经过的地方，百姓庶民前往观瞻，任何官吏、军卫不得干涉阻拦，以显天子威仪，宣教风化。另外，船队所经州县，500 里以内的地方，须贡奉酒食，有贡献不足者，按差额的多少，将地方官员处以谴责、降职、免官、流放等处罚，甚至斩首。

有了皇上的旨令，运河沿岸的百姓如潮水一般涌来，观望这百年难遇的盛况，比元宵节看灯会还要热闹百倍。人群里还有许多人担负着地方的官差，为船队送酒送饭送贡品。除了山珍海味、美味佳肴，还有一种无花素丝绢。这种丝绢薄如蝉翼，一匹数丈长，重量却不足半斤。它还有一个奇怪的名字，封装上写的是"鸡鸣绢"。这是因为江南的桑蚕一年四五熟，蚕丝极多，姑娘们都很勤劳，精于纺织，往往在夜里缫丝，清晨丝绢就织成了，所以叫"鸡鸣绢"。

一路上，沿途官府富商送来了大量美味佳肴，巡游的队伍吃不完，不是就地掩埋，就是扔进河里喂鱼虾，造成了极大的浪费。

如此大规模的巡游，除了满足炀帝的虚荣心之外，也起到联络旧部、奖惩大臣的作用。比如龙舟船队行至东平郡时，太守吐万绪在河岸迎接，炀帝在龙舟上召见了他，封他为金紫光禄大夫。总之，终于坐了江山当了皇帝的炀帝对成就自己帝业的江都故旧要有所表示，看一看江东父老。正因为如此，他还专门带上了陈后主的遗孀沈婺华一同巡游。

即便在以后的几次南巡中，炀帝也没有忘记带上这位出身高贵、谨守礼法的亡国皇后，其用意自然是为了笼络江南人，安抚江南士族。

大业元年（605 年）十月，炀帝在江都宣布大赦江淮以南，扬州免除租赋 5 年，旧总管内免除租赋 3 年。

大业二年（606 年）年初，炀帝盛张礼仪，纳陈后主之女陈婤为贵人，并特意诏回灭陈后被文帝流放至边远地区的南陈皇室子弟，量才录用。陈氏子弟由此翻了身，之后当官的也有很多。据统计，大业年间陈宗室子弟当县令的有 21 人，郡守、通守有 7 人，郎官 4 人，卿 5 人。后来史臣将南陈子弟命运的巨变归功于一女子的得宠。炀帝纳陈婤是政治联姻，这一举动显然大大改善了大隋皇室与南朝人士的关系，使旧陈遗氏感恩戴德。由此来看，这对融合南北士人、维护国家统一具有深远的意义。

值得一提的是，炀帝在江都对典章文物、制礼作乐特别重视。巡游江南之前，他在显仁宫召见何稠，布置了一项重要任务，他对何稠说："皇帝继承大业，天下承平，然而朝中服饰规章等物失缺太多。此次巡游，爱卿不用随驾同行。朕命你在观文殿寻找研究各种图书典籍，制定车服仪仗等级，绘出图样之后再送到扬州。"

何稠受命后，一头扎进观文殿的藏书室里，查阅图书典籍，并参照古今制度，精心制定车舆辇辂、皇后卤簿、百官服饰及宫廷仪仗规章。仅皇上出巡仪仗中的黄麾就有 36000 人。所有设计等级极为华贵气派，何稠分门别类一一绘制了图样，赶在新年送到扬州，也算是为炀帝献上了一份新年贺礼。

何稠来到炀帝面前，命人打开一只大木箱子，只见里面装着一卷卷彩绘图样。他从中取出一卷展开，炀帝立即被上面五彩缤纷的画面所吸引，连声夸赞道："美，实在太美了！"何稠收起那张图画，展开第二张，只见上面画的是一辆五辂，他向炀帝介绍说："陛下，按照前朝旧制，五辂在辕上设置厢座，天子与参乘同坐厢内。可是臣以为，君臣同坐，有失尊卑之序。所以，臣在早先的五辂基础上做了一些改变。陛下请看，现在的五辂车盘加宽了，车厢中只设有御座，天子独居，厢外制作栏楯，侍臣站立其中，君臣等级有别，彰显天子威仪。"

"好！"炀帝高兴地说，"爱卿考虑得如此细致周到，设计别具一格，真是奇才！"之后，他转向下面的文武百官说："众爱卿，何大人才思敏捷，不拘泥于前制，敢于推陈出新，正是百官的榜样。"说完下令提升何稠为太府卿。

何稠忙叩头谢恩。炀帝又吩咐他说："朕到扬州已经快三个月了，本打算五月返回，不再走水路，改走陆路。这些辇辂仪仗、百官服饰必须加快赶制，另外再造戎车万乘，钩陈八百，完工后一并送来。"

何稠听了，不解地问道："陆路遥远而且颠簸崎岖，陛下为何放弃舒适的水路而改走陆路呢？"

炀帝回答说："朕此次巡幸江南，为的是让天下百姓来瞻仰朝廷的盛世威仪，若来回同走一道，声势太小。由陆路回京虽然辛苦一些，但若能宣教风化，朕也在所不辞。朕已传旨要四方诸国的元宵朝贺改为五月，时间已经不多了，爱卿可有为难之处？"

何稠忙回答说："皇上重托，臣当然不敢违抗。不过，制造事宜须有三个条件才能如期完成：第一，必须有足够的金银。臣大约算了一下，花费在亿万两白银之上。"

炀帝非常慷慨地说："银两的事情爱卿不必多虑，需要多少，只管报来就是。"

何稠又说："第二是工匠。这个倒不难，只要陛下一纸诏令，调集各类工匠20万足够。至于第三件嘛，倒是有些难度。"

炀帝爽快地说："是什么条件，爱卿说来听听，朕一定想办法满足你。"

何稠答道："陛下，臣所设计的仪仗服饰，需要大量色泽不同的鸟禽羽毛，而府库中积存量小，只能到民间采集。可是时间紧迫，恐怕一时难以采集到那么多。"

"原来是为了这事。"炀帝松了口气，"这个你放心，只要朕一道圣旨，保证应有尽有。"说完，他吩咐内侍笔墨侍候，写下一道圣旨，诏令各州县进贡各色鸟禽羽毛，各州县长官务必向本辖区内百姓摊派，限期完成，逾期依法治罪。

为了制作华美的羽仪，炀帝不惜消耗不计其数的金银钱帛，连鸟兽的毛都剥了个精光。据说乌程县有棵很高的树超过百尺，树周围没有可以攀附的枝桠。树顶有鹤巢，有人要上树捉鹤，但因无法攀顶而要将树砍倒，鹤担心伤及幼仔，就把自己的羽毛拔下来扔到地下。当时还有阿谀奉承者称这是吉祥之兆，说："天子制作羽仪，连鸟兽都来贡献自己的羽毛。"这虽是传说，但足以看出其扰民之深。

大业二年（606年）三月十七日，炀帝从扬州出发，前呼后拥，仅仪仗就排了整整20里。四月二十七，炀帝大驾光临伊阙，即正对洛阳的龙门，在这里换乘法驾入城。所谓法驾，就是天子在盛大典礼上所乘坐的车辆，法驾的前后都有战车和骑兵跟从。这可称得上洛阳历史上的第一个纪念日，洛阳建城应该就是从这一天算起的。

四月二十八，炀帝登上端门，也就是皇城的正南门，检阅新洛阳城的军队，并向臣民宣布大赦天下——假装释放监狱中的犯人；免除本年度全国所有的租税；凡五品以上文武官员都可乘车，五品以上朝见一律穿紫色，可以佩带苍玉；武官戴帻，也就是用丝巾裹头，留出中间头发；穿袴褶，也就是骑兵用的服饰，武官的马则用海螺做的雪白勒口。

三、太子与杨素之死

就在炀帝为住进新宫而欢欣鼓舞之时，他的长子、年仅23岁的元德太子不幸于大业二年（606年）七月二十三日在洛阳行宫病逝。紧接着第二天，尚书令杨素也在他的东都宅子里一命呜呼！

太子和太子太师接连去世，事情纯属巧合还是另有隐情，引起了不少猜疑。杜宝在《大业杂记》中说，太子和杨素死前曾到皇宫出席宴会，炀帝非常忌恨杨素，于是下令在杨素酒杯里下毒，但传酒的侍者不知道酒中有毒，结果把毒酒误传给了太子。太子饮了毒酒，三天后毒性发作，吐了二斗血，叹息道："怎会料到让我代替杨素去死，难道这也是天意？"几天后太子就去世了。宫里人听说杨素一切正常，才知道是太子误饮毒酒，但却不敢说出真相，接着杨素也中毒身亡。但司马光对杜宝的记载持怀疑态度，认为它是街谈巷语不足为据。不过，《资治通鉴》中提到，炀帝听到儿子去世的消息，只是哭了数声又照样欣赏音乐，好像什么事也没有发生。这种说法与炀帝的性格是很不相符的。而《隋书》关于元德太子的记载极为简单，对于他们父子关系的记录也只有寥寥数语。

元德太子大名杨昭，史书上没有他的字和小名。杨昭出生于开皇二年（582年），也就是炀帝和萧皇后成婚当年。杨昭小时候是由文帝和独孤皇后抚养长大的，这也许是造成炀帝和儿子感情疏远的重要原因。

《隋书·元德太子传》中除了虞世基起草的辞藻华美的讣告，有关杨昭生平仅用了不到300字，但却记录了太子童年时的一些趣闻，比如说杨昭3岁时在玄武门石狮子边上玩耍，文帝和独孤皇后向他走过去，文帝因为闪了腰，走路时用手扶着独孤皇后的肩膀。小孩子大概很少见到男女之间勾肩搭背的行为，居然知道害羞，赶忙躲到狮子后面，接连伸出头来看了几次也不肯出来。文帝大为感慨，夸赞杨昭天生就懂礼教，没人教他就如此懂事，从此对他更加喜爱。

文帝有一次和杨昭开玩笑说要给他找个好媳妇，杨昭听后却哭了起来。文帝问他为什么哭，杨昭说，汉王没有娶媳妇时和皇帝皇后住在一起，娶了媳妇就再也不能住在宫里了，自己不忍和祖父分开住，所以才会忍不住哭起来。杨昭大概比汉王杨谅小8岁，杨谅和父母分居应该在杨昭六七岁的时候。

杨昭12岁时被封为河南王。仁寿年间，杨广当上了太子，杨昭改封晋王，兼内史令和左卫大将军，三年后转雍州牧，这只是用来给皇子见习的岗位，炀帝十五六年前也曾干过。杨广即位后，很快去了洛阳，杨昭则留守长安。大业元年（605年）正月，炀帝在洛阳行宫立杨昭为太子。

杨昭武艺高强，能拉强弓硬弩，待人接物又非常谦和。他从来不对下人发脾气，若到了实在不能容忍的地步，也顶多会说："太不应该。"他用餐不许摆很多菜，器具也极为简朴。臣子家里凡有老父老母者，杨昭总是亲自询问老人的健康，过年时还不忘给这些老人送份礼品。杨昭的节俭也许是从小受文帝和独孤皇后教诲的结果，而他温和谦逊的性格或许是得自母亲萧皇后的遗传。但杨昭的秉性与炀帝相去甚远，父子俩好像不是很谈得来。

大业二年（606年），杨昭到洛阳朝见父皇，估计曾出席四月的入城仪式。他只在洛阳待了几个月，炀帝就要打发他回长安。因为洛阳有很多亲近的亲戚朋友，杨昭想再住些时日，于是就不断地去皇宫请求炀帝恩准。杨昭长得肥胖，洛阳六七月的天又特别热，来来往往受了劳累就得了病。炀帝见太子得了病，赶忙给他找巫师医治，巫师去行宫看后说是房陵王在作祟，房陵王就是前太子杨勇。这样一来，杨昭的死因便被归罪在了已故太子杨勇的身上。

杨昭死后，炀帝让内史侍郎虞世基写了篇文，给了个谥号"元德"，一个月后又封他的三个儿子为亲王，也算是对他的一点安慰。

既然元德太子不是死于毒酒，那么，杨素的死亡谜团也就不难解开了。从史书上看，杨素属于正常死亡，也许是年岁已高，随炀帝下江南回来的路上感染了风寒，所以才会一病不起，但炀帝提防杨素也是事实。

作为炀帝的左膀右臂，杨素对炀帝登上帝位起了很大作用。即使在炀帝上台以后，杨素仍在发挥重要作用，杨谅兵变是他平定的，修建东都担任正监的是他，大业元年（605年）炀帝的侄子杨纶犯法，最后的判决也是由他作出的。仅仅3年，杨素就升官三次，大业元年（605年）二月任尚书令，在此之前还没有人坐过统管六部的尚书令的椅子。杨素后来又连连获得太子太师和司徒的殊荣。隋朝的大臣论功绩、论才干、论地位、论赏赐，谁都无法和杨素相比。那么，杨素后来为何会遭到炀帝的厌弃呢？

东都皇城刚刚建成的时候，炀帝非常满意，他一时高兴，便召杨素过来一起在积翠池边垂钓。杨素监造皇城有功，陪皇上钓鱼也是一种特殊的荣誉和奖赏。

时值正午，骄阳当空，积翠池边只撑了一把阳伞，炀帝坐在伞荫下，杨素却一直处于阳光的曝晒中。幸好当时是春末夏初，阳光还不太毒辣，但时间长了也让人觉得燥热难忍。君臣二人相距数尺，用着同样的钓竿、同样的鱼饵，杨素这边不断地有鱼咬钩，而炀帝的鱼漂立在水中却半天也不见动静。

不到一个时辰，杨素面前的铁桶里就装满了鲤鱼、鲫鱼，因为鱼太多，桶里的水都被鱼搅得快要溢出来了。再看炀帝那边，桶里依旧半尺清水，空空如也。

很快，杨素的鱼漂又被向下牵动，他小心翼翼地拉起钓竿，发现是一条鲤鱼，只是太小了，顶多4两重。杨素嫌鱼太小，便将鱼扔回池中。炀帝正为没有钓到鱼而闷闷不乐，看到这种情况，心中很是不悦，便以天热为由起身走了。杨素没有在意炀帝的表情，遂又移到阳伞下继续垂钓。片刻，一个内侍过来把阳伞取走，杨素知道炀帝不会回来了，于是也起身回家。杨素的儿子杨玄感得知此事后，责备父亲不该比皇帝钓的鱼多，杨素却不以为然。

还有一次酒宴，气氛非常热烈，群臣百官都喝得很尽兴。宴会快结束时，炀帝意犹未尽，又让内侍传旨：在座百官都到殿外校场，皇上赐群臣竞赛骑射。王公以下，每人赐射三箭。三箭全射中红心者，赏锦袍一件；三箭都未能射中红心的，罚酒三大杯！

杨素一向以箭法出名，对炀帝的赏赐心动不已，便打算露一手。但炀帝却以杨素年事已高为由不让他射箭，杨素心中不服。这时，朝中名将麦铁杖提出要射箭，当即得到炀帝准许。

麦铁杖骁勇且有力气，十八般兵器样样精通，腿脚灵活，尤其善走，日行500里，能追上奔马。最初他在江湖为盗，后来投到杨素帐下。平定南陈的第二年，一些南陈旧部在江南聚众叛乱，杨素奉旨率部前去围剿。有一天，杨素派麦铁杖头缚草束伪装，半夜里游过长江，刺探叛军情报。麦铁杖成功地将军情带回帐中。但他再次渡江刺探贼情时，却被叛军俘虏了。叛将把麦铁杖绑了，派几十个人将他押往主帅大营。走到半路时，押送他的士卒停下来休息吃饭，麦铁杖装出一副饥饿难忍的可怜模样。士卒们不忍心，就解开他的双手，给他饭吃。麦铁杖趁机夺刀，杀掉押送士卒，逃了回来。杨素很佩服麦铁杖的骁勇，可是等到平叛获胜，上表请功封赏时，他居然把麦铁杖给忘了。班师回朝时，杨素骑快马走在前面，麦铁杖步行追上，之后夜夜在杨素帐前宿卫。最后，杨素终于想起忘了给麦铁杖请功。回到长安，他又特奏文帝，授于麦铁杖车骑将军一职。

麦铁杖来到骑射场内，自恃箭术高强，放弃骑马而步行，一边奔跑一边射箭，他连射三箭，均中靶心。炀帝看了十分高兴，正要将锦袍赏赐给麦铁杖，没想到杨素不服气地站出来要和麦铁杖比试。结果，杨素以左右开弓的方式取胜。炀帝见杨素如此骄狂，表面上虽然没有表现出来，心中却很不高兴，他仍然将锦袍赏赐给了麦铁杖，而将一套精致的金盘和食具赏赐给杨素。

比武之后，炀帝回到皇宫，有秘书监①禀报说天象有变，昨夜彗星扫翼轸天区，乃不祥之兆。彗星在民间被称为妖星，翼轸天区分野在南方荆州，属于南方楚地。按星占之术的说法，地上各州郡邦国都和天上一定的区域相对应。既然在翼轸天区出现了妖星，那么灾难一定就会降临到那里。炀帝十分惶恐，问此凶兆预示着什么。秘书监回答说："翼轸星宿在荆州之上，是楚与隋分裂的前兆，如果不趁早防备，后果将不堪设想。"炀帝此时正对杨素不满，有意让他当替罪羊，于是便先封杨素为楚国公，准备以后再想办法除掉他。

杨素受了封赏，高兴万分，大摆宴席以示庆贺，并将皇上赏赐给自

---

① 秘书监：古代官名，东汉始置，属太常寺，典司图籍。

己的金盘和食具展示给宾客观看。酒宴散后，杨素的诗友薛道衡找到杨素，提醒他不应该这么张扬，以免引起皇上的猜忌。这时杨素才道出实情，说自己早已看透了皇上的心思，将他封为楚国公不过是想让他当替罪羊罢了。他之所以大摆宴席进行炫耀，也是大智若愚，以免皇上看出破绽，可以多活几天。

因为受到炀帝的猜疑，杨素从此提心吊胆，郁郁寡欢，身体一天天地衰弱下去。炀帝得知杨素身体不好，以关心为由派御医去给他治病。御医到了杨素面前，随便问了一下便留下两包药走了，杨素命人将两包药投入水池之中。他的儿子杨玄感十分不解，问其原因，杨素解释说，医生给人看病必定把脉，这个御医只问了几句便留下药，肯定是受了皇上的旨意提前备好，要置自己于死地。杨玄感听后恍然大悟。

之后，杨素下令府中再也不许为自己煎任何药，他知道自己的名望和地位已到了极限，不想谨小慎微地活下去了，经常对弟弟杨约说："我难道还要活下去吗？"

杨素死后，炀帝追赠他为光禄大夫、太尉公及弘农、河东、绛郡、临汾、文城、河内、汲郡、长平、上党、西河等十郡太守，谥号"景武"，赐给他载丧的辒车、为他执斑剑的仪仗40人，以及辒车前后的仪仗队和乐队，还赐给谷子小麦5000石、织物5000段，派鸿胪卿专门监督办理丧事，并下诏书表示哀悼。

第九章 扬威四方

一、北上突厥

宋人叶适说"炀帝是以巡游亡天下",而唐太宗也对炀帝的巡行定下过基调,他说:"隋炀帝广布的宫室是为了巡行天下,从西京到东都,离宫别馆接连不断,就连并州、涿郡(今河北涿州)也都修建了宫殿。"还说炀帝巡行用的驰道——也就是国道,宽度足有百步,路的两边都种有树木,弄得老百姓疲惫不堪,最后这一切却都不为他所有,由此可见喜欢巡行实在不是件好事。

炀帝确实喜欢巡行,用现代的话说,他大概算是个热衷旅游的发烧友。他做皇帝 14 年,算起来在长安待的时间还不到 1 年,在洛阳不超过 4 年,他最后的时光都是在江都度过的,三次下扬州累计 4 年多。把这三处的时间加在一起,总计也就是近 10 年的光景,剩下的四五年全都消耗在他来来往往的巡行路上了。像他这样年年都要外出巡行的帝王,确实很难找出第二人。

炀帝巡行,后世多着眼于他三下扬州游山玩水,其实还有五次是巡行北疆和西疆,这些地方无论气候条件还是地理环境,都不适合进行休闲性的观光游览,那么他兴师动众、劳民伤财地跑去做什么呢?我们只需看看隋朝统一后,南方出现大规模的起义,以及启民可汗死后突厥对中原的进犯,就知道事情没有那么简单。

炀帝第一次巡行是去北疆。大业三年(607 年)三月,炀帝从东都洛阳回到西京长安，经过一番准备，四月十八日，炀帝从京师出发，开始进行他的视察之行。此次北巡似乎是对突厥可汗的回访，预定路线是先到达榆林，由此出塞，然后穿过突厥人放牧的草原，再从塞外进达涿郡。

炀帝这次巡行很像一次军事演习，随行的军队有甲士50万、马10万匹。如此大规模的行动必然会给地方带来骚扰，所以一出发便出现了沿途踩踏庄稼伤农的现象。四月二十日，炀帝下令军队不得践踏沿途庄稼，若因开辟道路而毁坏农田，由附近官仓按实际损失从优赔偿。

五月初九，突厥启民可汗的儿子拓特勒受父亲的派遣前来朝见中原皇帝。五月初十，炀帝下令征集十郡民夫修筑太行山到并州的通道。五月十八日，启民可汗又派侄子毗黎伽特勒迎驾，五月二十三日再派使臣亲自出塞迎接大隋皇帝，但炀帝没有同意。

六月初四，炀帝的车驾到了连谷（故治在今陕西神木县北黄羊城），这里是陕北和鄂尔多斯草原结合的地区，炀帝兴致勃勃地在那里打猎。六月初，炀帝忽然想到了父亲在世时只立了一座四亲庙，把高祖、曾祖、祖父和父亲杨忠供在同一座宫殿的不同房间。路上，炀帝找了几位专家咨询，认为秦代焚书坑儒典籍散失，庙堂的制度各不相同，现在应该给父亲独立修座庙宇。其实，他也是在为自己以后独立修庙做打算。大业二年（606年）年底，他下了道诏书，要给前代的帝王修葺陵墓，并免除附近士户农民的杂役，让他们负责守护陵墓，但却将给父亲修庙的事情忘了。

六月十一日已是盛夏，炀帝浩浩荡荡的队伍来到了榆林郡城，从长安出发至此已经走了将近三个月，他要在这里接受草原贵族的朝拜。六月二十日，启民可汗和义成公主赶到行宫，进贡了3000匹骏马，炀帝回赠12000段绢帛。

六月二十七日，炀帝登上黄河边上的城楼观看渔人捕鱼，并在城楼上设宴招待随行官员。宴席上，炀帝与群臣议论出塞后几十万大军如何行军的问题。太府卿元寿[①]建议，应该仿照汉武帝出关旌旗连绵千里的声势，在皇帝御驾前后可分为 24 军，每天派一军出发，每军相隔 30 里，这样就可以形成旗帜相望、钲鼓相闻、首尾相属、千里不绝的盛景。前来朝见的周法尚[②]则反对元寿的意见，认为把军队分散于千里长的战线，一旦有了险情根本无法进行防御，结果就是几十万大军四分五裂；再者，由于距离遥远，一旦大本营出了事，首尾也不得而知，即便知道也来不及救援。这种队形虽然汉代有过先例，但却将导致失败。

炀帝原本觉得元寿的主意不错，不料却被周法尚泼了盆冷水，心里难免有些不快，便问："你的意思应该如何？"

周法尚回答："应该排成方阵，四面担任防卫，把内宫和百官家属都放置在中间。万一有特殊情况，受攻击的一面就要担负起防御的责任，然后从阵中调动奇兵到外面攻击，把战车作为壁垒设置工事。这和守城堡的道理其实是一样的，打赢了就立即发动追击，打不赢还可以屯营固守。"

炀帝被周法尚说服，当即拜他为左武卫将军。

早在这一年启始，突厥启民可汗曾向炀帝提起改穿中原服饰之事，炀帝还以为这是突厥人对新皇帝说的客套话而已，因而没有放在心上。这次榆林朝见，启民可汗又正式递呈奏章，称隋文帝为圣人先帝，说自己过去受到兄弟们的排斥妒忌，孤立无援，向上看只见天，向下看只见地，是圣人先帝可怜他，养活了他，使他什么也不短缺，活得比以前更加威风，还当上了突厥的可汗，让突厥人重新又聚在了一起。他称隋炀帝为至尊，说他像圣人先帝一样拥有天下四方，同样养活了自己和所有

---

① 元寿（549—611 年）：字长寿，河南洛阳人，北周、隋朝将领。其仁孝方直，颇涉经史。隋炀帝时从平汉王杨谅有功，授大将军，迁太府卿，拜内史令，进右光禄大夫，兼左翊卫将军。随征辽东时去世。

② 周法尚（556—614 年）：字德迈，汝南安成（今河南汝南县）人，北周、隋朝将领。其果敢勇毅，有气概，好读兵书。隋炀帝时历任云州刺史、定襄太守、左武卫将军等，曾击败黔安夷人、随攻吐谷浑、东征高丽、平定杨玄感之乱、打败起义军孟让等。在第三次随军东征高丽时还未出发便病逝于军中。

突厥百姓。圣人和至尊养活突厥人的恩德是言语说不尽、无以为报的，所以他今天已经不是旧日边地的突厥可汗，而是至尊的臣民，再次请求允许突厥人能与大隋人穿一样的服装。炀帝把启民可汗的请求交给众人评议，大家都认为应该接受突厥改服的要求，但隋炀帝却表示反对，原因是上古先王建立国家时，夷夏就有不同的风俗。君子教化百姓，并没有要求他们改变自己的风俗。断发文身也好，皮裘褰衣也好，都应该让他们按照自己的习惯生活，这样才能够弘扬大道。强行改变服装的做法，一点也不符合天遂人意的道理，更加称不上是气度远大的举措。服饰的不同才能区别文化的差异，人群有别才能体现天地之有情愫。因此，炀帝吩咐手下给启民可汗回信说："草原上还没有完全安定，还需要你去奋力征战，只要能好心孝顺，何必在乎衣服的变换。"

为了让突厥人感受到大隋的强大，炀帝命工程专家宇文恺建造了一顶可容纳数千人的大帐篷。七月初七，炀帝亲自在巨帐中设宴款待启民可汗和3500名各部酋长，并将带来的绢帛分赐给众人，仅启民可汗所得就有20万匹。草原上的胡人惊讶于隋朝的强盛，也很感激炀帝的慷慨，进献了成千上万的牛羊驼马。

炀帝用绢帛换了突厥人大批牛羊驼马，又在宴席上把启民可汗对大隋的忠诚大大夸奖了一番，并赐给他军乐旗帜，特许他朝拜时可以不用报自己的名字，把他的地位摆在了诸侯王的前面。

七月，炀帝一直待在榆林，这里距启民可汗的牙帐只有三四天的路程。启民可汗从榆林回到自己的牙帐后，才知道炀帝要率领大军出塞巡行草原。为了不使突厥人对隋军的大规模行动感到惊慌，炀帝事先派长孙晟提前几天告知启民可汗隋军的动向。启民可汗立即把部下的酋长召集到自己的牙帐，听长孙晟宣读诏书。长孙晟读完诏书，见牙帐四周长满了野草，故意对启民可汗说："这草根特别芳香啊！"启民可汗以为此话是真，拔了棵草放在鼻子旁嗅个不停，憨厚地说："闻不出香味啊！"长孙晟无奈地说："天子巡行，诸侯应该亲自打扫，清除路上的杂草，以表示对天子的尊敬。现在我看到满地野草还以为是什么香料呢。"启民可汗这才明白这个比他先开化几代的鲜卑人话中有话，谦卑地说："奴才有罪，奴才的骨肉都是隋朝天子赐的，哪里敢不为皇上效犬马之劳，只因我们边塞的人不通法度，幸亏有了长孙将军的指点，将军肯点拨真是我的荣幸。"

金秋八月，草原上天高云淡。八月初六，炀帝离开榆林，前往启民可汗所在的大利城（今内蒙古清水河县）。隋朝大队人马排列成周法尚所说的方阵行进。宇文恺的两项发明这时也在草原亮相。一项是观风行殿，这个观风行殿到底是什么样子，史书上没有详细记载，《隋书·宇文恺传》只说"其下有轮"，可见能行驶靠的就是轮子；又说"上容侍卫数百"；最后还有一句"离合为之"。根据描述，估计这是一辆可以拆拼的大车，但使其移动所用的是人力，所以也就快不到哪儿去。另一项发明叫行城，也属于组合式建筑，周长 2000 步，以木板为框架，外面蒙上涂了颜色的彩布，突厥人见了以为隋军有神灵相助，10 里之外望见行城便赶忙下马磕头。

八月初九，启民可汗带领归他管辖的各部落酋长在大利城牙帐恭候炀帝大驾光临。炀帝进了可汗的帐篷，启民可汗恭敬地给他进酒祝寿，突厥的贵族都在帐前"袒割①"，谁也不敢抬头仰视隋朝的皇帝。

炀帝见自己陈威塞外、威震北疆的目的得以实现，心中十分高兴，当即赋诗一首：

鹿塞鸿旗驻，龙庭翠辇回。

毡帷望风举，穹庐向日开。

呼韩顿颡至，屠耆接踵来。

索辫擎膻肉，韦鞲献酒杯。

如何汉天子，空上单于台。

---

① 袒割：袒露右胳膊而割切牲肉，是古代天子敬老养老之礼。

这首边塞诗没有凛烈的边塞气氛和激烈厮杀的战斗场面，取而代之的是边塞的和平和民族之间的友好场面。在炀帝看来，当初的汉天子也不如他，谁能像他那样作为汉人的天子，来到北方的游牧民族可汗的军帐内？确实，自秦汉以来，中原的汉王朝与北方游牧民族之间的战争从未停止过，即使强悍如汉武帝，沉重地打击了匈奴，但也没有从根本上解决"胡患"，更没有中原王朝的天子能够君临边塞的盛大场面。

二、南探琉球

在隋朝，琉球并不是指今天的琉球群岛，大多数历史学家认为它是今天的台湾，但也有人持不同意见。不管后人怎么认为，炀帝确实派人对一个叫琉球的岛屿进行了探险，并且得到有关琉球的详细报告，这些报告材料后来被载入正史，一直流传到了今天。

琉球首先是被何蛮等福建海师发现的，据这些航海者说，每年的春秋季节都可依稀看见东面海上有烟雾之气，他们猜想在几千里外的海上可能有人类居住的岛屿。大业元年（605 年），何蛮的发现被传播开了，引起了炀帝的重视。

大业三年（607 年）三月初三，炀帝从洛阳回到长安，两天后，他下令让羽骑尉朱宽出使琉球国。史书上的这段记载，很有可能是朱宽回来之后补记的，朱宽出使之前只知道海上可见人烟，不可能知道那里有个叫琉球的岛国。朱宽前后去了三次，前两次船队由他率领，海师何蛮领航。最后一次领队的是武贲郎将陈稜和朝请大夫张镇州，按理说朱宽也应该陪伴同行。

据朱宽他们带回来的消息，琉球位于建安郡（县治在今福建建瓯市一带）的东面，船在海上要走五天才能够到达。海岛上有许多山洞，岛上的人都住在洞穴之中。琉球的国王姓欢斯，名叫渴刺兜。土著们不知道国王家族从何而来，也不知道他们统治了多少代，大家都称国王为可老羊，称国王的妻子为多拔茶，而国王所住的山洞则称为波罗檀。波罗檀的外面有三道栅栏、三道壕沟，沟中有水流过，栅栏上布满了荆棘。朱宽他们看到国王的洞穴大概有 16 间屋子大小，洞里雕梁画栋，雕的是相互争斗的禽兽，刻的是类似橘树的植物，枝繁叶茂，树枝如头发般下垂。国王手下还有四五个元帅，统领着各个洞穴的小王，比小王更小的官叫鸟了帅，往往由善战的人担任，管理一个村子的事务。

岛上的人不论男女都用白苎麻缠头发，从头颈后面一直缠绕到前额。男人用鸟的羽毛作冠，上面还配着珠贝和红色的羽毛，但头冠式样却是各种各样的。女人戴的是罗纹白布方形帽。他们穿的服装是用皮革、彩色的苎麻和各种毛料裁制而成，颜色十分鲜艳，衣服上装饰着小贝壳，走起路来会发出玉佩似的声响。妇女颈上戴着各式各样的项链。男女都戴着用藤编织的斗笠，斗笠上用的是飞禽的羽毛。他们也有刀、矛、剑和弓箭等，但因为缺少铁器，所以刀刃都特别薄，刀也很小，常用石器骨器来代替。朱宽他们最感兴趣的是岛民用苎麻编织而成的铠甲，还有用熊皮、豹皮做的戎装。朱宽曾带了一副布甲回来，把它作为礼物送给炀帝。

琉球王出行乘坐的是一种木制的装有兽形座位的轿子，由左右抬着上路，小王也乘这种兽形轿子。岛上的人都喜欢争强好胜，个个动作矫健、行走如飞。岛上的每个洞都不为他洞统属，发生战争时也不会相互支援。两方交战一般是推选三五个人出阵，边跳跃边咒骂，然后射箭，如果不能取胜则全队都会败退，然后派人去向对方求和，收取战死者的尸骨……

琉球岛上不收赋税，只在有事的时候才向大家摊派，刑法也没有成文规定，都是临时商量决定的。罪犯都交由鸟了帅处置，如有不服者可向国王上诉，国王则请大臣集体量刑。岛上的监狱没有脚镣手铐，只用绳索捆绑犯人。他们执行死刑时，用一根筷子般粗细的铁钎来钻犯人的头颅，轻罪则用杖刑。岛上没有文字，人们根据月亮的圆缺计算日子，根据花草的枯荣定年岁。

岛上的人高鼻子、深眼窝，极像西域胡人。父子同床，男人的胡须和体毛都除得干干净净，女人的手背都有虫蛇花样的文身。琉球人的婚姻通常以酒菜和珍珠贝壳作为聘礼，男欢女悦即可结为夫妻。妇女生孩子会吃婴儿的胞衣，生育后要用火炙，直到出汗，五天后便可下床。岛上人用木槽取海水晒盐，用树木取汁作为饮料，用米酿很淡的酒，吃饭时不用筷子，习惯用手抓。偶尔得到珍稀美味，首先要孝敬尊长。宴会时，必须等喊到自己的名字才能饮杯中的酒，给国王上酒也要呼国王的名字，然后大家举杯齐饮。这种习俗和突厥十分相似。集会时唱歌跳舞，由一人领唱，众人相和，抚女子的手臂摇着手欢舞。岛上人要死了，断气之前就被抬到屋外，死后亲朋好友哀哭，将尸体洗净，缠上白布，裹上芦苇，直接埋在土里，上面不起坟。父亲死了，儿子几个月不吃肉食。

岛上还有熊罴豺狼等野兽，家畜中数猪最多，但没有牛羊驴马。那里的田尤其肥沃，先放火烧然后灌水，用石器农具翻耕。田里适合种植水稻、高粱、黍子、芝麻、大豆、赤豆、胡豆和黑豆；木材有枫木、樟木、松木、楠木、杉木及竹子、藤；果树和江南相差无几，气候和岭南相似。琉球人信仰山神和海神，祭祀神灵用的是米酒。战争时杀俘虏来祭神，或者在树林里建小屋堆俘虏的骷髅，或者将骷髅挂在树上。国王住的地方堆放部落人交来的骷髅，堆得越多，说明本部落越骁勇善战。一般人的房子也都把兽骨和兽角悬挂在门上。

朱宽第一次去琉球时，因为语言不通，无法进行交流，只是掳了一个土著人就回来了。大业五年（609 年），炀帝命朱宽再去召琉球人前来朝贡，但遭到岛人的拒绝，只带回了几副布甲。朱宽回大陆后，遇到了倭国使者，才知道琉球人隶属邪久国。同年，陈稜等率军攻打琉球，从义安出发，先到高华屿（今澎湖列岛西之花屿），两天后到达今天的澎湖列岛，再经过一天到达琉球。在陈稜的船队中有南洋来的人随行，其中有个昆仑国①的人懂得琉球人的语言，他向琉球人说明了炀帝的意思，但琉球人依旧不肯投降。于是，隋军对岛上土著人发起攻击，一直打到琉球王所在的都城。琉球人敌不过，被隋军焚烧了许多房子。最后，陈稜抓了几千名岛上的人返回。从这以后，大陆和琉球又中断了往来。

炀帝当时只是想让遥远的岛国臣服于自己，但没有达到目的，不过，通过这几次登岛，隋朝也对琉球有所了解。

三、发展文化事业

在发展外交的同时，炀帝也没有忽略隋的文化及内政。大业元年（605 年）闰七月十八日，他在巡游江都之前，在东都洛阳颁布了兴办教育、拔擢人才的诏令，把兴学作为教化民众、移风易俗的最重要措施。

这道诏令追溯了教育发展的历史，谈到了魏晋南北朝因战乱而荒废学业的情况，强调统一王朝要有全新的教育，思弘大训，尊师重道，以及兴办学校，奖掖人才。这是一个令莘莘学子备感振奋的诏令。

当然，兴学并不是一纸诏令就能解决的问题，需要种种有力的措施。那么，炀帝在兴办教育方面做了哪些事情，成效又如何呢？

隋朝的统一，为教育事业的发展提供了有利条件。开皇初年，文帝对教育也很重视。其时河东柳昂上表请文帝大兴文礼教化。文帝阅后十分赞赏，于是下令从京师到州郡，都要按照皇帝的旨意学习文化礼教。当时隋开皇官制序列中有国子寺，是专管文教事业的独立机关，设祭酒一人为主管，属下有主簿、录事各一人，统领各官学。这可以说是我国历史上设立专门教育行政部门和设置专门教育行政长官的开端。朝廷官

---

① 昆仑国：南海诸国的总称，原指位于中南半岛东南之岛国。至隋唐时代广指婆罗洲、爪哇、苏门答腊附近诸岛，乃至包括缅甸、马来半岛。系随昆仑人之蔓延移居而扩大。为我国广州与印度、波斯间航路之要冲。昆仑国种族相当于现今之马来人种。

办学校除国子学、太学、四门学外，还设有书学、算学和律学，这些都是专科学校教育的新创举。另外，太医署也招收生徒传授医术。

然而，当时官学教育的质量普遍很差。开皇九年（589 年），文帝称生徒对经书没有独特见解，究其原因，是教训不严格，考试不精深。到仁寿元年（601 年）六月十三日，文帝又认为诸生多，但是有才干的人少。于是，他采取严厉措施，命国子学只留 70 个学生，改国子为太学，全国唯留太学一所，其余中央和地方学校统统废弃。尽管学者刘炫①上表劝文帝学校不宜废，晓之以理，但文帝仍坚持己见。这就是著名的废学事件。

其实，文帝废学的主要原因是，开皇初年大倡文教，花了很多钱办学，但官学生员徒有虚名，20 多年来学校并未培养出文帝所期望的人才。一生简朴的文帝自然无法容忍学校糜费，断然将其裁减。他的做法可以理解，但多少也有些过分，因为学校应该通过加强管理来提高教学质量，对不精于学、虚度岁时的生员可以开除，而不能因噎废食大规模废除学校。在裁减学校的同时，文帝将化民易俗的希望更多地寄托于佛教，史称文帝在位时，民间佛书多于六经数十倍，这当然不会起到什么好作用。

炀帝即位后纠正了文帝之失，于大业元年（605 年）重新兴办学校。他的文化素养毕竟比文帝高，虽然也推行三教并重的文教政策，但更加重视儒学教育，化民易俗。大业三年（607 年），炀帝将国子学改为国子监，加强教育行政管理。国子监置博士、助教、学生，并下诏征集学行优敏者，给予不同档次的待遇，并按量发给俸禄。地方郡县各级

---

① 刘炫（约 546—约 613 年）：字光伯，河间景城（今河北献县东北）人，隋朝经学家。学通南北经学，精博今文、古文经典，崇信《伪古文尚书孔传》和《伪古文孝经孔传》。对先儒章句多有非议，指陈杜预《左传集解》失误，达 150 余处。所制诸经义疏，为当世士人奉为师宗。

学校也设有儒官，有的学官秩在九品以下，虽然是流外官①，也由朝廷发给俸禄。这一措施使各地的办学积极性空前高涨。在偏僻山区办学校有成绩的，也会受到特别奖赏。这使大业年间的学校教育风气比开皇初年改善了很多，也培养出了大批有用的人才。

出于对儒学教化作用的重视，炀帝继承文帝的做法，竭力抬高孔子及其后代的社会地位。隋学制规定，每岁以四仲月祭奠先圣先师，举行乡饮酒礼，十分恭敬隆重。当然，文帝和炀帝的"儒"都是内法外儒，儒学用于教化但并未用于治国。他们表面上以儒为教，兴学行礼，但都没有施行仁政。所以，不能因隋朝敦奖名教就误把儒学看作其统治思想。

炀帝本人文化程度极高，素好风雅，因而对各种学术也相当看重。在国子监除儒学外，还有史学。如东海人包恺对《史记》《汉书》的讲解，尤为精深。大业中为国子助教研究《汉书》的学者达数千人，足见史学在炀帝执政时期也得到了较大发展。炀帝还下令潘徽与著作佐郎陆从典、太常博士褚亮②、欧阳询③等协助杨素修撰《魏书》，后因杨素病死而未修成。在炀帝的倡导下，国子监统领下的国子学、太学、四门学以及其他专科学校又振兴起来。这些举措顺应了历史潮流，在推进文教事业发展方面作出了突出贡献。

隋统一南北，中央集权的君主专制国家要求意识形态、学术思想的统一，南北学风的合流成为必然趋势。文帝和炀帝对经学进行了两轮大的整治，使经学出现了两期繁荣。文帝对学术的贡献最值得一提的是大兴讲论，倡导自由辩论，由官府出面组织对儒经、佛经的学术论辩。炀

---

① 流外官：官制用语。隋唐两代因袭魏晋以来的制度，将官员等级分为九品，并于每品中设正从两等，四品以下又各分上下，总计为三十阶，此外还有视流内九品。凡在此范围以外的官员，称为流外官。

② 褚亮（555—647 年）：字希明，杭州钱塘（今浙江杭州）人，唐初十八学士之一，喜游名贤，尤善谈论。

③ 欧阳询（557—641 年）：字信本，潭州临湘（今湖南长沙）人，唐朝书法家，与虞世南、褚遂良、薛稷并称为初唐四大家。

帝也继承了这一学术政策，并将辩论场所由国子监迁到内史省，命天下儒术士都到内史省集会，一起讲论，展开争鸣。这种辩论求同存异，对统一歧义滋生的南北经学有着显著的效果。当然，辩论的目的在于统一，而不是继续发生纷争。炀帝招来四海八方的明经儒士，在大国子监和太学大摆讲席，欢迎辩论。在他的倡导下，这种演讲儒家经典的活动空前盛行。隋唐经学的统一，从本质上讲是南学压倒了北学。这一发展的关键时期正是炀帝在位时。炀帝即位前在江都受南方学风熏陶，即位后虽包兼南北，但更注重南学，于是以自己的政治影响力推动了南学对北学的统一。

隋朝还广泛搜求遗书，并组织学者对经籍图书进行大规模整理，亦是一大文化盛事。隋以前的长期分裂战乱给图书文化事业造成了巨大破坏。隋建立后，广求遗书，整理图籍成为一项重要的文化事业。在那个没有印刷术、没有电脑的时代，所有的书籍文献整理都要靠人一笔一笔地誊抄。在数百年的战乱中，无数人的心血在战火中散失。当文帝灭周的时候，国家图书馆仅有15000卷图书。到文帝去世，经过20年的时间整理，增加到3万余卷。后在炀帝的大力扶持下，增加到37万卷。这个数字蕴含的是华夏文化的传承。

魏晋南北朝时期，佛教、道教广泛传播于民间和各王朝官僚贵族之中，因此隋王朝在思想文化方面一贯施行多元一统、三教并重的政策，就是在尊崇儒学的同时，也弘扬佛道。虽然出现过多次灭佛事件，但时间都很短，佛教很快又得到了恢复。比如北周武帝灭佛，至隋不仅复兴佛法，而且还得到了更大的发展。炀帝信佛但不佞佛，三教并重以儒为先，不仅修功德，更重义理。他更崇尚南方风格的佛教，自认是天台智者大师①的虔诚弟子。他对宗教的政治控制十分重视，在政治统一之后更注重谋求思想意识形态领域的统一。秦汉以来对思想文化实行专制是

---

① 天台智者大师（538—597年）：俗姓陈，字德安，荆州华容（今湖北公安县）人，中国佛教天台宗四祖，也是实际的创始人。

历朝君主的一贯国策，只是方式各有不同而已。相较而言，炀帝在这方面做得最为成功。

四、创立科举制度

炀帝大修文治的突出成就，恐怕要算举办科举，创立进士科。炀帝认为自己当皇帝并不见得是依靠父子血统，若以文才进行考试选举，也非他莫属。这一方面表现出他以才学自负，另一方面也显示了他对科举选士的热心。

作为一种选官制度，科举制选人重在才能，分科公开考试，张榜公布成绩，得官的关键是要通过考试榜上题名。科举制以文辞和经术设科为考查方向，以考到的科第为官。而世卿世禄制重视的是血统，征辟察举制①重视德行，九品中正制②重视门第。与科举在考场见高低相比，其他选官办法都显得不够公平。

炀帝一直很看不起凭借门第高低坐享官职的行为，即位后就继承文帝的政策，着力打击门阀士族。大业初年，通事谒者韦云起上书说，"今朝廷里大多是山东人，自作门户，附下罔上，共为朋党"，并开列了那些以门第而无才学为官的人。炀帝下令严格整改，结果使不少名门子弟流配免官。大业五年（609 年）二月，根据炀帝的旨意，使一部分无功受禄的关陇勋贵武夫也受到沉重打击，其子孙不得再以门荫得官爵。炀帝认为，得官主要应该依靠本人的才能，并着力搜寻才智之人。他在下诏兴办学校、敦奖名教的同时，还选拔优秀学人，以其才能，任

---

①　征辟察举制：征辟，是由皇帝或地方长官直接进行征聘。在秦汉魏晋南北朝时期，这是一种范围广泛而又十分重要的入仕途径。察举，即经过考查后进行荐举，是在先秦乡里举荐制度基础上发展起来的选官制度。

②　九品中正制：指由各州郡分别推选大中正一人，所推举大中正必为在中央任职官员且德名俱高者。大中正再产生小中正。中正就是品评人才的官职名称。大、小中正产生后，由中央分发一种人才调查表，在该表中将人才分为九等，上上、上中、上下、中上、中中、中下、下上、下中、下下。小中正襄助大中正审核后将表呈交吏部，吏部依此进行官吏的升迁与罢黜。

以官职。

大业三年（607年）四月十六日，炀帝下了一道诏书，充分显示了他求贤若渴的心情，他要征召天下贤才，哪怕是垂钓的隐士都可以出来做官，以辅佐自己。诏令称应举的贤才必须德才兼备，表面虽仍以道德为先，实际上更看重的还是才能。炀帝要求地方官依令十科举人，十科是：孝悌有闻、德行敦厚、节义可称、操履清洁、强毅正直、执宪不挠、学业优敏、文才美秀、才堪将略、膂力骁壮。这里德、才各占一半。

科举制度的建立，在人才选拔史上实属了不起的进步，但是，如果认为炀帝通过这个办法选拔出了一大批精明强干的朝臣，那就错了。

首先，那时的科举范围毕竟还很小。大业年间，靠科举入仕的官员满打满算不超过100个，在1万多名官员中还不到百分之一。炀帝的想法是很好的，他埋下了一颗很有潜力的种子，但是当时还远未到开花结果的时候。其次，也是最重要的，炀帝压根儿就不想选拔过于精明强干的朝臣，他对朝臣的要求很明确：要听话，能干实事，交代的事情能够出色地保质保量完成就足够了，绝不要太有主见的臣子。有主见的臣子就会独立思考，会认为上头的命令也不一定正确，因此就会时不时地提点反对意见。

炀帝为人十分自负，特别不喜欢有人跟他唱反调。据说，他曾经告诉亲信："朕不喜欢别人进谏，若是平头百姓也就算了，如果是个富贵之徒靠进谏来沽名钓誉，以求博取更大的名声，那朕就算当时不宰了他，日后也一定不会让他有出头之日！"这是他的致命弱点。

无论如何，经过历史的检验，科举制的确是选拔人才的进步性举措。隋朝以后，历代统治者都采用科举制度来选拔具有才学、见识和能力的人才，将他们安排到各级政府，组成一个强有力的文官系统。科举把读书、考试、当官三者紧密联系在一起，使不少知识精英通过考试当了官，有了做官参与朝政的机会，从而也大大提高了国家机构管理人员的素养。科举又把权力、财富、地位和学识结合起来，造就了中国古代官僚重才重教育的优良传统。通过科举，皇帝和中央朝廷把选官大权抓在自己手中，加强了全国政权的集中和统一。

科举制度一直延续到清德宗光绪三十一年（1905 年）才被终止，对中国封建社会的强盛和稳定发挥了不可估量的重要作用，也为封建王朝的发展注入了强大的生机和活力。

第十章　清除异己

一、因言诛杀老臣

大业三年（607 年），炀帝首次北巡前后用了五个月，走了几千里路，但整个七月他始终待在榆林。之所以迟迟不上路，大概是因为隋军从突厥人那里得到了充裕的食物，而黄河边上的观鱼活动也使炀帝和萧皇后流连忘返，但最主要的原因是，朝臣对是否修筑长城议论纷纷，意见得不到统一。其中，反对修长城的首要人物是高颎、贺若弼和宇文弼三人。

高颎是隋初第一任宰相（尚书左仆射兼纳言），不但在朝廷中位高权重，而且和皇室的关系非同一般。年轻时他被炀帝的外公独孤信收为家臣，所谓"臣"按照突厥人的解释是奴，"家臣"也就是家奴。当时高颎连姓也用独孤，以至于他后来做了宰相，文帝还是称他为独孤公。高颎对主人十分忠诚，独孤信遭宇文护迫害致死，高颎对他家仍然十分照顾。文帝谋取北周政权，高颎是他最先收罗的死党。高颎的妻子是贺拔家的女儿，独孤信和杨忠都曾是贺拔兄弟的部属，大概也是因为这层关系，独孤皇后和高夫人关系很好。高颎还有一个优点是不嫉妒人才，善于与他人合作。建造仁寿宫的时候，高颎循规蹈矩，杨素追求奢华，二人因此结下矛盾。刚得天下，地位不稳，皇帝自然喜欢忠诚且办事妥当的高颎，而一旦国库里多堆了些谷子绢帛，无论文帝还是炀帝，都更喜欢会画最新最美图画的杨素；何况高颎很不巧又是前太子杨勇的亲家，在为皇家劝架时，无意中得罪了独孤皇后，恰恰在这个节骨眼上，与独孤皇后关系不错的高夫人又不幸去世。

　　开皇十八年（578 年）至开皇十九年（599 年），倒霉透顶的高颎麻烦不断，开始是受到老友王世积①案的牵连。王世积很早就看出文帝不能容忍有功之臣，于是整日酗酒不问政事。文帝以为他好酒是得了病，于是把他关在宫中治疗。他谎说病已痊愈，才被放出宫，此后他行事更加小心翼翼。他有个亲信叫皇甫孝谐，被官府追捕，他闭门不敢接纳。结果这个走投无路的罪犯反咬一口，告发王世积曾请道人看相，道人说王世积可以当国主，王世积的妻子可当皇后。于是，王世积被以谋反罪押送京城。在严格的审讯过程中，发现他曾以凉州的马匹贿赂左卫大将军元昊、右卫大将军元胄和左仆射高颎，并说高颎曾向他泄露宫中机密，于是高颎也被逮捕。贺若弼、宇文弼②、薛胄、斛律孝卿③和附马柳述都为高颎辩护，文帝更加愤怒，把他们全都交由官府审讯。这以后谁也不敢出来说什么了。

　　开皇十九年（599 年），根据高颎的下属揭发：高颎的儿子高表仁曾说，从前司马懿就是因为装病才拥有了天下，如今父亲下台也不是什么坏事。还有人揭发说，和尚真觉对高颎说过，明年国家将有大丧；尼姑令晖则说十七、十八年皇帝将遇大难，十九年皇帝难过年。这些都成了高颎企图谋反的证据，但文帝前一年才杀了尚书右仆射虞庆则，这一年又刚杀了王世积，如果再杀威望更高的高颎，很容易引起臣民的不满，于是就夺去高颎的爵位，将他贬为百姓。高颎刚当宰相时，他的母亲就说他的富贵荣华已经到顶，今后若不加以小心，恐怕还有掉脑袋的一天。因此高颎对削职为民毫无怨言，反倒庆幸自己保住了性命。一直

---

　　① 王世积（？—599 年）：陕西靖边人，周隋时期将领。北周末年曾参与平定尉迟迥叛乱，拜上大将军。隋朝建立后，历任蕲州总管、荆州总管、凉州总管，参加过灭陈之战，平定豫章、庐陵、浔阳等郡。

　　② 宇文弼（545—607 年）：字公辅，河南洛阳人，周隋时期大臣，慷慨有大节，博学多通。曾参与灭陈之战，攻打高句丽。隋炀帝即位后，历任刑部尚书、礼部尚书。

　　③ 斛律孝卿：太安人，北齐、北周、隋朝官员。官至太府卿、民部尚书。

到炀帝上台，高颎才被重新任用，这回担任的是太常的长官，一个很清闲的职务。

再说贺若弼，他是隋朝名将，在平陈之役中立过大功，但他争强好胜，口无遮拦，因此对上冒犯皇帝，对下得罪同僚是常有的事。贺若弼这个毛病与他的性格有很大关系，他的父亲贺若敦也是因为爱发议论而被宇文护杀害。贺若敦临刑前将儿子叫来，让他伸出舌头，狠狠在上面咬了一口，然后教诲他说："你父亲就是因为说太多的话才犯死罪，你可要牢牢记住以舌而亡的教训。"祸从口出其实是封建时代的不幸，贺若弼刚开始还是很小心谨慎的。平陈之后，文帝封他为宋国公，给了他3 000户交纳粮食布帛的农户，还赐给他2 000匹的彩缎，外加宝剑、宝带、金瓮和金盘各一，并把陈后主的一个妹妹送给他为妾。贺若弼当上了右武侯大将军，他的兄弟也都被封为郡公。地位高了，贺若弼就渐渐忘了父亲的话，自认为论功劳没有人可自己相他比，论才能自己最有资格当宰相。他批评杨素，也批评高颎，因为不停地批评别人，终于给自己惹了麻烦，进了监狱。文帝责问他说："朕用高颎、杨素为宰相，你竟然敢在背后说他们只会吃饭没什么用，你的意图究竟何在？"贺若弼的回答却是："高颎是我的老朋友，杨素是我的表兄弟，我对他们十分了解，我也确实说过那样的话。"贺若弼和高颎私交一直很好，高颎佩服他的智勇双全，高颎得势时，贺若弼对其并不恭维；高颎有了危难，贺若弼却敢挺身而出。炀帝还是太子时，经常找贺若弼聊天，问他："杨素、韩擒虎和史万岁都是优秀的将领，你觉得他们本领如何？"贺若弼答道："杨素是猛将不是谋将，韩擒虎是斗将不是领将，史万岁是骑将而不是大将。"这些评价确实都很贴切，并不是信口开河。炀帝接着问道："那什么样的人才称得上大将？"贺若弼说："只有太子殿下所选择的人。"意思自然是只有他贺若弼了。贺若弼在文帝的时候不被重用，他在炀帝面前所说的这番话，可能也是毛遂自荐，但炀帝并不喜欢爱冒犯人的大将军。

与高颎、贺若弼相比，宇文弼地位最低，没有多大的背景。他和北周皇室同宗，但周亡的时候以他和皇家的关系，还轮不到进入被清除的黑名单。他是个处理民族问题的专家，与羌人打交道很有一套。文帝在位时，宇文㢸开始任刑部尚书，文帝曾听过他讲解周礼，称赞说，听他一讲好像见到周公、孔子本人。因为并州是朝廷的重镇，并州总管必定是亲王，王府的幕僚都选用最好的人才，王韶去世后，文帝令宇文㢸前去接替，但不久他便因父亲去世回家守孝。炀帝即位后，宇文㢸还是刑部尚书，此次巡行临时改任他为礼部尚书，主要负责处理与北疆少数民族的关系。

这三人都是朝廷元老，年龄差不多，平时又情投意合，旅途中起居都在一处，聚首闲聊的时间比居家时还多。贺若弼原本就喜欢发牢骚，高颎对炀帝的政策也很不满——炀帝要重排北齐、北周上演过的百戏，高颎却认为百戏已经停演了许多年，如果重排，恐怕外行滥竽充数，不能再现其精髓。他私下对太常官员说："周天元就是因为喜欢演戏，结果闹得亡国，这个教训怕是在不久的将来还会重演。"炀帝造千人帐篷款待启民可汗，高颎、贺若弼和宇文㢸三人私下议论，认为这样做太过奢侈。高颎又对工程专家何稠说："启民可汗十分狡猾，对中国的山川地势都十分熟悉，现在朝廷如此优待他，日后他可能会成为中原的威胁。"高颎还对观王杨雄说过"现在朝廷纲纪相当混乱"之类的话。于是有人上奏说高颎毁谤朝政。宇文㢸、贺若弼等认为宴请启民可汗太过奢侈，也被人上奏。但他们三人和炀帝在榆林起冲突，主要原因还是对炀帝提出修筑长城表示反对，而且尚书右仆射苏威也赞成他们的做法。

炀帝为此十分恼怒，大业三年（607年）七月二十九日，他下诏以"诽谤朝政"的罪名将高颎、贺若弼、宇文㢸三人处死，高颎诸子徒边。苏威也被免职。同日，炀帝下诏发动百万劳力修筑西起榆林（今内蒙古准格尔旗东北十二连城），东至紫河（今内蒙古南部、山西西北部长城外的浑河）的长城。

史书上对隋朝修筑长城之事记载并不详细，只是说工程仅用了一旬，大概10天的工夫，就修完了从河套到今山海关的千里长城，还说修长城的人 10 个有四五个死在了工地上。

炀帝采取的可能是胡萝卜加大棒的两手政策。高颎这一辈人是从和突厥对抗中走过来的，他们更多的是非和即战的思维。但如果双方都看到了突厥的潜在威胁，可能就不会有那么多不可调和的矛盾。如果炀帝也很清楚这一点，那么最可能的就是他想要借机消灭他认为不忠诚的人。

不管怎样，至少在启民可汗去世前，突厥和隋王朝一直保持着友好关系，由此可见炀帝对待突厥的政策还是有一定作用的。而在炀帝上台前后，突厥内争和长孙晟的分化策略也使隋王朝的边疆形势发生了重大变化，当时采取新的突厥政策已是必然趋势。

再说三大臣，高颎在文帝时就已被罢官，炀帝上台后才重新起用他；贺若弼不受重用也是文帝时期的事情，他们三人虽然都死于炀帝之手，但制造冤案恐怕不能归责于炀帝一人。

高颎在隋朝当了 20 年宰相，时人对他的评价是很高的：一是说他举荐了许多优秀人才，杨素、贺若弼、韩擒虎都是他推荐给朝廷的；二是说开皇 20 年间，社会的稳定应当归功于他。高颎死后，天下人都说他是真宰相，说他在隋初提出了许多好的政策，只是没有把材料保存下来，所以后人知之甚少。

二、妒杀薛道衡

炀帝时期，除了政治上的反对者必定身首异处之外，政治上的拥护者若稍稍不让他称心如意，也很容易被加以刎颈之诛。

其中，书呆子薛道衡是违背炀帝权力而死得最冤枉的一个。薛道衡在文帝朝以文才久当枢要，满朝文武大臣及诸王都争相与他结交，高颎、杨素也雅相钦重，这也使薛道衡闻名遐迩。但文帝晚年因薛道衡与杨素走得太近，不愿让薛道衡知道朝中的机密，于是就将他放到地方上做官。道别时，文帝说自己像是丢了一条手臂，但薛道衡已经到了暮年，侍候宫中确实太辛苦，下放地方也是为了减轻他的负担。

炀帝嗣位时，薛道衡已经老了，上表请求致仕退休。不久，炀帝召他入朝，打算让他做秘书监，只见他长髯垂胸，却是鹤发童颜、精神抖擞，炀帝很是惊讶，遂向他请教养生之道。薛道衡笑道："陛下，老臣这么多年身居偏远之地，未曾受到喧嚣烦扰，淡泊功名利禄，整天与笔墨古籍为伴，心境和平自然，无焦躁之气。若论养生健身之秘诀，老臣以为这就是。"

其实，炀帝向薛道衡讨教养生之道不过是一句客套话，不料薛道衡却信以成真，这让一向最喜追求功名利禄的炀帝听了心里很不舒服，于是立即改变话题问道："爱卿从岭南而来，一路上可有什么见闻，说与朕听听。"

薛道衡捋了捋胸前长须，回答说："回禀陛下，臣从播州（今贵州遵义市）北上，路上只看到一件事，就是官道上拥挤着不计其数赶着开渠挖河的车辆民夫。听地方官员讲，陛下在全国征调的民夫不下300万了，不知是真是假？"

炀帝点点头说："不错，有350多万。"

薛道衡又问："陛下，臣听说陛下如此举全国之力，是为了修建一条南北大河，将黄河、长江、淮河连接在一起。陛下是不是为了方便乘龙舟沿河而下，游幸江南，以抚慰宣华夫人的思乡之情？"

炀帝被薛道衡一语道破心事，心里很不高兴，但他没有表现出来，只是说："思念故乡，人之常情，老先生难道忘记当年那首《人日思归》了吗？"

薛道衡聪明一世糊涂一时，没有听出炀帝话中之意，又说："人之常情也是大有差别的，陛下为了游幸江南，不惜广征夫役，耗费府库，挖一条南北千里的河道，如此劳民伤财，可是会招致天下百姓的怨言的。"

炀帝听了，哈哈大笑道："民间百姓的非议，可以理解为燕雀安知鸿鹄之志，而像老先生这样知识渊博的人也人云亦云就有些迂腐了。开河挖渠，巡例淮海，主要是为了体察民情，以审政刑得失。同时，河道建成之后，又能贯通南北漕运，便利百姓往来，繁荣农商。秦皇修长城，汉武开疆土，都是为了天下社稷建功立业，流芳万世。朕开挖千里大河，功绩不亚于秦皇、汉武，完全称得上是一桩千古不朽的丰功伟绩！"

听到炀帝将自己与遭万世唾骂的秦始皇相比，薛道衡心中十分鄙视，但又不敢表现出来。他知道继续争论下去也没什么用，弄不好还会丢了自己的性命，便不再说话。炀帝也不愿过多地谈论此事，看到薛道衡不说话，便适时改变了话题："爱卿既然在岭南天天读书，近来可有什么华美文章让朕欣赏？"这话倒是提醒了薛道衡，他回答说："高祖皇帝崇尚节俭，能够平衡各地的徭役赋税，爱惜民力，明理朝政，深得天下百姓的爱戴。先皇宾天，老臣未及进京扶丧，为此深感遗憾，于是写了篇《高祖文皇帝颂》，以表老臣对高祖的敬仰和忠心。今天呈给陛下，望多多指教。"说着，他从衣袖内取出一道奏折，双手举过头顶，由内侍转呈给炀帝。

这是一篇洋洋洒洒三千言的文章，从开篇至结尾，字里行间都流露着对文帝的赞誉和歌颂，历数了自开皇至仁寿24年间文帝的丰功伟绩和善行美德。

炀帝读着读着，脸色逐渐阴沉下来，想到薛道衡写的文章很多，偏偏拿出这篇赞扬文帝的文章给他看，岂不是暗藏《鱼藻》之意！

《鱼藻》是《诗经·小雅》的篇名，这首诗写的是周幽王治理下的臣民，怀念周武王时期的快乐生活，暗示着对幽王的不满和讥讽。但是，薛道衡的文章从字面上看，是歌颂先皇的，炀帝也挑不出什么毛病，只好把文章往御案上一放，同时也改变了对薛道衡委以重任的初衷，并且有意除掉他。炀帝先给薛道衡"穿小鞋"，让他担任容易得罪人的监察官司隶大夫，借此来追寻他的罪过。薛道衡毕竟是一介书生，书呆子气重，还不能领悟其中深意。司隶刺史房彦谦①与薛道衡友善，知道薛道衡可能会有灾祸，便劝他收敛一些，少说话，杜绝宾客。但薛道衡听不进去，仍然耿直恃才，信口开河。

有一次，炀帝颁布亲自拟写的选贤举能诏书以后，又觉得现行的开科举仕制度中有些条例与诏令不符，就让一班大臣重新修订。不知是炀帝没有交代清楚，还是这些朝臣确实无能，他们议来议去好长时间，都没将这项法令修订成功，一筹莫展。

薛道衡身为司隶大夫，经常到尚书省及下辖的六部、国子监等府衙去转转，听说这件事后，他顺口说了一句：“如果高颎在，这事早就处理好了！”

这话被善于揣摩炀帝心思的裴蕴告到了炀帝那里，并且对炀帝说：“薛道衡自负才能，靠着先皇对他的信任，目无君上，妄造祸端。论他的罪名好像比较隐晦暧昧，但追究他的用心，却是大逆不道的重罪。”炀帝本来就对薛道衡恃才傲物十分不满，现在竟然公开为已被处决的高颎鸣冤叫屈，这还得了，于是大怒道：“你是在想念高颎吗？”当即命有司将薛道衡逮捕审问。

薛道衡自以为一句牢骚话没有什么了不起，还催促宪司早做了断，认为炀帝不至于因为这件小事跟自己过不去，并转告家人备好酒菜，迎候自己回家与宾客共进晚餐压惊。不料炀帝却小题大作，旧恨新仇一起报，勒令薛道衡自尽。

薛道衡万万没有想到会等来赐死的判决，他彻底懵了，迟迟不肯自缢。使者向炀帝汇报后，炀帝大怒，既然薛道衡不肯自杀，那就勒死他！于是，薛道衡被活活勒死，妻子儿女全部被流放到荒无人烟的且末（今新疆境内）。

---

① 房彦谦（547—615年）：字孝冲，齐郡历城（今山东济南）人，隋朝官员，唐代名相房玄龄之父，一生经历了东魏、北齐、北周和隋朝四个王朝的更替换代。

三、宠臣张衡之死

薛道衡因讲了一句关于高颎的话而惹来灾祸，张衡则以一句"薛道衡枉死"而获罪，也被处死。

大业三年（607 年）八月，炀帝结束了首次对北方的巡行，决定在回东都的路上，绕道去看望一个幕僚——现任御史大夫张衡。为了方便炀帝前往张衡家中，官府特意开了一条 90 里的通道，张衡也赶在皇帝到达前回家做准备。

九月十三日，官道修成，炀帝在前呼后拥之中来到了张衡家，张家阖府上前迎接皇上，以牛酒等美味佳肴款待炀帝和他的随从。炀帝对张家庄的几口清泉甚感满意，流连忘返。他在张衡府上玩了三天，吃喝之余，他对张衡说："从前随先皇参拜泰山，途经洛阳远远看见你的家乡，一直为不能前来而感到遗憾，没有想到今天能够实现夙愿。"张衡跪着给炀帝敬酒，恭祝他万寿无疆。炀帝越发高兴，将附近 30 顷田地赐给他，还给他一匹良马、一条金带、600 段缣彩。缣是一种薄的丝织品，可以用于书写，彩则是五色的丝织物，缣彩应该属于贵重物品。另外还送了张衡一套衣服、一套皇家用的餐具。张衡推辞不肯接受。炀帝说："皇帝到一处称之为幸，不正是因为做皇帝的要赏赐给大家很多财物，臣民才会感到格外幸运吗？给你就收下，用不着客气。"

在那个年代，皇帝能在哪位大臣家里待上几天，是一件非常荣耀的事情。由此可见张衡与炀帝的关系十分亲密。

张衡的老家在河内郡，出身士族。他的祖父是北魏的河阳太守，父亲当过北周的万州刺史。张衡年轻时就很有志向，脾气也很耿直，15 岁进太学就成为同辈人学习的榜样。北周武帝的母亲去世，皇帝守孝时竟然不遵礼法带着左右外出打猎。为了劝阻皇上，张衡摘下头巾，用大车装上棺木来阻拦，表达了自己不达目的不罢休的决心。周武帝被这个不怕死的年轻人所感动，赏给他一匹马、一套衣衫，还让他陪自己的儿子读书。张衡对"三礼"很有研究，曾跟大学者沈重学习过礼法。隋朝建立后，张衡被任命为晋王府官员，先后管户籍和刑法。杨广调扬州，张衡也跟随前去。可以想见，炀帝能得到天下，张衡的背后筹划起了很大作用。所以，炀帝上台后，这个官位不高的随员从此飞黄腾达，当上了黄门侍郎和御史大夫。

张衡虽然身居要职，但作为旧臣仍然得围着皇帝转。炀帝喜欢巡行，张衡也得跟着到处跑。大业三年（607年）九月，张衡刚回到东都，第二年三月二十二日，他又随从炀帝离开洛阳宫，前往太原，去看看前一年下令修建的晋阳宫，接着他又随着炀帝出塞，视察去年刚修好的长城工事。看完长城后，炀帝又下令在太原北部修建楼烦郡。接着，炀帝来到汾水的源头，那里有被称为天池的大池，池边有座汾阳宫，是座旧行宫（位于今山西宁武县境）。皇帝在这里设宴邀请随从并进行赏赐，张衡也领到500段的绢帛。宴后，炀帝和张衡商议要扩建汾阳宫，让他先去准备图样。张衡认为炀帝登位以来大的工程已兴建不少，也该让老百姓休养生息了，于是斗胆进谏，请炀帝爱惜民力。张衡从前给炀帝出过许多主意，炀帝都能够言听计从，然而对于张衡这些忧国忧民的忠言，炀帝觉得很不入耳，对左右的人说："这个人自以为我是靠他的计谋才有天下的，所以才敢对我如此放肆。"

因为对张衡不满，炀帝开始想办法除掉他。当时齐王杨暕失宠，炀帝秘密派人寻找杨暕的罪状和过失。有人诬告杨暕违反礼制，将伊阙令皇甫诩带到了汾阳宫；又说以前炀帝到涿郡以及祭祀恒山时，前来参见的老百姓大多衣冠不整。为此，炀帝责怪张衡身为司法官，不能检举处理这些问题，在大业四年（608年）年底将张衡贬为榆林太守。

大业五年（609年），炀帝又一次来汾阳宫，正在监修楼烦城的张衡赶忙过去参拜。炀帝见张衡仍然满面红光，没有一点颓废消瘦的样子，认为他没有悔悟，于是冷冷地说："衡公还如往日一样肥泽，看来榆林对你很是合适，你还是在这里再干几年吧。"

这对曾经亲密无间的君臣，在这几句轻描淡写的对话中，结束了他们的最后一次会面。

不久，张衡又被派到江都，监造那里的宫殿。张衡在江都任上，有人向他告发一名监工，他非但没有理会，反把检举信交给了被告，结果，告状的人更加受到宫监的刁难。礼部尚书杨玄感前来视察，那个人又把状子递到了杨玄感那里。杨玄感和张衡原本就不投机，见面后没有提告状的事情。而张衡却在杨玄感面前为薛道衡被杀而鸣不平。杨玄感把这些事都报告了炀帝。王世充当时任江都丞，也去告张衡的状，说他为了减少支出，故意削减宫殿的设施。炀帝勃然大怒，要将张衡拖到江都集市斩首，但不久又改变主意，只将他削职为民，放逐回乡。

张衡回了老家，天天都能喝上炀帝喜欢的泉水，但皇上对住在山里的张衡还是很不放心，常常派人去打探他的消息。大业八年（612年），炀帝从辽东回京时，听张衡的小妾揭发说，张衡在家埋怨皇上，还经常诽谤朝政，于是赐张衡在家中自尽。张衡临死前，大声喊道："我已经为人做过那么多的事情，难道还想活更多的日子吗？"前来宣读圣旨的官员让行刑刽子手全都把耳朵塞上，不让他们听见张衡所说的宫中丑闻，然后命人赶紧将张衡杀死。

第十一章　鼎盛之年

一、巡视大西北

大业五年（609 年）元旦，炀帝是在东都洛阳过的新年，自洛阳新城修好后，他已经是第三次在这里辞旧迎新了，这一年他刚过四十，即不惑之年。

三月初二，炀帝开始了一生中最重要的巡行——视察大西北。

这次西巡已经准备多年，早在大业二年（606 年）炀帝就指派裴矩到张掖收集西域的情报。大业三年（607 年），裴矩完成《西域图记》后，炀帝又接连数日听他的报告，制定了联合西突厥和铁勒攻打吐谷浑的战略。大业四年（608 年）初，隋使分别前往西突厥和铁勒，商讨攻打吐谷浑之事，西突厥后来悔约没有出兵，但铁勒部却把吐谷浑人打得一败涂地。吐谷浑可汗率部退入西平郡（治湟水，今青海乐都）境内，遣使向隋朝求援。炀帝假意答应，派安德王杨雄出浇河（郡治河津，今青海贵德）、许国公宇文述兵屯西平临羌城（今青海湟源东南），接应吐谷浑的败军。吐谷浑可汗又惊又惧，不敢去隋军所在地，又继续西逃。宇文述领军追击，在曼头城（今青海兴海县北）击败吐谷浑，占领赤水城（今青海兴海县东南）。之后，隋军继续追击，至丘尼川，再次大败吐谷浑，吐谷浑可汗南奔雪山（今青海鄂陵湖南）。此役隋军杀吐谷浑 3000 余人，俘虏 4000 人，其中包括吐谷浑王公、尚书、将军200 人。

正是在这样的大背景下，炀帝开始了他凯旋式的巡视。

大业五年（609 年）三月初三，炀帝在武功县听说有一个家庭相处得非常和睦，便下令赏赐给他们 100 段绢、200 石米以示嘉奖。三月初八，炀帝到达扶风（今陕西凤翔），去了随国公的旧宅，这是他 40 年前出生的地方。不久，车驾行驶过天水（今属甘肃），这里是右武卫大将军李景①的家，李景献上食物，炀帝说他是这里的主人，给他赐了座，位子还排在了齐王杨陈之上。李景是炀帝的爱将，特别忠诚但智谋不足，在平定杨谅时立过不小的战功，炀帝赏赐他 9000 匹缣、女乐一部，还有很多珍玩。大业四年（608 年）攻打吐谷浑，李景也曾出征，这次得到的赏赐是 60 个奴婢和 1500 匹缣，并晋升为光禄大夫。炀帝平时称呼他为李大将军，从不直呼他的大名。

炀帝的车队经过武威，太守樊子盖②送来了青木香，据说吐谷浑瘴气很重，青木香可以用来预防瘴气。樊子盖是安徽庐江人，先是在岭南任职，后来又主动要求来到西北。炀帝曾问樊子盖："别人都说你清正廉洁，真是这样吗？"樊子盖回答说："哪里称得上清廉，只是不敢纳贿而已。"樊子盖说得特别实在，贪婪和廉洁的区别就在于敢与不敢，估计炀帝也喜欢他的实在，赐给他很多好吃的东西。

四月初三，炀帝到达陇川宫，打算在陇西郡进行围猎，右武卫大将军李景和左武卫大将军郭衍在背后议论围猎的种种不妥，结果被人告发，于是就有遭到处分，李景还被革了职，一年后才官复原职。

四月初六，高昌、吐谷浑和伊吾的使者前来朝见。高昌在今新疆吐鲁番盆地，汉朝李广利将军出征西域，在这里安置军队中的老弱病残。5 世纪高昌建国，此后政权不断更换，周、隋时高昌处于麴氏王朝统治

---

① 李景（？—618 年）：字道兴，天水郡休官县（今甘肃秦安县）人，隋朝大臣，唐朝名将李晟先祖，骁勇善战，擅长骑射。北周时参与了灭齐之役、平定尉迟迥之乱。隋朝建立后，先后参加对南陈、辽东、突厥、吐谷浑、高句丽的战争。赐苑丘侯，进爵滑国公。

② ②樊子盖（545—616 年）：字华宗，庐江（今安徽合肥）人，隋朝官员。历任枞阳太守、辰州刺史、武威太守、金紫光禄大夫、民部尚书、东都留守等职，为官清廉谨慎，治军严格，因平叛有功，封爵建安侯。

之下，先后臣服于柔然、突厥等游牧民族，大业年间高昌最先向隋朝进贡。伊吾就是今天的哈密，居民也和高昌一样，以汉人为主，但也有不少亚胡商。在裴矩的引导下，伊吾和高昌一样开始倒向隋朝。

四月初九，炀帝来到狄道（今甘肃临洮），又有党项羌前来朝见。党项也是羌化的鲜卑人，11世纪时建立历史上著名的西夏王朝的元昊就是他们的后代。隋朝时，党项羌居住在四川松潘和新疆若羌之间的辽阔地区。在党项羌的南面也就是西藏高原上，还有羌人建立的附国①和苏毗国②，再往南是吐蕃政权。大业四年（608年），附国曾派遣使者来朝见炀帝；大业五年（609年）炀帝西巡时，附国也曾参加朝见。由于附国和苏毗的阻挡，隋朝对吐蕃知之甚少。

四月二十七日，炀帝率领大军出临津关（今甘肃临夏积石关），渡过黄河到达西平，这里已经属于青海的乐都一带，聚居着许多游牧民族。炀帝在这里举行了军事演习，目的是向新征服的人民显示隋军的强大。

五月初九，炀帝发现了一个更大的猎场——黄河北岸的拔延山（今化隆马场山），当即决定要在那里举行大规模的围猎。围猎是古代民族常常进行的生产和社会活动，满族人在关外就经常举行围猎。为了方便指挥参加围猎的队伍，猎场的中央要树一面黄旗，猎手分为两队，一队以红旗为标志，另一队以白旗为标志，两队殿后都有一面蓝旗，有了旗子作为标志，中央的黄旗就知道猎手们行进的位置，两队的行止又都得听黄旗的指挥。猎手们不仅分成大队，队中又有小队，以便围剿猎物。小队中的每个猎人都将自己刻有标志的箭交给队长，方便围猎结束后计算各人成绩。

这次围猎大概进行了六天。五月十四日，炀帝西入长宁谷（今西宁

---

① 附国：中国西南古代民族，居于蜀郡西北境外，分布在今四川西部和西藏地区东部的昌都地区。

② 苏毗国：藏族历史上文明程度较高的一个国家，在今西藏日喀则地区的南木林县一带。

北川），十六日度星岭（今达坂山），二十日来到金山。二十二日御驾到达大通河，发生了豆腐渣工程事件——御马正渡河时桥坏了。这座桥应该是赶工的原因，所以才如此不牢固。这件事让炀帝十分生气，当即下令把有关责任人都水使者黄亘以及九名督役就地斩首。

这个时候，传来了吐谷浑可汗隐藏在覆袁川（今俄博河）的消息，炀帝立即下令内史令元寿屯南面金山（今托赖山），尚书段文振①屯北面雪山（今祁连山），太仆射杨义臣②屯东面琵琶峡（在今甘肃张掖西南），将军张寿屯西面泥岭（今托赖山），形成四面包围之势，企图将吐谷浑可汗一举歼灭。但吐谷浑可汗带了 10 余骑人马，从小路逃了出去，还派手下的一名亲王假冒自己，坚守在车我真山（今青海祁连东南一带）。

五月二十六日，炀帝派右屯卫大将军张定和上山捉拿吐谷浑可汗。张定和认为敌人兵少，很是轻视，向山上喊话劝降，见敌人不肯投降，他没有穿铠甲就冒险登山。结果被隐蔽在山上的吐谷浑人用箭射中，不幸身亡。随后，亚将柳武建继续进攻，将山上数百敌人歼灭。五月二十八日，吐谷浑亲王见无力抵抗，率领 10 万男女投降。炀帝对吐谷浑残部的战争取得了胜利。由于没有抓到吐谷浑可汗，炀帝又派大将军梁默、右翊卫大将军李琼追击，但二人全都战败身亡。

为了清除吐谷浑的武装，炀帝除亲率大军由东到西进攻外，还安排了刘权从伊吾道出发由东向西、周法尚从四川松潘出发由南向北进行大面积的扫荡，史祥、薛世雄③二将则从小道合围，隋军一直攻打到吐谷

---

① 段文振（？—612 年）：字元起，北周、隋朝将领，官至兵部尚书、左候卫大将军，征讨辽东时去世。

② 杨义臣（？—617 年）：本姓尉迟，鲜卑族，肆州代县（今山西代县）人，隋朝将领。在灭亡吐谷浑、征讨辽东、攻打高丽时屡立战功。隋末大乱后，率军败张金称、灭高士达、入豆子航，擒格谦，成为镇压农民起义的主将之一。

③ 薛世雄（555—617 年）：字世英，河东汾阴（今山西万荣县）人，隋朝将领，参加过对吐谷浑、突厥、高句丽的战争。

浑的王都伏俟城①。

吐谷浑的力量实际上已经被摧毁，这时隋军对付的只是为数不多的敌人和不肯投降的牧民，但是要把十几万大军调集到青海高原，一路上跋山涉水，需要大量的后勤保障，其艰难程度可想而知，但炀帝的目标却是穿越祁连山北上河西走廊。

六月初八，炀帝到达祁连山脚下的大斗拔谷（今甘肃张掖市民乐县扁都口），这是一次十分冒险的行动，有的书上甚至称之为人世间的壮举。这是因为峡谷纵深有 40 公里，贯通祁连山，山路十分狭窄，许多地方只允许一人通过，隋军 10 万人马只能鱼贯而行，而且祁连山海拔高，有厚厚的积雪，只有夏天雪化后才能行走，但即使是夏季还是会有风雪。隋军经过这里时果然遇到了恶劣天气，士卒冻死很多。因为来不及出峡谷，后宫的嫔妃公主们毫无形象可言，全都狼狈不堪，与军士们一起在山间露宿。

炀帝在过大斗拔谷的前两天，也就是六月初六，曾问给事郎中蔡徵②："自古以来天子都有巡狩的礼仪，但南朝的历代皇帝都喜欢涂脂抹粉，坐在深宫里不与百姓相见，这是什么道理呢？"蔡徵说："这就是他们统治不能长久的原因。"由此可见，炀帝对冒险还是有思想准备的。

六月十一日，成功穿越大斗拔谷的隋朝君臣终于到达了张掖，结束了对从前吐谷浑地区的巡察。六月十六日，炀帝下了道诏书，宣布各郡以学业、武艺、行政和作风等四项标准向朝廷推举人才，看来旅途中的他还是时刻惦念着朝政。他在西巡前就已派出裴矩招引高昌王麴伯雅和伊吾的头领前来朝见。六月十七日，炀帝到达燕支山（今甘肃山丹县达黄山），高昌、伊吾以及西域 27 国使节都在道边恭迎，张掖和武威稍

---

① 伏埃城：位于今青海省海南藏族自治州共和县石乃亥乡铁卡加村西南，是古代连接东西交通的重镇。

② 蔡徵：字希祥，陈朝官员，官至吏部尚书。陈朝灭亡后，在隋朝历任尚书民部仪曹郎、给事郎。

有身份的人家也都赶来朝见皇帝。官府对欢迎的人要求穿着节日盛装，燕支山下一片歌舞喧腾、盛况空前的景象。山北的长城外面是一望无际的沙漠，长城里面则是一片绿洲，炀帝就在燕支山安营扎寨，并在营帐外面搭了座观风行殿。他在殿内款待西域各国国王和使臣，殿上陈列中国的文物，殿下表演鱼龙杂戏、歌舞幻术。

二十三日，炀帝宣布天下大赦，除了参加杨谅谋反的人之外，开皇以来流放边塞的人全部被释放回家。另外，由于西巡给沿途百姓加重了负担，大军过境对生产也造成了一定程度的破坏，炀帝下令陇右各郡免除 1 年的赋税徭役，御驾经过的地方可免除赋役 2 年。

九月二十五日，炀帝车驾返回长安。

至此，吐谷浑"故地皆空，自西平临羌城以西，且末以东，祁连以南，雪山以北，东西四千里，南北二千里，皆为隋有"。炀帝下令在吐谷浑故地及归附的西域，设置西海（今青海湖西岸）、河源（今青海湖南境）、鄯善（今新疆罗布泊西南）、且末（今新疆且末县）四郡，每郡统县二。其中，今青海境内有二郡：西海郡统宣德、威定二县；河源郡统远化、赤水二县。除"发天下轻罪徙居"四郡外，炀帝还大开屯田。比如刘权就在河源郡的积石镇大开屯田，驻兵戍守 5 年之久。

吐谷浑可汗败走后，炀帝将原留质于长安的慕容顺（吐谷浑可汗之子）送回青海，封为吐谷浑王，并以投降隋朝的大宝王尼洛周为辅佐，让他统领吐谷浑余众。但慕容顺等人刚到西平，尼洛周便为部下所杀；慕容顺久居长安，也不为吐谷浑部众所信任，无法立足，只得返回长安。大业末年，吐谷浑可汗乘隋末农民大起义炀帝无暇西顾之机，率众返回故地，不过，吐谷浑的兴盛时期也一去不复返了。以大业五年（609 年）炀帝西巡为标志，吐谷浑趋于全面衰落。

二、第二次巡游江都

随着北巡和西巡取得巨大成功，不惑之年的炀帝对自己的统治充满信心，因而实行大赦把开皇以来的政治犯全部释放回家。

大业五年（609年）是隋朝的鼎盛之年，疆域得到了空前的扩大，人口也达到了历史的巅峰，炀帝对权力的欲望也在这一年开始急剧膨胀。大概也是在这一年，在他周围形成了一个便于推行其政策的核心，裴矩因为交通西域的成功而得到赏识，是炀帝眼里最能领会其意图的心腹，凡他陈奏的都是炀帝正在思索的事情。裴矩的功劳主要在户籍和税收方面，没有他的努力，隋朝的纳税农民不会达到空前的数字。至于皇家艺术团体的成功表演则应归功于内史侍郎虞世基。宇文述在核心集团中与炀帝最为亲密融洽，他在宫中的言谈举止甚至使朝臣们纷纷模仿。自带诗人气质的炀帝只想从宏观层面把握朝政，他热衷于大规模的战争和宏伟的工程，天下统一给他带来了前人从未有过的巨大财富，也带来了可供使唤的百万兵士民夫。凭借巨大的财富和劳力，他能做前人无法想象的宏伟大业，而连续不断的成功又激起了他更大的权力欲望和更大的虚荣心。

大业六年（610年）春三月，闲不住的炀帝又开始第二次巡游江都。他为这次巡行事先做了充足的准备，于大业五年（609年）大兴土木修建了江都宫，其随从队伍和排场也肯定不会亚于第一次，龙舟船队又是延绵几十里，两岸车马簇拥而行。

这次巡行江都距大业元年（605年）首巡已有5年，在这5年中，炀帝威服四夷，被突厥尊称为"圣人可汗"。特别是沟通东南海洋绝域，召远夷来朝，更使炀帝感到十分荣耀。常骏通赤土（今马来半岛），陈稜至琉球，裴世清使倭国（今日本），无不预示着隋朝在他的统治下将走向繁盛时期。此时称藩臣服的高昌王麹伯雅、伊吾吐屯设（武职官名）及西域各国使者都陪伴在他身边，他决定带他们到锦绣江南去看一看，以便他们归蕃时宣扬中原的繁华，更加心悦诚服地向"圣人可汗"朝贡。在江都，炀帝接见了来访的赤土国王子那邪迦及寻访琉球归来的朱宽，还有由海路到来的林邑（今越南）、倭国、百济（均在朝鲜半岛）等国使者。

此外，炀帝还适时地把注意力放在对南方蛮俚等少数民族的抚慰上。由于民族融合进展缓慢，南方湿热，北方人不适应那里的气候，如贝州（今河北邢台市清河县西北）发配岭南的罪徒千人，到岭南后，大半人因得瘴疠病而死去。北方关陇人士因此把岭南视作畏途。

大业四年（608 年），蛮人向思多起义，杀死隋将鹿愿，围攻太守萧造，炀帝派左武卫将军周法尚、右武卫大将军李景分路进讨，双方激战于清江，向思多战败，造反者被斩首 3000 人。向思多起义失败后不久，又爆发了黔安（今四川彭水）夷酋田罗驹领导的起义，他们沿清江设防，夷陵（今湖北宜昌）诸郡民夷纷纷响应，炀帝派郭荣率领重兵前往进剿，费了很大劲才将义军打败。

大业六年（610 年）十二月，珠崖（海南岛）人王万昌发动俚人①起义，当时海南岛上的珠崖郡统 10 县，有编户 19000 多户，大多数是土著俚人。炀帝此时正在江都，即遣从驾的陇西太守韩洪前去镇压。王万昌被镇压后，他的弟弟王仲通又举兵反叛，炀帝再次命韩洪征讨。随后，炀帝在江都发布命令，将珠崖郡分为珠崖（今海口市琼山区东南）、儋耳（今儋州）、临振（今三亚市西北）三郡，以加强对海南岛的控制，这就使得海南岛与内地的联系进一步密切了。为了镇抚俚越，炀帝还特地将曾任桂州总管十七州诸军事、使民夷悦服的侯莫陈颖调往岭南，出任南海太守。

为了加强对江南地区的统治，炀帝又将江都的行政地位提高一级。大业六年（610 年）六月二十四日，使江都太守秩同于京尹。这使江都

---

① 俚人：隋唐后北方人对岭南一带土著人的称谓。秦汉文献称"越人"（粤人），隋唐文献改称"俚人"。后经朝代更迭、中原人南迁以及文化融合，俚人逐渐演化成为今汉民族。在文化上，俚人先民传承了中原文化融入本土海洋文化，融汇成了独具一格的岭南文化。

拥有了陪都的地位，成为隋朝在南方统治的政治中心。炀帝本人此次在江都一住就是一年，在江南现场视事听政。

这一年，炀帝虽然没有将龙舟驶向蔚蓝色的大海，但仍在大业六年（610年）十二月下敕开挖江南运河。这一决定是基于他对江南水乡交通状况做了大量调查研究的基础上做出的。这样一来，大运河向长江以南延伸到钱塘江，可以直通龙舟。炀帝可由此东巡会稽（今浙江绍兴），并建置了驿宫。在江都期间，由于事务频多、日夜操劳，炀帝身心俱疲；身边的大臣也都很辛苦，有两位亲信大臣先后在江都病故，一位是号称关西孔子的文臣牛弘，一位是武将郭衍。

牛弘是先朝大臣中唯一一位始终受到炀帝信任的人，他学识渊博，崇尚节俭，为炀帝掌文翰，制礼作乐，因积劳成疾，于大业六年（610年）十二月病故于江都宫，享年66岁。炀帝为此十分伤心，令归葬陇西安定。

翌年元旦过后不久的正月十六日，藩邸旧臣郭衍又病卒。郭衍同样深得炀帝宠信，作为亲侍武卫，他见炀帝整日操劳辛苦，就劝炀帝五日一视朝，不要像高祖那样空自勤苦。他的劝告并非完全出于谄谀邀宠。文帝在位时，杨尚希见文帝每天天一亮就准备上朝，很晚了还不休息，也曾上谏："希望陛下按照大纲，将烦碎之务交给辅臣，不宜亲自操劳。"文帝听了很高兴地说："你是关心我的。"炀帝在江都一年，大小政务缠身，忙得不可开交，很快便累瘦了，郭衍也累病了。炀帝见郭衍身负病痛，还如此爱惜皇上身体，认为他很忠心，说道："只有郭衍是对朕用心的。"郭衍病逝使炀帝十分伤心，他之前藩邸夺嫡的亲信，现在只剩下宇文述一人了。

为了拉拢南方籍的将领，炀帝将名将江都人来护儿[①]带在身边，赐牛酒让他回家宴请乡里父老，拜先人墓，并令三品以上官员都到他的宅

---

① 来护儿（？—618年）：字崇善，江都（今江苏扬州）人，隋朝名将。功至上开府、大将军，从隋炀帝三征高句丽，拜右翊卫大将军；平杨玄感叛乱有功至左翊卫大将军，封荣国公。

院里集会，一起开怀畅饮。又召远镇武威的庐江人樊子盖来江都，当众夸耀说："富贵了却不回乡，就好像是穿了锦绣衣袍在夜里行路。"于是令他回老家探亲，并赏给他6000石米麦，要他在家乡扫墓宴请父老，宴会一请便是3000人。

炀帝让南方籍将官衣锦还乡，炫耀功名，目的是想营造一种南北一家的良好气氛，在出征高句丽前笼络南人，从而巩固后方。

三、王世充得宠

国事繁重，好在扬州美景使炀帝稍稍感到惬意舒心。这次来扬州，炀帝深感满意的就是刚刚建成的江都宫。江都不只是一座宫殿，而是一个宫殿群落的总称。建在城西的是江都宫，其中有规模宏大的成象殿，可以用来举行大典。城北5里有长阜苑，苑内建有归雁、回流、松林、枫林、大雷等10余座行宫，全都富丽堂皇。在城南扬子津筑有临江宫，其中的凝晖殿可远望长江，是一个把酒临风、宴请百官的好地方。

这里的亭台楼阁、假山水榭都很新颖别致，优雅秀丽，具有江南风格。所有宫殿又都占据扬州形胜之处，登高眺望，湖光山色尽收眼底，令人心旷神怡。炀帝看后赞不绝口，连声夸奖负责监造宫殿的王世充头脑精明、办事干练。

王世充本姓支，祖上是西域胡人，祖父支颓褥居住在新丰（今陕西临潼东北）。支颓褥患病死后，年轻守寡的妻子和仪同王粲偷情，生了一个儿子，王粲便纳支氏为小妾。支颓褥死后留下一个儿子叫支收，因当时年幼，也随母亲来到了王粲家，并改姓王，长大后做过怀州和汴州长史，他就是王世充的父亲。

因为是西域胡人的后代，王世充长得体形魁梧，头发卷曲，声音也粗犷洪亮。他性情诡诈，读过不少书，对龟策推步盈虚有一点了解，但他绝不对人谈及自己的身世与喜好特长，总是一副大智若愚的样子。

文帝开皇年间，王世充被选充左翊卫，后又因军功拜仪同，授兵部员外。大业元年（605 年），王世充迁至江都郡丞。炀帝巡幸扬州时，善于察颜观色、阿谀奉承的王世充博得了他的好感于是兼做江都总监。

现在看到炀帝对宫殿十分满意，又受到了夸奖，王世充心中得意非常，表面上仍然装出很谦卑的姿态说："微臣最大的愿望就是能够一生为陛下效力，只要陛下高兴，微臣甘愿上刀山下火海，绝无怨言！"炀帝听了，对王世充更加满意。他站在临江宫的凝晖殿前，看着滔滔江水，问了王世充一个问题，那就是江南的宋、齐、梁、陈为什么会像这江水一样匆匆流去，无法长久。王世充趁机谄媚说是因为那些国君久居深宫，不游历天下，不体察民情。

炀帝听了更加高兴，对王世充说："爱卿的想法与朕不谋而合，自古天子就有巡幸四方之礼仪。朕认为，要想做一个有道明君，使国运昌盛，江山万年，皇帝就要巡视四方，了解天下，体察民情。只有这样才能做出正确的决策，因时、因地、因人而制宜。"

王世充听了炀帝这番高谈阔论，忍不住拍手称赞道："陛下所言极是，使臣心胸顿然开阔，真是读万卷书也未必得此一句真谛呀！"

炀帝受此恭维，禁不住得意忘形起来，又问道："爱卿，很多人都说朕建造这么多豪华的宫殿是劳民伤财之举，你以为呢？"

王世充急忙回道："陛下不可听信那些蛊惑人心的谣言，微臣以为，天子巡视四方是天经地义的事情。天子又不同于凡人，所到之处衣食住行都必须符合天子的身份才行，否则就会失去天子的威仪，有辱国体。依臣所见，诸如汾阳宫、晋阳宫、江都宫等这样的宫殿还远远不够，怎么就是奢靡浪费呢？"

"好，好，"炀帝连连点头说，"爱卿之言正合我意，看来知朕者莫若爱卿啊！"

炀帝话音刚落，王世充突然下跪，叩头请罪说："陛下，请恕臣先斩后奏之罪。"

炀帝正高兴呢，被王世充的话弄得丈二和尚摸不着头脑，急忙问道："爱卿何出此言？"

　　王世充解释说："陛下，江都诸宫开工以后，微臣尽职尽责，精打细算，宫殿如期完成，节省了大量的石材木料。于是臣擅自做主，请来了浙江有名的工匠项升，在扬州西北的蜀岗东峰为陛下修建了一座楼，绝没有另费府库的一两白银。"

　　"是吗？"炀帝顿时对王世充的话充满了兴趣，说道，"能不花一两银子就建成一座楼，这是好事，朕为什么要怪罪你呢？楼建在哪里？快快带朕去看看。"

　　"陛下请！"王世充连忙站起身来，带炀帝过去。

　　这座楼建在扬州西北一座不太高的山丘上，周围林木葱茏，涧流潺潺，幽静而秀美。楼的底层是一座正殿，大门两边蹲着面目狰狞、气势雄伟的玉兽。殿内雕梁画栋，富丽堂皇。王世充说，此殿可用来供皇上接见臣属，商议国事。炀帝点头称是，随即漫步上楼。

　　楼上是一间间幽房密室，彼此间有通道相连，千回百转，令人目不暇接。每间密室的装饰布局各具特色，没有一处雷同，这也正是此楼的妙处所在。炀帝刚才还在前轩，随王世充三转两转，定睛看时已来到后院，刚觉得走在外廊，环绕穿行，却又回到了内室。

　　炀帝东穿西走，左顾右盼，头晕目眩，大有不知身在何处的感觉。他被这座楼给迷住了，没想到王世充竟能想出这样精妙的主意！他神采奕奕地说："此楼扑朔迷离，巧夺天工。朕认为，神仙洞府、蓬莱仙境也不过如此吧。"

　　王世充笑着说："还有一处幽秘绝妙的地方，还请陛下慢慢游赏。"

　　王世充领着炀帝沿一条回廊左拐右折，向前走去。前面不远处是一堵粉墙，墙上有一幅壁画——仙女飞天，抛撒着无数朵鲜花。来到墙壁跟前，炀帝以为走到了尽头，正要仔细欣赏这幅工笔细致的彩画，不知王世充从何处按动机关，壁画徐徐升起，慢慢显现出一条狭径。往前走去，眼前豁然明亮，又是几处琼室瑶台。虽然处在高高拔起的楼上，但小巧的庭院里却生长着茂密的修竹藤萝，几只画眉鸟穿越在翠绿之间，发出悦耳的声音。王世充趁机向炀帝请求为此楼赐名，炀帝说："就是神仙到了这里，大概也要迷路，干脆就叫迷楼吧。"随后，王世充又请炀帝为迷楼中的四阁赐名，炀帝略作思考，遂赐名为散春愁、醉忘归、夜酣香、延秋月。

赐过名字，王世充又请炀帝欣赏自己精心准备的音乐，乐曲声来自环绕迷楼的那一大片树木翠竹中，惊起一群群五颜六色的小鸟，振翅从迷楼上空飞过，叽叽喳喳，与林中的音乐唱和。

音乐稍稍舒缓下来，从树林中走出了一支五彩缤纷、绚丽多姿的队伍，足有四五百人，清一色的妙龄俊秀，一个个艳装锦饰，黛眉粉腮，步态摇曳，婀娜多姿。每人手中持有金、石、丝、竹、匏、土、革、木诸类乐器，边奏边行，走上蜿蜒的石径，由迷楼正门鱼贯而入，在楼下正殿门口分列两侧。待队伍分开站好，乐曲也正好到了尾声。一切整齐有序，按部就班，显然已经演练过很多次。

迷楼的精巧绝妙已让炀帝大开眼界，这美女成群由山林中列队奏乐而出，更令他惊喜不已，于是下令摆酒设宴，君臣边饮酒边听音乐，玩个尽兴。

酒宴摆在楼下正殿中，庞大的美女乐班在正殿两边排开，笙弦齐奏。一队队佳丽轮流登场，身穿薄如蝉翼的纱衣彩裳，和着音律载歌载舞。大殿里弥漫着甘醇的美酒与少女的体香相混合的一种特殊气味，把炀帝熏陶得如醉如痴。在灯光的映照下，炀帝红光满面，兴奋不已。乐曲到了抑扬顿挫之处，他竟忘我地用手指在桌面上敲击节拍。一曲结束，炀帝喜笑颜开、兴致高涨，问王世充："你是从哪里选的这么多美女？"

王世充说："陛下，臣几乎走遍了吴国旧地和姑苏城的街巷里间，才挑选出几百佳丽，但愿陛下能够赏心悦目。"

炀帝用手指着众美女问："她们会不会唱《清夜游曲》？"

王世充回答："当然。陛下的大作，姑娘们早就习唱多次。"他打了手势，乐班喊道："为皇上演唱《清夜游曲》！"

这曲《清夜游曲》是在西苑建成之后，炀帝夜游内海五湖十六院时所赋的词，后被乐工谱上曲，在宫中演唱。每遇盛宴，炀帝必定会点此曲。王世充当然能够领会皇上的心情，早就特意安排这些美女教习演练，务必做到人人会唱。

乐曲缓缓奏起，一队美女从殿外飘然而至，舒展长袖翩翩起舞。甜润的歌喉轻柔婉转，沁人心脾，娇艳靡丽的《清夜游曲》回荡在迷楼内外。

对于炀帝朝歌夜弦的生活，萧后也感到十分无奈，有时也会劝说几句，但炀帝根本听不进去。不过，他对萧后一直很敬重，每次游幸总是让萧后侍驾随行。萧后见其日益失德，于是就写了一篇《述志赋》，婉转地规谏炀帝要有所收敛。但炀帝看后却一笑了之，认为人生苦短，若不及时行乐，又待何时？渐渐地，萧后也就不再说什么了。

第十二章　两征高句丽

一、积极备战

在江都，炀帝接见了各国的朝贡使者，唯独没有见到高句丽派来的使者。前年他在启民可汗帐中曾向高句丽使者宣旨，要高句丽王亲自来朝，但高句丽王却置之不理，2 年都没有派使朝贡。高句丽不朝见，激起了隋朝君臣的很大不满，朝野都同意去征讨高句丽。其实，早在巡幸启民可汗牙帐的时候，炀帝就已决定征讨高丽，并积极进行军事部署和人力调动，在全国范围内征集武装，制造军器，开始大规模的军事动员。

大业七年（611 年），炀帝命令幽州总管元弘嗣在东莱（今山东莱州）海口造船 300 艘，由于官吏监督劳役甚急，结果造船工匠昼夜待在水中，几乎不敢休息，从腰往下都长出蛆虫，十分之三四的人因此死去。

同时，炀帝又下诏集结天下的军队，无论南北远近，都要汇合于涿郡（今河北涿州）。

同年五月，炀帝登临扬子津临江宫，在凝晖殿宴请百官。告别扬州的父老乡亲之后，他又一路乘龙舟溯运河而上，经过通济渠渡黄河入永济渠，直奔涿郡。

时值春季选补，按照惯例，皇上应该稳坐宫中，从众多候补人员中挑出合适人选来填补空缺的职位。但是现在他已无暇顾及，于是敕命选部、门下、内史、御史四司员跟随在船上作为补缺人员。参选人员则全部跟在岸边，随船北上，等候传唤选补。结果一部分人徒步随船3000多里，但却没有被选补录用，反而因为饥饿和劳累而死亡。

六月，炀帝抵达涿郡，住进了新建的临朔宫。随驾的九品以上官员都安置住所，士兵则住在帐篷里。这时，从四面八方征调的百万兵马如同百川归海，浩浩荡荡地奔赴涿郡。在各路兵马中，跋涉最远的要数来自岭南的3万名排镩手。排镩是岭南一带的兵器，排是盾，镩是一种小矛，岭南排镩手擅长山地作战。

抵达涿郡之后，炀帝又敕命河南、淮南、江南造戎车5万乘，送至涿郡附近的高阳，主要用来装载衣甲幔幕。由于大量的军队集结，原有征发运到的粮草军需十分紧张。于是，炀帝又敕令征发江淮以南的民役和船只，将黎阳、洛口诸仓的粮米运往涿郡。

紧锣密鼓的备战一直持续到大业八年（612年）一月。元旦过后，炀帝正式下达了征高句丽诏。

这时，合水县令庾质奉诏来到临朔宫拜见皇上。庾质在大业元年（605年）曾担任太史令，因直言国事而失去恩宠，被贬为合水令。他善观天文地理，预测灾祸，炀帝这次召他来涿郡，是想让他预测伐高句丽一事。

炀帝见到庾质后，开门见山地说："我承奉先王旨意亲征高句丽，估量它的土地人民，才相当于我的一个郡县，你认为我能攻克它吗？"

庾质答道："依我之浅见，讨伐高句丽是可以取胜的。但我有一个愚蠢的看法，那就是不希望陛下亲自出征。"

炀帝一听顿时变了脸色，说："我现在已领兵到此，难道可以不见贼人而还吗？"

庾质又说："陛下如果真要前去，我担心会挫损军威。我仍希望您安扎在这里，命令勇猛的将领指挥军队，倍道兼行，出其不意地去攻打它。行动要迅速，慢则无功。"

炀帝不高兴地说："既然你认为这次行动困难，那你就留在这里好了。"

庾质的父亲叫庾季才，善观天象，预言天时人事大部分都能应验，在梁、周时很有名气。文帝杨坚为周室丞相时，曾在深夜密召庾季才，请教他代周称帝的前景，庾季才说："天意精微，难以察明此意，以人事预，符兆已定。季才即使说不行，杨公难道还会放弃去做隐士吗？"寥寥几句话很含蓄地暗示杨坚称帝是大势所趋。庾质观察天时人事的本领不在其父之下，可惜怀才不遇，始终没能得到炀帝的信任。

庾质说兵可以克敌，说的是天象，这对炀帝来说当然是吉兆。但要旗开得胜，大功告成，还要有神灵的庇佑。于是，炀帝在出征之前先在临朔宫怀荒殿斋戒，又在桑干河南岸设坛祭祀战神，在临朔宫南祭祀先帝，在蓟城（今北京）北祭祀马神。

随后，炀帝在临朔宫升殿，亲授节度，将征讨大军编为 24 军，每军设大将、副将各 1 名；每军有骑兵 40 团，每团分 10 队，每队 100 人；步兵 80 队，分为 4 团，每团各设偏将 1 人。每团士兵的铠胄、缨拂、旗幡颜色一致，与其他团有所区别。

每军还设受降使者一人，承诏慰抚高句丽降者，不受大将节制。炀帝认为，区区高句丽，只要见到百万重兵云集城下，必定畏惧而投降，所以先设受降使者，专门负责高句丽君臣投降事宜。其余随军辎重散兵也编为 4 团，由步兵掩护前进。军队的前进、停止或设营，都规定了号令。

炀帝下令每天派遣一军出发，前后相距 40 里，连营渐进。涿郡通向辽东的大路上，隋军首尾相继，鼓角相闻，旌旗漫漫，绵延 960 里。24 军之后，是炀帝率领的天子六军，前后 80 里。这样，征伐高句丽的隋军共有 30 军，前后相续共 1040 里。诸军都有长 1 尺 5 寸、宽 2 寸的帛带，上面写着各军的番号作为标记。

皇上征营中的十二卫，以及三台、五省、九寺等部衙门，分属内、外、前、后、左、右六军，使用所属军队的番号，不能用原台省名称。上至王公，下到兵丁夫役，每个人均有帛带缝在衣领上，上面写着番号、姓名，称为"军记带"。每军发给数百面幡旗，军士若因公离营，必须手执幡旗。不执幡而离营者，若被他军检查军记带，发现不是本部兵士，无须禀报，当即斩首。

一切准备就绪，炀帝一声令下，100多万隋朝大军，浩浩荡荡地直奔辽水。

炀帝高坐在车驾之上，只见前后左右的御林军一律骑白马，看上去十分威武，势不可当。大军行进，铁蹄声声，排山倒海。这声音与其说是进军的号角，倒不如说是胜利的凯歌。他想，百万雄师讨伐高句丽小国，这一去定是有征无战。隋军到达辽东之日，便是高句丽束手投降、俯首称臣之时。那时，一定要像抚慰突厥诸蕃酋长一般，对高句丽施以隆恩，赦免其有失藩礼之罪，赏赐锦缎，加倍优待，然后盛宴将士，大酺三日，最后班师回朝。

在炀帝看来，这一切只不过是等他亲自到来，走走过场就可以了。然而，出乎他意料的是，高句丽还挺猖狂，敬酒不吃吃罚酒。

二、围攻辽东城

当炀帝率领天子六军到达辽水西岸时，已是三月中旬。

隋朝大军聚集辽水边，临水结成大阵。辽水是隋军进攻高句丽的第一道天然屏障。高句丽早已做好准备，隔河防守，拆毁了桥梁，严阵以待。虽说是早春三月的枯水时节，河里却也波涛汹涌，河水冰冷刺骨。望着对岸隐约可见的辽东城池，炀帝立即命令工部尚书宇文恺连夜制造三座浮桥，于次日黎明渡河。

此役的前锋是左屯卫大将军麦铁杖。麦铁杖曾是杨素麾下的猛将，因剽悍勇武、骁勇善战而备受炀帝赏识。为报答皇恩，他将自己的三个儿子也编入征伐高句丽的队伍里。此刻，他已将生死置之度外，准备身先士卒，抢渡辽水。眼见东方既白，麦铁杖将三个儿子召到面前，郑重地告诫他们："我受国恩，今天到了报效之日。如果我战死了，你们应当感到荣耀，皇上自然也不会亏待你们。时刻记住，今后做人，当以诚孝自勉！"

进攻的时候到了，刚刚造好的三座浮桥迅速架在了河面上。麦铁杖一声号令，最先跳上浮桥，率领先锋部队向东岸冲去。战鼓声如雷贯耳，麦铁杖疾步如飞，眨眼间便冲到了桥头，这才发现三座浮桥都造得太短了，桥头离岸还有一丈多远！但军令已出，就绝无后退的余地。麦铁杖无暇多想，大吼一声跳入水中。身后的士卒也不敢犹豫，一个个跟着他跳下去，手持刀枪奋力划水，游向东岸。

这时，忽然听到一声锣响，在岸上埋伏的高句丽兵蜂拥而至，围向河边，朝着水里的隋军箭弩齐发。刹那间，惨叫声响成一片，麦铁杖的部下中箭伤亡者过半。没有中箭的士兵，多数也因惊慌失措溺水而死。只有麦铁杖、虎贲郎将钱士雄和孟金义三人冲上东岸，奋力杀入敌军，虽然也砍倒了近百名高句丽兵，但因后卫不继，三人寡不敌众，不一会儿便先后中箭负伤，又被围上来的高句丽兵乱刀砍死。

首战失利，炀帝十分恼怒，这真是太有损天子尊严了！他立即下令将督造浮桥的宇文恺撤职关押，待战后再严加处治。这还不解气，他又下令斩杀了三名负责造桥的官员。

麦铁杖战死令炀帝伤心不已，他派人渡河，出重金从高句丽人手中买回麦铁杖的尸体厚葬，又给他的三个儿子丰厚的赏赐。一切处理妥当，炀帝召来少府监何稠，商讨继续进攻的计划。

"爱卿，"炀帝非常严肃地问道，"你知道抢渡辽水一战败在哪里了吗？"

何稠点头表示知道，他看到皇上不再发问，只是两眼盯着自己，遂又说道："陛下，臣看过那三座浮桥，是测量计算上有些失误。请陛下给臣两天时间，臣定会造一座顺利通达对岸的浮桥。"

炀帝满意地点点头，让何稠去安排造桥之事。

两天后，浮桥造成了，隋军第二次强渡辽水，果然顺利过河，与高句丽军在辽水东岸摆阵准备大战。高句丽军原本就不是对手，前一次是因隋军浮桥有误而侥幸获胜，这一回就没有那么幸运了，被隋军打得落花流水，死者近万。高句丽军见势不妙，急忙向辽东城内退缩。隋军乘胜东进，将辽东城紧紧包围。

随后，炀帝的车驾也渡过辽水。炀帝巡察了东岸战场，见所到之处遍地都是被杀的高句丽兵尸体，不禁诗兴大发，满怀信心地作杂言诗一首：

秉旄仗节定辽东，俘馘变夷风。
清歌凯捷九都水，归宴洛阳宫。
策功行赏不淹留，全军藉智谋。
讵以南宫复道上，先封雍齿侯。

众将领听了口中连连称赞，心中却感到失望。众所周知，兵家自古就有"将在外，君命有所不受"之说。西汉名将周亚夫驻军细柳，曾对汉文帝说过这句话，文帝很是赞赏。而今日炀帝所言，等于是给诸将领束缚了手脚，失去了灵活作战的主动权，谁也不敢保证不会贻误战机。看来庾质劝炀帝坐镇涿郡，让将帅率领指挥部队，其中的道理或许就在于此。

辽东城内的高句丽守军几次出城反扑，都以失败而告终。高句丽人知道在旷野交战不易取胜，于是就改变策略，固守城池。炀帝下令隋军攻城，却又敕命诸将："高句丽军一旦请降，就适宜地安抚，不得纵兵进攻。"辽东城池高且坚，守城容易攻城难。隋军一次次的进攻均被击退。不过也有几次，隋军攻上城墙，打开了缺口，高句丽人立马投降，于是进攻立刻停了下来，隋将把军情飞奏炀帝。等领了旨令回来纳降时，高句丽人已重整旗鼓，调整战略，继续守战。隋军将领只能暗自哀叹白白失去大好机会。就这样反反复复，辽东城的攻守之战一直持续到了六月。

城池久攻不下，让炀帝十分恼火，于是，他亲临城南，视察了高句丽军守城的形势，又召集诸将训话，以鼓舞士气。随后，他又命何稠于城西数里组六合城，住下来观战。

第二天，隋军在各将领的死命督战下，从四面向辽东城池发起又一次猛攻。战鼓声响彻云霄，隋军士兵抬着冲梯，扛着飞竿，一窝蜂地往城墙底下拥去。城上的高句丽兵全力抵抗，乱箭飞石如骤雨般下落。

炀帝坐在六合城头，静静地观赏着这个壮观而又惨烈的场面：冲梯刚刚搭上城墙，即被守城的士兵推倒，爬到半腰的士卒惨叫着摔下来；又一架冲梯搭上去了，攀在最上面的士兵的半个身子眼看已经高出了城墙，突然，士兵的头颅不知飞向何处，身子却还紧紧地攀伏在冲梯上。渐渐地，冲锋的呐喊声变成了伤残者悲惨的哀号，不过，进攻依旧没有停止。

炀帝看到有一个士兵身手十分敏捷，飞快地顺着冲梯爬上城墙，接连砍死十几个高句丽士兵，作战十分勇猛。炀帝大喜，急忙命人召见，问其姓名，得知叫沈光。炀帝当即下令封沈光为朝清大夫，以示嘉奖。

三、高句丽诈降

榜样虽然树立起来了，但辽东城依旧没有攻下。这时，其他几路大军的战报也陆续传来，并没有多少令人兴奋的消息。

右翊卫大将军来护儿率江淮水军从东莱海口出发，渡海抵达高句丽半岛，士兵濒水而上，进到离高句丽都城平壤60里处，与高句丽军相遇，大败高句丽兵。来护儿欣喜若狂，不顾副将周法尚的劝阻，立即率4万精兵乘胜进攻平壤。

高句丽人在城内空寺埋下伏兵，派一支队伍出城迎战，然后假装败退。来护儿率军追入城中，即纵兵抢掠，队伍乱成一团。这时，高句丽伏兵四起，杀得隋军丢盔卸甲，来护儿带着几千人逃回了水军营地，精锐尽失，实力大大削减。来护儿不敢多做停留，只好放弃水营接应陆军的计划，率船队退屯海浦。

　　左翊卫大将军宇文述出扶余道，右翊卫大将军于仲文出乐浪道，左骁卫大将军荆元恒出辽东道，右骁卫将军薛世雄出沃沮道，左屯卫将军辛世雄出玄菟道，右御卫将军张瑾出襄平道，右武侯将军赵孝才出碣石道，左武卫将军崔弘升出遂城道，右御卫虎贲郎将卫文升出增地道。这九路大军30万兵马此时都在鸭绿江西岸会师。

　　宇文述等九路军从泸河（今辽宁锦州）、怀远（今辽宁辽中）等地出发时，兵马都配备百日粮草。每个士兵加上排甲、枪稍、衣资、戎具、火幕，负重均在3石以上。士兵们都不堪重负，军中又有严格命令：遗弃米粟者斩！不过，士兵们也想出了对策。一路上，他们趁夜间宿营时，偷偷在帐篷中挖坑，埋掉粮食。一直到会师鸭绿江，路程才过半，粮食却快用完了。宇文述、于仲文等军在鸭绿江西岸扎营，刚刚休息好，就听前卫军士来报："高句丽大臣乙支文德过江来了。"

　　乙支文德是高句丽王派驻鸭绿江东岸的守臣，宇文述一听他过江来了，不禁一愣，问道："他来干什么？"

　　"他说想面见几位将军，商讨议和归降之事。"

　　"太好了！"于仲文拍手叫道，"皇上早有密旨，若见到乙支文德，一定要生擒。这下倒好，他自己送上门来了！"他吩咐左右侍卫："乙支文德只要迈进营帐，立刻给我拿下！"

　　"大将军不可鲁莽行事。"随着话音，尚书右丞刘士龙走了进来，他是于仲文军的受降使者。刘士龙说："二位将军，乙支文德是来议和的，不是来下战书的。就算是下战书，还有两国交兵不斩来使的道理。况且乙支文德不是一般的使者，他是高句丽王手下的重臣。如果把前来投降的大臣抓起来的话，高句丽军还会投降吗？他们就只剩下拼死抵抗这一条路，那对我们又有什么好处呢？"

　　"不行！"于仲文果断地说，"生擒乙支文德是皇上的密旨。"

　　"可是，大将军同样不要忘了，高句丽若降，即宜抚纳，不得纵兵，这可是皇上当着全军将领宣谕的圣旨。抓一个乙支文德，就会引发高句丽军全力抵抗，两相权衡，孰轻孰重？大将军心里应该有数。我已派人去江边将乙支文德接到我帐中商谈。"

"你，你怎么能……"于仲文气得说不出话来。

"我是受降使者，皇上有旨，受降使者不受大将军管制。"刘士龙说完，转身走了出去。

宇文述看了于仲文一眼，叹了口气说："受降使者不受将军管制，相互制约也就不足为奇了。"

于仲文担忧地说："宇文将军，你说这乙支文德真是来投降的吗？"

宇文述苦笑一声，反问道："你说呢？于将军，你我二人率30万兵马，千里迢迢来到这鸭绿江边，若是兵不血刃就能得胜回朝，岂不是太顺利吗？"

于仲文说："我也是这样想的。乙支文德既然不是真投降，必然是来试探，估计是缓兵之计。他自己送上门来，如果不能把他擒住，这抗旨的罪名可担待不起呀！"

"那你说怎么办？咱们做将军的，难道要去受降使者的帐中抓人？这也不合规矩。"

"那就把他请到咱们的帐中来。"说着，于仲文唤来一个侍卫，让他去刘士龙的营帐传话，请高句丽大臣乙支文德来大将军帐中，有要事商谈。不一会儿，侍卫跑回来禀报，乙支文德已被尚书右丞刘士龙放走了。

于仲文心知大事不妙，赶忙让几个侍卫骑马去追，一定要把乙支文德追回来。可惜已经晚了，当侍卫们追到江边的时候，乙支文德已经登船。侍卫远远地喊道："乙支大人请留步，我们大将军还有要事要跟大人商讨！"

乙支文德站在船头，笑而不答，朝着追来的侍卫们挥了挥手。船慢慢离岸，向江心驶去。此次过江诈降，乙支文德见隋军士兵一个个面露饥色，疲惫不堪，心中有了应对之策。

宇文述、于仲文在西岸静等了七八天，高句丽军仍无投降的迹象，知道上当了。于仲文认为不能再这么等下去，决意领兵渡江，追击乙支文德。

宇文述却说："军中粮草已不足，恐怕很难征战，我看还是退兵为好。"

"什么？"于仲文十分恼火，"宇文将军，你我几十万兵马，破不了高句丽小贼，还有什么脸面去见皇上！别忘了，乙支文德可是从咱们两个眼皮底下溜走的！"

宇文述不再反驳，他知道，虽然同为大将军，但皇上更赏识仲文的谋略，出征前还下旨让诸军听于仲文的命令。既然于仲文一定要渡江作战，他也只能听命了。

经过两天的休息整顿，宇文述、于仲文率军渡过鸭绿江，向乙支文德的高句丽军发动进攻。高句丽军果然不堪一击，每次交锋，一触即溃，隋军乘胜追击，七战七胜，长驱直入，渡过萨水（今清川江），一直来到离平壤城 30 里处，依山安营。他们还不知道，这只是乙支文德诱敌深入的计谋。

乙支文德见隋军临近平壤，又派来使者，对宇文述说："高句丽愿降。只要大将军退兵，乙支文德大人一定跟随国王同去面见大隋皇帝请罪！"

此时隋军士卒身心俱疲，军粮也所剩无几。宇文述见平壤城池险固，恐怕一时难以攻下，于是就答应退兵。

这是乙支文德的又一次诈降，同时也注定了隋军惨败的结局。

随后，隋军结成方阵向西退去，行进当中突然遭到高句丽军四面袭击，宇文述率领部队且战且退，来到萨水，开始渡河。刚渡到一半，高句丽军又从后方发起猛攻。右屯卫将军辛世雄率兵抵抗，英勇牺牲。高句丽兵乘胜追击，隋军瞬间溃散，像决堤的江水一发而不可收拾，一天一夜竟跑了450多里，终于退到了鸭绿江西岸。

来护儿听说宇文述战败，也率领水军急忙撤回。

宇文述等九路军出征时有 30 万人马，等到退回到辽东城下时，仅剩下 2700 余人，排甲兵杖也损失殆尽。

这个结果是炀帝万万没有想到的。这时隋军已经没有精力再次出战，只能下令全线撤兵。声势浩大的征讨高句丽之役，历时半年多，就这样失败了。

四、于仲文冤死

大业八年（612年）八月二十五日，炀帝从涿郡起程南返，于九月十三日到达东都洛阳。

首战高句丽失利，并没有使炀帝冷静下来反思一下其中的原因，反而更激发了他不灭高句丽誓不罢休的决心。在从涿郡返回洛阳途中，他下令将黎阳（在今河南浚县）、洛口（即兴洛仓，在今河南三门峡市东南）、太原等官仓的粮食继续调运至辽西望海镇屯集起来，为再伐高句丽做准备。

十二月，也就是回到东都洛阳的第三个月，炀帝对兵败萨水的将领进行了处罚：

尚书右丞刘士龙擅自放走乙支文德，贻误战机，罪不可恕，斩首以谢天下。

宇文述、于仲文用兵不当，削官为民。24军中的一批将军、副将军也都受到了免职的处罚。

于仲文之所以没有被判处死刑，全是沾了宇文述的光。宇文述是炀帝的宠臣，儿子宇文士及①娶了南阳公主为妻，两人是儿女亲家，炀帝自然要网开一面。只要宇文述罪不当死，其他人也就不会有杀身之祸。

谁知几天之后，宇文述串通一同被免官的诸将，将兵败萨水的罪责全部推给了于仲文，说于仲文为邀功取得宠幸，不听众将劝阻，坚持渡

---

① 宇文士及（？—642年）：字仁人，代郡武川（今内蒙古武川县）人，隋左卫大将军宇文述之子。江都之变后，封内史令。归顺唐朝后跟随秦王李世民征战四方，颇有功劳，拜中书侍郎，封郢国公。李世民即位后，拜中书令，历任凉州都督、蒲州刺史、右卫大将军、殿中监。

过鸭绿江追击高句丽军，最后导致惨败。炀帝为此大发雷霆，下令将于仲文押入大牢。于仲文在牢中忧患致病，没几天就死了。

于仲文是北周燕国公于实的儿子，自幼聪明好学，倜傥有志，当时号称"名公子"，后任安固太守。据说，当时益州有任、杜两家农夫各丢失了一头牛，后来只找到了一头，两家都说是自己的，诉至州郡，州郡官迟迟不能断案。于是，益州长史韩伯俊让于仲文来判断。于仲文让两家赶来各自的牛群和两家起争议的那头牛，牛当即跑入任家的牛群中。于仲文又命人暗中将那头牛股部刺伤，任氏伤心得落泪，杜家却毫不在意。于仲文据此将牛判给了任家，杜家也无话可说，心服口服。

文帝杨坚担任北周丞相时，于仲文在平定尉迟迥叛乱中立下战功，开皇年间被授为行军元帅，曾率领十二总管大破匈奴。当时还是晋王的炀帝很欣赏于仲文的才能，于是奏请文帝，要于仲文督晋王府军事。炀帝即位后，于仲文开任为右翊卫大将军，一直备受恩宠。他怎么也没想到，自己戎马一生，为隋王朝效尽犬马之力，到头来却落得个冤死狱中的凄惨下场。

五、张须陀平叛

这时国内已不像往年那么太平无事。为了征讨高句丽，炀帝对百姓横征暴敛，以致民怨沸腾，终于爆发了农民起义，各地纷纷揭竿而起，各霸一方，大有将乱天下的势头，让炀帝十分头痛。他想出了一个办法，大张旗鼓地招募民间的勇武之士，充作皇宫禁卫，称作骁果（骁勇果毅之意）。这样既可以阻止他们与义军盗贼为伍，又可网罗武勇之士做自己的手下，扩充和增强禁卫力量。至于剩下的那些占山为王的鸡鸣狗盗之徒，估计也难有作为，迟早会被剿灭干净。为了训练招募的骁果，炀帝特意设置折冲、果毅、武勇、雄武等郎将官职，选调心腹武将来统领骁果军。

大业八年（612年），大旱和洪水席卷全国后，疾疫流行，太行以东受灾患最严重，义军声势浩大。新年伊始，杜彦冰、王润聚众攻陷平原郡（今山东德州市陵城区），将官府的财物洗劫一空。平原郡的李德逸趁火打劫，聚集数万游民，自称"阿舅军"，劫掠四方。在西北的灵武（今宁夏灵武西南），白榆妄一伙号称"奴贼"揭竿而起，抢夺朝廷牧马，还与突厥勾结，在陇右（泛指陇山以西之地）横行霸道。

三月，韩进洛在济北（今山东茌平）聚义，部众有数万人。

四月，孟海公在济阴（今山东曹县）举旗，拥众数万，滥杀无辜。

还有齐郡（今山东济南）的王薄、孟让，北海郡（今山东青州）的郭方预（又说郭方顶），高鸡泊（在今武城平原与河北清河交界处）的窦建章、孙安祖，河间郡（今河北河间）的格谦，渤海郡（今山东阳信县）的孙宣雅等，各部多的有 10 余万人，少的也有数万人，纷纷攻打、抢掠郡县，闹得各地官吏终日惶恐，鸡犬不宁。

由于天下太平已久，地方守吏不经常习武，每与义军交战，大都望风败退。不过，齐郡丞张须陀却是众多地方官吏中的一个特殊人物。

张须陀是弘农阌乡（今河南灵宝市）人，性情刚烈，有勇有谋，文帝时曾以战功授仪同，后来随同杨素讨伐并州汉王杨谅的叛军，加授开府。在齐郡丞任上，张须陀见义军四处攻击郡县，就积极操练部下，以防不测。

大业七年（611 年）三月，别号"知世郎"的王薄率数万人攻打齐郡，张须陀领兵奋力抵抗。王薄见齐郡防守严密，便转而向南攻掠鲁郡。张须陀率部悄悄跟随其后，在泰山脚下追上了王薄的队伍。王薄义军自恃逢战必胜，没有一点防备。张须陀挑选精兵，出其不意地冲进义军阵中。义军瞬间溃不成军，纷纷逃跑，被张须陀的部下杀死数千人。

王薄遭到挫败后，不敢再攻齐郡，于是整理队伍，收拾残余万部人向北攻掠。

大业九年（613 年），王薄又联合渤海郡孙宣雅、平原郡郝孝德等义军共 10 万人，进攻章丘。张须陀收到消息后，派舟师截断黄河渡口，亲自率 2 万精锐马步军抵抗，大破义军。义军败退至黄河渡口，被守在这里的舟师断了退路，遭到前后夹击，损失惨重。

大业九（613 年）三月二十六日，郭方预准备围攻北海郡，声势浩大，兵锋锐利，北海郡丞恐怕性命难保，忙向张须陀求援。张须陀对部下说："围北海之贼自恃兵力强盛，认为我无力相救。我若率兵突袭，定能取胜。"于是，他挑选精兵，连夜奔袭，义军果然没有防备。张须陀率兵冲入义军营中，势如破竹，杀死数万人，并且缴获辎重 3000 车。义军落荒而逃，张须陀率部穷追不舍。

义军逃至潍水边，被河水挡住了去路，无奈之下，只能摆开阵势与张须陀部交锋。张须陀刚要策马冲上去，14 岁的小将罗士信请求当先锋，冲入义军阵中。罗士信是历城人，已跟随张须陀经历多次战斗，十分勇敢。张须陀见罗士信冲了上去，便勒住马头，欣慰地观望。

罗士信飞马奔到义军阵前，有几个人迎上来拼杀，只见罗士信手中的枪稍微舞动几下，就有 3 个义军士兵被他刺倒。他又拔出佩刀，将其中一人的头颅砍了下来，向空中抛去，然后用枪尖接住，高举着纵马掠阵。义军将士被罗士信的举动吓呆了，没有一个人再敢上前交手。张须陀大呼一声，乘机率兵掩杀，义军立刻溃败。罗士信跃马追杀，每杀一人，就割下鼻子揣在怀里，等返营时一数，竟然有 20 多个。战后罗士信被擢为副将，跟随在张须陀左右。

司隶刺史将张须陀的一系列出色战绩奏报炀帝，炀帝立即派使者前去慰问，并命使者画了张须陀、罗士信战阵冲杀图，带回去供皇上和朝中文武欣赏。

同年，裴长才、石子河等率 2 万义军攻至历城（今山东济南），纵兵大掠。张须陀来不及召集士兵，亲率五骑与义军作战，结果身陷重围，多处受伤。幸好城中援兵及时赶到，才使义军稍退。之后，张须陀督军再战，大败义军，裴长才败逃。

大业十年（614 年）十二月，齐郡（今山东）左孝友起兵反隋，并占据蹲狗山（今山东招远东北），队伍发展至 10 万人。张须陀统兵进剿义军，列"八风营"紧逼左孝友部，又分兵扼守要害。左孝友被迫率众投降，他的部将解象、王良、郑大彪、李宛各拥兵万余，均被张须陀镇压。

一时间，张须陀威振东夏，因功升任齐郡通守，领河南道十二郡黜陟讨捕大使。

六、大战辽东

首战高句丽失败使炀帝耿耿于怀，感觉这是平生以来最大的耻辱，国威大大受损。在战场上丢失的面子，一定要用铁马金戈换回来！回到洛阳的几个月里，他甚至只去过西苑一次，而且只住了短短 10 天，其余时间大都待在显仁宫里。高句丽成了他的一个心病，压得他无心在十六院里取乐，更无心计算府库里还有多少粮食布帛，能否应付再一次大规模的征战。他的心思只有一个，那就是：征服！

为派得力将领出征高句丽，大业九年（613 年）二月，炀帝将宇文述官复原职，加授开府仪同三司。他为此下诏说，去年征讨高句丽，宇文述因兵粮不足而陷于王师，是供粮军吏的失职，并不是宇文述之罪，所以应当复其官爵。

朝中大臣对此心知肚明，宇文述复职是早晚的事。与宇文述同时复职的还有一批去年因征讨高句丽失利而被免职的将军。这不仅是炀帝为了避任人唯亲之嫌的策略，还透露了一个信息——二征高句丽的战争已箭在弦上，不得不发。

这一天，炀帝把文武百官召集到显仁宫，复议征伐高句丽之事。他说："一个小小的高句丽，竟敢无视上国，与我大隋对抗，如若听之任之，天下人将耻笑朝廷懦弱无能，今后也难以威服四海。现如今国势强盛，填海移山的事朕都可以办到，何况对付一个小小的高句丽！朕想要再伐高句丽，众卿认为如何？"

群臣缄口不语。谁都明白，既然皇上已经下定了决心，这一仗就非打不可了。即使有异议，说出来也等于没说，弄不好还会引火烧身。

炀帝见无人回答，知道众臣对此事有意见，便问庾质对此事的看法。

庾质回答说："我实在是愚昧而又执迷不悟，我还是坚持原来的观点。陛下如果要亲自出征，耗费的人力物力实在太大。"炀帝闻言恼怒地说："我亲自出征尚且不能取胜，难道派别人去反能成功吗？"随后，炀帝宣布由民部尚书樊子盖等一批文武官员辅佐越王杨侗留守洛阳，其余官员随驾东征高句丽。

四月，炀帝离开洛阳，乘船沿运河北上涿郡。

五月，汤帝的车驾再一次渡过了辽河。

这一次，炀帝派宇文述与上大将军杨义臣率军直取平壤，又派左光禄大夫王仁恭①出扶余道，进军新城（今辽宁抚顺北）。他对王仁恭说："去年征讨，诸军多有不利。古之有言，败军之将不可言勇，所以诸将不能再委以重任。今日朕令你统领前军，你可不要辜负朕的期望啊！"随后赐给王仁恭 10 匹良马，100 两黄金。

王仁恭率军进入新城，数万高句丽兵早已在北城摆好阵势。王仁恭率领 1000 精锐骑兵直冲敌阵，高句丽兵实在招架不住，就退入城中据守。王仁恭将新城四面紧紧包围。

对于进攻高句丽重镇辽东城，炀帝做了充足的准备，也从上次的失败中汲取了教训，授予诸将随机决断的权力。在渡辽河之前，他就让何稠监造了大量飞楼、云梯，渡河之后，隋军开始对辽东发起猛攻，昼夜不停，不给高句丽军丝毫喘息的机会。高句丽军防守也很严密，顽强迎战，双方激战 20 多天，伤亡都很惨重。

眼见辽东城久攻不下，炀帝十分着急，经过冷静分析，他认为之所以攻不下辽东城，是因为于它有高大坚固的城墙作为屏障，一夫当关，万夫莫开。如果能顺利越上城头，那么击溃高句丽军便是轻而易举的事

---

① 王仁恭（558—617 年）：字元实，天水上邽（今甘肃天水市）人，隋朝大将，位至大将军、左光禄大夫，历任骠骑大将军、卫州刺史、汲郡太守等职。

情了。

炀帝立即下令辽西至涿郡一带地方，火速制作 100 万条麻布口袋运至辽东城下，并将每条口袋都装满沙土，面对辽东城池垒成一条 30 步宽的鱼梁大道，大道与城墙等高，这样一来，士兵就可以沿大道直接冲入城内；又命何稠设计制造 10 辆八轮楼车，安放在鱼梁大道的两侧。楼车比城墙还高，车上排列着弓弩手，可以俯射城内守军，同时也可以掩护士兵沿鱼梁大道攻城。

这项繁重的任务竟在半月之内完成了。炀帝下令全军将士休息三天，第四天清晨发起进攻。他留出三天的空隙，除了让疲惫的军队得以休息，还期待着辽东守军投降。按理来说，经过几十天不分昼夜的攻守拼杀，高句丽军一定元气大伤。眼下隋军已垒起鱼梁大道，安好八轮楼车，仅凭这阵势也能看出辽东城岌岌可危，破城指日可待。高句丽守军既然已是死路一条，只有投降方可保命。

第十三章 险失江山

一、杨玄感起兵

就在隋军即将发起对辽东城的攻击之时，隋朝内部却出现叛乱。原来，礼部尚书杨玄感于大业九年（613 年）六月三日在黎阳起兵，正一路向东都洛阳杀了过来。

杨玄感是前宰相杨素的儿子，小时候发育迟缓，很晚才会说话，人们都说他有点痴呆，但杨素夫妇却不这样认为。杨玄感长大后，十分勤奋好学，骑马射箭的本领很是娴熟。因为父亲的缘故，他很早就当上了柱国将军，官位二品，与杨素属同一级别，上朝的时候父子俩并肩而立。后来，文帝为了让他们父子尊卑有别，特意把杨玄感降官一级。杨玄感后来到郢州（今湖北武昌）做刺史，到任之后就在上上下下安插了许多耳目，对于官吏们的一举一动了如指掌，做得好做得坏都有一笔账，谁也不敢向他隐瞒，老百姓说他会办事很有才干。杨素死后，杨玄感在家丁忧，一年后出来做官，官拜鸿胪卿，继承楚国公的爵位，后来又当上了礼部尚书。

杨玄感的性格虽然傲慢，但他十分喜爱文学，喜欢与各地名流交往，炀帝身边的文学侍从虞绰①、王胄②都是他的知己。因为出身显赫，杨玄感威望很高，朝廷文武大多数又是他父亲的部下，再加上一帮关陇

---

① 虞绰（560—613 年）：字士裕，会稽余姚（今浙江余姚）人，隋朝文学家，博学有俊才，尤工草隶，善为词赋。大业初年转为秘书学士，常居禁中以文翰待诏，受杨玄感谋反牵连而被杀。

② 王胄（558—613 年）：字承基，润州建康城（今江苏南京）人，隋朝大臣、文学家，少有逸才，大业初年为著作佐郎，后从征辽东，进授朝散大夫。生性疏率不伦，自恃才高，凌傲时人，受杨玄感谋反牵连而被杀。

贵族子弟对炀帝的政策很不满意，杨玄感就在家中和兄弟们一起密谋，准备推翻炀帝，立秦王杨浩为帝。

大业五年（609年），炀帝西巡青海，在穿越大斗拔谷时，因为遭遇风雪，全队人马陷入一片混乱之中，杨玄感此时就已经有了袭击炀帝行宫的意图，但他的叔父杨慎劝阻说：“将士们心都很齐，国家也没有出现危机，万万不可轻率行事。”于是他就没有动手。

杨玄感知道要提升自己的威望，就得带兵打仗，为此他找到兵部尚书段文振，说杨家世代受朝廷的厚待，而自己却没有立过多少功劳，心里十分过意不去，他想到军队效力，哪怕是做一点点贡献。希望兵部尚书能给他一个机会，并请段公把他视作心腹。段文振将杨玄感的话报告炀帝，炀帝大加称赞说：“‘将门必有将，相门必有相。’这句话真是一点也不假。”之后还赏赐杨玄感许多绸缎，对他也特别信任，让他参与朝廷的决策。

炀帝征辽东，让杨玄感负责粮食的运输。由于经常接触军队和老百姓，杨玄感对征发高句丽的负面影响看得很清楚。老百姓日子不安稳，想造反的人越来越多。他觉得时机已经成熟，于是就和自己的亲信武贲郎将王仲伯、汲郡（治今河南卫辉市西南）赞治①赵怀义等人密谋，想尽办法拖延粮食运输，以此造成前线军队断粮的危机。炀帝派人来催促，杨玄感以水路被起义者占据，无法派船为借口进行推托。杨玄感的弟弟武贲郎将杨玄纵、鹰扬郎将杨万硕都跟随炀帝去了辽东前线，杨玄感也私下将他们召回。

第二次征高句丽时，来护儿仍然从东莱率兵船自海上对平壤发起进攻。水军还没有出发，杨玄感便让家奴伪装成东莱的使者，散布谣言说，来护儿的军队因延误了行期，所以发动兵变。大业九年（613年）六月三日，杨玄感打着讨伐来护儿的旗帜，封闭黎阳县城，四处抓壮丁，取厚布做铠甲，用开皇时候的旧称任命官吏，又给邻郡下文书动员

---

① 赞治：古代官名，州府专官的行政助理。

他们参战。

接着，杨玄感从运粮的役夫中选择少壮 5000 余人，又从江南丹阳、宣城来的水手中挑选 3000 余人，联合诸郡兵员，勉强凑了 1 万余人。

黎阳原有居民 1 万余户，只征到这么点兵，说明河北、山东一带的民力几近枯竭。城内没有多少器械甲杖，部队的武器装备十分寒酸，军旗是用大船上的帆布改制而成。士兵每人只有一柄单刀、一个柳条盾，没有弓箭，也没有铠甲。但既然已经公开造反，也只能硬着头皮上阵了。

杨玄感还任命了一批新的州刺史：县尉元务本任黎州刺史，汲郡赞治赵怀义担任卫州（今河南淇县）刺史，原郡主簿唐祐为怀州（今河南沁阳市）刺史。

与此同时，杨玄感还派人到长安召好友李密和弟弟杨玄纵前来助阵。

李密，字法祖，曾祖为西魏八柱国之一、司徒李弼，父亲李宽是隋朝的柱国将军，封蒲山郡公。李密拜史学名家包恺为师，勤读《史记》《汉书》和兵书。大业初，李密凭借父荫担任左亲卫府大都督、东宫千牛备身。他长得额锐角方，瞳子黑白明澈。有一次，炀帝在仪卫中看见他，回宫后问宇文述说："刚才在左边警卫队里的黑脸小伙子是什么人？"宇文述回答说："他是已故蒲山公李宽的儿子，叫李密。"炀帝说："这个人顾盼的神态很不寻常，不要让他在宫里担任宿卫。"于是，宇文述找了个机会对李密说："你天资这么好，应该凭才学获得官职，宫廷警卫是个琐碎差事，不是培养贤才的地方。"李密听了非常高兴，于是称病辞职，在家专心读书。一天，李密骑着牛去包恺的住处，把一本《汉书》挂在牛角上，一手牵着牛，一手翻看书卷。这一切正好被杨素看见，杨素觉得他不像一般人，便邀请他到家里做客。经过交谈，杨素认定李密是个人才，并对儿子杨玄感说："李密的见识气度，你们都比不上！"在父亲的撮合下，杨玄感和李密成了好朋友。

李密到来后，杨玄感向他说明了自己的打算，请他给自己出主意。李密向杨玄感献了上、中、下三策。

上策是立刻率兵奔向蓟州，扼守住地势险要的交通咽喉，截断炀帝的归路。炀帝率领几十万大军在辽东作战，前面有高句丽，北面是广漠的寒荒之地，外加剽悍的胡戎部落，南面是茫茫大海。一旦归路被截断，隋军得不到粮草供应，支撑不了多久就会崩溃。

李密认为这是最佳策略，但杨玄感缺乏足够的勇气和魄力，更害怕挡不住隋炀帝的几十万大军，因而没有采纳。

于是，李密又给出了中策："关中四面都有险塞，是天府之国，虽然有卫文升（卫玄），但他不足为虑。如果您率军西进，舍弃沿途城池，直取长安，招收长安的豪杰之士，抚慰长安的士民，凭险据守，即使杨广从高句丽回来了，但他失去了根本之地，我们尚可一争。"

但杨玄感听了仍不置可否，李密又说："还有第三个选项，就是挑选一支精兵，快速进攻最近的东都洛阳。但是，洛阳城防坚固，如果我们顿兵城外，久攻不下，一旦四方援军赶到，后果不堪设想，所以这是最下策。"

没想到杨玄感听了却说："您说的下策，才是上策。现在朝臣们的家属都在洛阳，如果不攻取它，怎能影响世人？并且经过城镇却不攻打，用什么显示威力？"

于是，杨玄感和弟弟杨玄挺、杨积善分别率军南下，打算偷袭洛阳，没想到唐祐到河内郡后，马上向驻守洛阳的越王杨侗和民部尚书樊子盖通风报信，洛阳因此抓紧做了防御的准备，而且忠于炀帝的士绅也赶紧派人前去守卫临清关。如此一来，杨玄感无法渡黄河，只好从汲郡南渡。六月十四日，杨玄感屯兵洛阳上春门，此时手下已经有了10余万人马。

二、洛阳告急

面对杨玄感大军的进攻，留守洛阳的大将樊子盖派河南赞治裴弘策率8000人马去迎战，结果打了败仗。洛阳附近的老百姓都争先恐后地送酒送肉，慰劳杨玄感的军队。

樊子盖为了整顿军纪，将裴弘策斩首。国子祭酒杨汪为此发了几句牢骚，樊子盖又下令要杀杨汪的头。杨汪赶忙磕头认罪，头磕破了才得到饶恕。杨汪很有学问，口才很是厉害，炀帝曾让他和百官讨论天下大事，没有一个人能说得过他。炀帝让他做会议记录，看后连连夸奖，送了一匹好马给他。大敌当前，樊子盖严肃军纪为的是树立绝对的权威。

杨玄感在洛阳城下誓师，说他身为上柱国，虽有家产亿万，但视富贵为浮云。现在之所以不顾家破人亡甚至灭族的危险进行起义，是为了把老百姓从水深火热中解救出来。杨玄感的话很具煽动力，每天都有上千人来投奔他。

为了策反樊子盖，杨玄感特意写信劝他说：

"建功立业表示忠诚有多种途径，见机行事也绝不是只有一种选择，商朝的伊尹放逐太甲、东汉霍光废黜刘贺，都是樊将军所了解的典故，这里不用多作解释。

"隋文帝受天命统治天下，以璇玑测天知道天文，用金镜驾驭六龙，实行无为而治的政策。当今皇上继位非但没有守护好江山，反倒是自绝苍天，残害百姓，频繁征兵，使得盗贼纷起。皇帝大兴土木，民力因此而凋敝；皇帝沉湎酒色，子女就受尽侵扰；皇帝玩弄鹰犬，禽兽就遭遇到毒害。如今天下结党营私贿赂公行，邪恶势力猖獗，正直的人却又遭到排斥。财物运输不断，徭役没有终限，尸体填满沟壑，白骨遍布四野，黄河以北千里不见人烟，江淮之间昔日良田已成荒原。

"我家世代承蒙国家恩典，我又身居朝廷要职，先父曾奉文皇帝遗诏，辅佐好的子孙，废黜恶的子孙。我在上继承先父遗志，在下顺应四方民意，废掉这个昏庸君主，另立贤明君主，四海与我同心，九州一起响应，士卒拼命奋战如同报自家的私仇，百姓都来响应，全是因为这符合公道。天意和人事都十分清楚，樊公你独守孤城又能支撑多久？望你多为社稷考虑，为百姓考虑，千万不要拘泥于迂腐的小礼。国家到了如今这个地步，也是我很不愿看到的情况，执笔写到这里已禁不住潸然流泪……"

樊子盖是南方士族，炀帝刚上台就对他十分重视。那年去江都朝见，炀帝还亲自安排他衣锦还乡，在他老家庐江举办了 3000 人的宴会，仅凭这份君臣情谊，他就不会轻易地背叛炀帝。由于樊子盖严防死守，杨玄感一时无力攻克洛阳。

这时，留守长安的代王杨侑派京兆内史兼刑部尚书卫玄率领步、骑兵 7 万人去援救洛阳。卫玄率大军经过华阴的时候，下令扒开杨素的坟，焚烧了他的尸骨，并将他的墓夷为平地，这样做无疑是向将士们表示与叛军不共戴天的决心。卫玄率军出了潼关，部下猜测杨玄感可能会在崤山和函谷关处布置伏兵，卫玄则认为杨玄感想不出这样的计谋，仍然大张旗鼓地前进，一路上果真没有遇到伏兵。

大军到了洛阳，卫玄将主力放置在北门，南面只派少量人马转移杨玄感的视线。布置妥当后，卫玄先在军中设一祭台，昭告文帝在天之灵前来保护。祭文中说："刑部尚书、京兆内史臣卫文升，冒昧地昭告于高祖文皇帝的神灵：自从皇家承受天命，到现在 30 多年，武功文德，渐渐影响海外。杨玄感辜负圣恩，自作蛇豕，蜂飞蚁聚，犯我王师。臣下两代受恩，一心侍奉国家，统率熊罴之众，志在剿灭逆党。如果隋朝江山还能长治久安就请祖宗保佑，让这些小丑土崩瓦解；如果隋朝的气数确实不长，老臣能先走一步也是很幸运的。"卫玄的祭文读得慷慨激昂，参加祭奠的人都被他的激情感动得哭出声来。

卫玄派去引诱敌人的 2 万人马渡过涧河，杨玄感假装战败，卫玄的人追赶，结果落入杨玄感设下的圈套，前锋全军覆没。

数日后，卫玄再次与杨玄感交战，双方刚刚接触，杨玄感军中许多人突然大声喊道："官军已经抓住了杨玄感！"官军听了大为兴奋，饱满的斗志一下子松懈了许多。杨玄感趁机率几千人马向官军发动进攻，官军打了败仗，卫玄领着七八千人落荒而逃。

杨玄感骁勇善战，每次作战都使用一杆长矛，身先士卒冲锋陷阵，对手都被他的武艺所震慑，说他的风格和项羽很像。杨玄感还有一个长处，那就是很会率领军队，士兵们都愿意为他拼命，因此他作战打的大多是胜仗。

卫玄寡不敌众，粮食也消耗殆尽，于是以全部人马和叛军决战。双方在北邙山布阵，一日交战 10 余次，杨玄感的弟弟杨玄挺中流矢身亡。只要杨玄感稍稍后退，樊子盖就立刻派兵来攻。

三、撤军回援

炀帝在高句丽前线得知杨玄感兵变的消息，顿时惊慌失措，连忙召集众臣议事。当着文武百官的面，他气急败坏地骂道："如此叛逆之贼，畜生不如，朕对他皇恩浩荡，他不思报答倒也罢了，竟然还敢起兵叛乱，早知这样，朕就该灭了杨素九族！"炀帝这句话并不是随意说出的，当初他确实有过这种想法，只是看到杨素被封为楚国公之后也没有谋逆的迹象，而且已年老体衰，直到去世也没有谋逆之举，也就打消了斩草除根的想法，现在再想起来，他真是追悔莫及。

大臣们看到炀帝如此盛怒，都垂手而立，大气也不敢出一口。炀帝忽然想起当初渡过辽河东进辽城的时候，庾质曾跟他说过"黎阳有兵气"，于是对庾质说："你上次不让我亲自出征，想必就是这个缘故吧。那现在杨玄感可以成事吗？"

庾质说："杨玄感所据之地，地势虽好，道德威望却不是一向就有的，只是借助百姓的劳苦，希望侥幸成功。然而现在是天下一家，不是轻而易举就能动摇的。"

炀帝说："火星进入南斗星域将会出现什么情况？"

庾质回答说："南斗，是楚天的分界。楚，是杨玄感的封地。现在南斗光色暗淡，他最终一定不能成功。"

接着，庾质又安慰炀帝说："陛下不必担心，杨玄感粗心大意，思考欠缺，有勇无谋，算不上聪明之辈。陛下现在应该立即抓捕杨玄感的两个弟弟杨玄纵和杨万硕。他们两人手握兵权，一旦听到哥哥起兵叛乱的消息，必定会作为内应，如此，后方叛乱、前方倒戈才是最大的威胁。"

炀帝听了，禁不住脊背冒出冷汗来，急忙吩咐两名禁军校尉各带一队人马前去辽东城下的隋军营寨，抓捕杨玄纵和杨万硕。

然而，当派去的人到了杨玄纵两人的营帐时已经晚了，他们早已不见了踪影。炀帝更加愤怒，冲着众大臣吼道："军中将领擅自离开阵营，怎么没人向朕奏报？"

苏威急忙从队列中走出来，奏报说："陛下，这种事归兵部管辖，兵部尚书斛斯征①负有知情不报的责任，应立即予以追究，以正军法！"

"去，把斛斯征给我抓过来！"炀帝下令说。

两名校尉领了命令，急忙向着兵部的营帐走去，到了营帐里才知道，斛斯征已经提前知道炀帝抓捕杨玄纵二人的事情，自己难辞其咎，必将大祸临头，匆忙中骑着一匹马冲出营寨投奔高句丽去了。

炀帝得知斛斯征已经逃跑，更是气得暴跳如雷，冲着满朝文武下令说："传朕旨意，即刻进攻辽城，一定要将斛斯征抓住杀头。"

庾质见炀帝已经乱了方寸，急忙上前劝阻说："陛下不可妄动，当三思而后行。斛斯征虽然放走了杨玄纵和杨万硕，自己又投降高句丽，无疑是他们的同党。如此看来，杨玄感并非贸然起事，而是一场预谋已久的行为，因此更不能掉以轻心。"

苏威也站出来劝道："太史令所言极是，况且叛贼已经攻入洛阳，

---

① 斛斯征（529—584年）：字士亮，河南洛阳人。自幼聪颖，博涉群书，尤精《三礼》，兼解音律，以父勋累迁太常卿。

镇守东都的越王和樊子盖能否抵挡得住，还能守多久，这些才是眼下最应该思考的事情。陛下如果不早点做出决断，恐怕会贻误战机。”

在两位大臣的劝说下，炀帝终于冷静下来，他咬牙切齿地说："斛斯征，早晚有一天，朕一定要你万箭穿心，千刀万剐！"之后，他问二人道："爱卿可有什么良策？"

苏威和庾质不约而同地回答："撤军回援！"

炀帝不甘心自己的计划失败，说道："可是，辽东城指日可下，宇文述也已经率部来到鸭绿江边，现在撤兵岂不是功亏一篑？"尽管嘴上这样说，其实他心中也明白，如果再不撤兵，恐怕江山不保。经过权衡利弊，他还是接受两人的建议，下令撤兵返回洛阳。

于是，隋军丢下手头的战事，开始向内地撤退。由于组织混乱，前线的军粮、器甲堆积如山，悉数丢弃。高句丽军怀疑其中有诈，不敢出击，一直到第二天才外出侦察，仍然怀疑隋军假意撤军。两天后，高句丽出动数千人马追击，但因为隋军太多，他们不敢靠近，始终保持着八九十里的距离。快到辽水的时候，隋军御营渡过了河，他们才敢攻打后军。隋朝后军仍然有数万人，高句丽跟随包抄，最后有羸弱数千人被高句丽军杀死。

四、围剿杨玄感

在东莱督师水军的右屯卫将军来护儿得知杨玄感起兵，未等接到炀帝圣旨就迅速回师，还派儿子来弘、来整前去请示炀帝。炀帝见过来弘兄弟，高兴地说："你们下令撤军正是我命令你们赴中原作战的日子。"

同时，炀帝下诏命令左武卫大将军宇文述、右候卫将军屈突通各率一军南下救洛阳，虎贲郎将陈稜攻黎阳。在各路大军的围攻下，杨玄感自觉招架不住，就向前民部尚书李子雄请教。

李子雄和杨素关系很好，炀帝即位之初，杨谅谋反，朝廷要调幽州兵去平定，杨素将李子雄推荐给炀帝，完成了这项颇为棘手的任务。李子雄懂军事却不懂外交，有一次朝廷让他接见新罗使节，李子雄问使节戴的帽冠由来。新罗使者说："我们戴皮帽子已经好几千年了。你作为大国外交大臣，怎么能不认识皮帽子呢。"李子雄说："我们中国没有这样的礼节？所以要问问你们这些蛮邦。"新罗使者说："我们的皮帽子就是从中国传过去的，怎么能说中国没有这样的礼节呢？你这话说的就有点外行了。"因为和外交使节谈话出了洋相，炀帝免除了李子雄的职务。后来炀帝下扬州，又给会打仗的李子雄官复原职。炀帝在江都时，跟随左右的仪仗队走起路来很不整齐，于是就让李子雄上前发号施令。经过李子雄的调教，六军的队形步伐立刻整齐划一。炀帝大为高兴，称赞他是当武侯的人才，很快升他为右武侯大将军，但不久又因过失罢了他的官。大业九年（613 年）炀帝二征高句丽，让他随军效力，李子雄在来护儿水军中当差，杨玄感叛变后，炀帝怀疑李子雄和杨玄感有联系，下令将他拘捕押送到皇帝的行宫，李子雄杀了前来扣押他的人，独自前去投奔杨玄感，并劝说杨玄感赶快称帝。杨玄感征求李密的意见，李密反对道："秦朝末年陈胜想要称王，张耳劝阻因而被赶走；东汉末年曹操要挟献帝加九锡作为夺取政权的演习，荀彧制止因而被疏远。今天我如果说直话，又怕走上张耳、荀彧的老路；如果阿谀奉承顺着您，又不是我的本意。为什么呢？起兵以来，虽然频频胜利，但到州郡县城，还没有人响应。洛阳的防守力量比较强大，各地的援兵越来越多。您应当身先士卒，尽快平定关中，却想急于称帝，为什么要向人们表现器量狭小呢？"杨玄感笑了笑，也就作罢了。

这个时候，李密已经逐渐被杨玄感冷落。此前与隋军作战时，杨玄感俘虏了内史舍人韦福嗣。韦福嗣八面玲珑，巧舌如簧，很快得到了杨玄感的信任，从此征战大事不再由李密一人主持。韦福嗣本来不是同伙，只是战败被俘，所以每次商议事情，他都持模棱两可的态度。李密对杨玄感说："现在我们刚刚起事，八字还没有一撇，你就重用这样的奸人。照此下去，我们的大事一定会被耽误，你应该赶紧将他杀掉，以绝后患。"但杨玄感却不以为然地说："哪有那么严重？"事后，李密对亲信说："杨玄感喜欢谋反却不打算取胜，我们如今都要做隋军的俘虏了。"后来杨玄感准备向西进军，韦福嗣果然逃回洛阳去了。

现在，杨玄感得了李子雄，更是舍弃李密，一切都听从李子雄的主意。

李子雄认为目前洛阳附近最危险的人就是屈突通，此人一旦渡河，将会造成很大的威胁，不如将他挡在河的对岸。如果屈突通不能过河，卫玄和樊子盖就失去了援助。

杨玄感很赞成这个方案，准备分兵抵挡屈突通过河，但樊子盖也明白其意图，不停地对杨玄感的军营发动袭击，使杨玄感不敢分散兵力。于是，屈突通成功渡河，杨玄感只能分头对付卫玄和屈突通。

樊子盖再次出城挑战杨玄感，杨玄感接连失败，于是又一次向李子雄请教。李子雄说，东都增援的部队越来越多，此地不宜久留，倒不如直接去取关中，开永丰仓赈济贫民，长安便唾手可得，有了关中实力大增，再争夺天下，这样一来就能稳操胜券。

华阴老家杨氏家族也希望杨玄感回到关中，于是由他们带路，杨玄感集合 10 万人马，于七月二十日放弃洛阳，向西进攻长安。为了虚张声势，杨玄感的军队一路上扬言他们已经攻占了东都。实际上，隋将宇文述、卫玄、屈突通等，此时正率领 10 万大军在后面穷追不舍。

节令已接近仲秋，几场秋雨过后，天气有了几分凉意，道路十分泥泞。杨玄感的部众奔走在泥水中，声威士气与围歼卫玄时相比，大有不同。幸好杨玄感擅长摇唇鼓舌，一路上一直给将士们打气，向他们描绘打开潼关、据守关中之后的美好图景："拿下潼关，我们便有险可据。然后攻取长安，打开永丰仓赈济穷苦百姓，关中民心所向，各路豪杰也会纷纷前来聚集起义，三辅便可一举而定。据有府库，再向东争夺天下，这也是霸王之业！"

杨玄感所说的三辅，是汉武帝时所置京兆尹、左冯翊、右扶风三个与郡相当的政区，治所都在长安城中。因所辖皆京畿之地，所以合称"三辅"。

队伍在杨玄感的鼓励下急速西进，一路上遵从李子雄所说的计策行事，遇城池不取。可是，队伍行至弘农（今河南灵宝市东北黄河沿岸）时，事情却发生了变化。

弘农太守杨智积是炀帝的叔伯兄弟，被封为蔡王。他听说杨玄感西窜的消息，立即召集部下说："杨玄感觉得朝廷大军快到了，就打算向西谋取关中。如果让他得逞，以后就很难铲除。我们必须想尽办法阻止他进军。只要能拖住他，不出十天，定能将这叛贼擒住！"

杨玄感的队伍进到弘农城前，被一群守候在路边的老弱农夫拦住了去路，嚷嚷着要见杨玄感大人。杨玄感闻讯驰马赶到，冲着那群人问道："什么事？"农夫中走出一位老者，朝杨玄感作揖，自称是弘农百姓，因连年遭受劳役重赋，不堪其苦，听说义军到来，十分高兴，希望义军能够攻下弘农城，开仓放粮，拯救黎民百姓。杨玄感信以为真，考虑到军中粮食已经不多，急需补充，于是改变主意，决定攻取弘农。然而，他不知道的是，那些老弱农夫正是杨智积派来迷惑杨玄感的。

杨玄感挥师攻打弘农，杨智积知道杨玄感为人易冲动，便登上城墙破口大骂。杨玄感果然中计，下令发起猛攻。李密劝他说："您现在哄着广大兵众向潼关撤退，办好这事就得迅速，何况追兵快到，哪能停留！如果前进不能据守潼关，后退又无处可守，广大兵众一旦逃散，用什么保全自己？"

然而，被愤怒冲昏了头脑的杨玄感哪里听得进去，他接连攻打了三天，但弘农城始终没有被攻破。他不敢继续纠缠下去，于是率军继续西去。也正是这三天，给宇文述带兵救援争取了时间，也使杨玄感失去了攻取关中的机会。

宇文述兵分几路，在叛军身后和两翼形成合围之势，将其死死咬住，一天发动数次猛攻。杨玄感且战且走，接连败退。此处西去潼关仅剩100多里，但是杨玄感再也没有办法赶到那里了。从潼关杀出来的军队与宇文述的兵马在四面紧紧包围叛军，杨玄感只好在董杜原（今河南灵宝市西北）摆出决战的阵势。

双方大战三天，叛军一败涂地，全线崩溃。杨玄感奋力向南面杀出一条血路，冲出重重包围，逃往山林。回头看看，包括弟弟杨积善在内，自己身边只剩下十几个人。

官军穷追不舍，杨玄感仓皇逃命，跑了一天一夜，来到葭芦戍（今河南灵宝市西南）时，只剩下他和杨积善两人，马也累死了，兄弟俩只能步行。

他们走了一段路程，身后隐隐传来追兵的马蹄声和士卒搜寻的声音。杨玄感停下脚步，抬头仰望苍天，沉重地哀叹一声，对杨积善说："谋事在人，成事在天。不知苍天为何容不得我！兄弟，如今大势已去，再逃下去也毫无意义，但我坚决不能被朝廷抓住，受无道之君的侮辱。你帮我一把，让哥哥我就此了断吧！"说完，杨玄感转过身去，面向西北跪下，那里是他的家乡，也有壮志未酬的长安。

杨积善知道面前只有死路一条，遂挥泪抽出刀，向哥哥的脖颈上砍去。一注热血喷了出来，洒在满是碎石乱草的荒野之中。随后，杨积善跪在哥哥的尸体身边，横刀自刎。

宇文述大获全胜，班师回京。一场虚惊就这样过去了，炀帝心里终于得到了一丝安慰。可惜的是，移山填海都不在话下的他，怎么也没料到因为杨玄感起兵反叛，一场苦心经营、声势浩大的对高句丽的征战，就这样草草收场了。

按照炀帝的旨意，杨玄感的尸首在洛阳天津街上示众三天，之后剁成肉酱，焚烧殆尽，骨灰撒在城外的荒郊野冢之间。

炀帝还下令追查杨玄感的同党。他说："杨玄感一呼而跟从者10万，更加说明天下的人不应该太多，多了就相聚为盗。不都杀了，就无以惩戒后人。"樊子盖、裴蕴按照炀帝的旨意，从严处理。凡与杨玄感有过交往或一起喝酒谈诗的人，都以种种理由发配边疆。杨玄感围攻东都时，曾开仓赈济百姓。于是，凡是从杨玄感手中领过粮食的百姓，一律拉到城南活埋。结果，3万多百姓被杀，6000多人被流放边疆。

如此滥杀无辜，导致全国造反的人越来越多，天下大乱初见端倪。

五、三征高句丽

杨玄感叛乱平息后，炀帝又开始考虑征讨高句丽之事，他对连续两年远征高句丽都无功而返，始终感到不甘心。文武百官听说又要兴师动众地征讨高句丽，心里虽然不乐意，但又不敢说出来，只是低着头不吭声。炀帝见状，脸上现出失望的表情，于是面向苏威问道："苏爱卿，你说说对这件事的看法。"

苏威沉思片刻，回道："陛下已经两次出征高句丽，不但没有取得胜利，反而造成了军队的巨大伤亡，已经激起民怨，如果再次出兵，恐怕会引起将士们的不满情绪。"

炀帝闻言生气地说："谁敢妄议朝政，立即斩首。"

苏威看到炀帝生气的样子，连忙退一步劝道："陛下，高句丽非讨不可，但就眼下的形势而言，陛下无须亲自出马，只需稍稍用计，即可一举两得。"

炀帝一听有这样的好事，大喜道："爱卿快说，是什么好计策？"

苏威不慌不忙地说："陛下，如今之所以四方盗贼频发，多因衣食所迫，不得已而为之，并非一心一意想要与朝廷为敌，因此也都怀有盼望朝廷招安的心思。臣以为，陛下只需向天下颁布一道赦令，赦免群盗无罪，然后再招募他们为朝廷效力，即可得兵卒数十万。陛下再选派朝中大将，带领这些兵卒出征高句丽，这些人感于皇恩浩荡，必定奋勇作战，如此一来，不出一年，高句丽既可征服，盗贼的问题又可得到解决，岂不是一举两得之事？"

然而，让苏威感到失望的是，炀帝听了他的建议，不置可否。

其他大臣也明白，如今朝廷府库空虚，盗贼蜂起，民怨鼎沸，再征高句丽等于铤而走险，这才是实话。然而炀帝执意要战，说了实话就等于跟炀帝唱对台戏，轻则罢官，重则杀头，又何必自讨苦吃呢？惩治杨玄感案的种种酷刑惨状，足以使他们不寒而栗。

不过，炀帝其实也没打算听臣下们说什么，共议朝政不过是做做样子罢了。

大业十年（614年），炀帝下诏再次征发，攻打高句丽。三月，炀帝又一次御驾亲征。他先从洛阳来到涿郡，在临渝宫祭祀黄帝。因为黄帝曾战于孤泉以定天下，所以他想用祈福的方式求黄帝保佑。

从洛阳到涿郡的路上，竟有士兵结伙逃跑。炀帝闻奏勃然大怒，命禁卫追捕，几十名没逃远的逃兵又被抓了回来。炀帝下令将这些人全部杀死，其首级用作祭祀黄帝的祭品，血涂抹在战鼓上，以作警示。

然而，这时天下已经大乱，义军纷起，路上很不太平，从全国征调的军队屡屡受阻，没有一支队伍能够如期到达。等各路大军集结完毕，炀帝的车驾到达怀远镇前沿时，已经是七月初七了。

水军大将来护儿仍然率战船从东莱出发，东渡渤海抵达高句丽奢卑城（今辽宁金县大黑山）。高句丽国王高元调集精锐前来迎战，刚一交手就被隋军击溃，损失了近2000将士。来护儿挥师乘胜追击，眼看就要攻到平壤城下了。经过隋军的两次打击，高句丽虽未败亡，但也是疲惫至极，无力再战。这时，炀帝又率陆军从西边压了过来，高元感觉大事不妙，只得含恨忍痛派使者面见炀帝请降。为了表示投降的诚意，高元特地把隋军叛将斛斯征塞进囚车，献于炀帝御帐前。

炀帝非常高兴，认为高句丽不战而降是一个意外的惊喜，由此完全可以理直气壮地诏告天下，高句丽自降，无疑是被大隋上国威势所震慑！高句丽既然投降了，也就没有了再打下去的道理。炀帝命高句丽使者回去转达旨意，要高元近期来朝见；又派人持节诏来护儿班师，来护儿认为此时正是攻破高句丽的好机会，想继续进攻，不肯奉诏，但是诸将听从炀帝的命令，都请求返回，来护儿无奈，只得下令撤军。

十月三日，炀帝返回东都稍作休息之后，又起驾西行，于十月二十五日到达西京长安。

按照惯例，出师凯旋，是要在京师的祖庙前举行隆重的告庙典礼的，向列祖列宗禀报征战的经过和辉煌战果；在告庙典礼上，还要向祖宗献上战俘。不过，这回高句丽国不战而降，没有俘虏可献，所幸还有一个斛斯征可以代替。斛斯征深受皇恩，却在阵前投降敌人，做了叛徒，依律当斩。

祭告祖庙典礼结束，炀帝御驾刚刚回到宫中，右翊卫大将军宇文述即来求见，请求斩杀斛斯征，以正军法。炀帝对斛斯征恨之入骨，问宇文述该对其施以什么刑罚。宇文述提醒炀帝，斛斯征投敌时，炀帝曾说过要把他万箭穿心、千刀万剐。炀帝立即想起确实有这么一回事，于是决定对斛斯征施刑，并诏令京师之内九品以上文武官员必须到场，不仅观刑，还要一同参于行刑。

金光门是长安西城三门中的中门。这天行刑的时候，斛斯征被禁军士卒推到了金光门外，捆绑在一根木桩上，用一个大车轮套住脖子，使他扭动不得。这也是宇文述想到的新招。

随着午时钟鼓响起，第一支行刑队伍上场。这是一支由50名朝中武将组成的队伍，每人手拿弓箭，走到距斛斯征30步远的地方排成一个半圆，然后搭箭拉弓，听宇文述一声号令，"嗖嗖嗖"每人3箭，对准斛斯征一阵猛射。这些武将久经沙场，个个练就了百步穿杨的功夫，在如此近的距离射斛斯征这么一个大活靶子更是轻而易举，箭无虚发。每人3箭射完，斛斯征从头到脚插满了箭矢，远远看上去很像一只站着的刺猬。但是他还没死，身体剧烈地扭动着。

随着弓箭手退下，第二支行刑队走上来，是50名文官，一个个手提长刀。文官不会射箭，只能练习砍杀。他们一个接一个轮番上阵，来到斛斯征跟前举刀就砍，有的砍三五下，有的砍七八下，并无定数，但都砍得十分卖力。等最后一个砍完，斛斯征早已成了肉酱。

最后，炀帝下令将斛斯征的肉全部割下来，煮熟给文武百官食用，残骨则焚而扬之。

令炀帝恼怒的是，这次高句丽王表面上表示臣服，但是却不按炀帝的命令入朝，还俘获大批隋人不放还，后世中原人到高句丽，还看到大量当年被高句丽俘获的隋人，"望之而哭者，遍于郊野"。对此，炀帝也曾准备再次征讨高句丽，但最终没有成行。

第十四章　雁门遇险

一、谶语事件

大业十一年（615 年），隋炀帝身边已是人才凋零。自征辽东就一直效忠的文人士大夫们，这时也渐渐和炀帝疏远起来，有的甚至遭到清洗。这年正月，炀帝开始整顿秘书省，一是想增添一些整理古典文献的专业人才，二是为了清除文人士大夫中的异己者，从而建立自己的人才队伍。然而这一年的形势已无法和极盛的大业五年（609 年）相比，大隋的江山眼看到了朝不保夕的地步，炀帝已经不能随心所欲地做他想做的事情，即使是想给盛世修史也没有了机会。

实际上，隋炀帝要操心的不只是文人的背叛，最让他坐卧不安的还是方士安迦陀说的"李氏当有天下"的谶语。

据说，炀帝做了一个梦，梦见洪水滔天，淹没了京师，长安城的几座城楼全都不见了，世界一片汪洋，人兽绝迹，只剩他一个人在湍急的漩涡中努力挣扎，巨浪在他头顶上压下来，几经沉浮，他用尽全身力气拼命呼救，却一声也喊不出来。他感到精疲力竭，无力再挣扎，于是渐渐沉入水底。

梦中的洪水使炀帝思虑重重，他又联想起叛逆杨玄感、斛斯征，还有近来接连不断的关于盗贼聚众、攻州陷府的奏报。恰在这时，京都之内又忽然流传一首歌谣："杨花落，李花开。桃李子，有天下。"这首歌谣传进炀帝的耳朵里，再联想到梦中的情景，他觉得这是非常不祥的兆头，于是郁郁寡欢，心头像压着铅块一般沉重。他向宇文述吐露心迹，宇文述出了个主意说："不妨把安伽陀主持请来为陛下破解。"

安伽陀曾经向炀帝敬献丹丸，效果很好，深得炀帝的信任和喜爱。炀帝知道他对谶纬很有造诣，而且炀帝非常信赖的章仇太翼已经去世好几年了，庾质也只是个会看星象的太史令，所以他只能依宇文述所说，把安伽陀召来了。

安迦陀已经提前从宇文述口中知道了炀帝要问的事情，并想好了答辞。面对炀帝的询问，他带着几分神秘地回答说："陛下梦中所见，恐怕是应了一道谶语，是不祥之兆。"

炀帝听了大吃一惊，急忙问道："到底是什么谶语，还请住持明示。"

安迦陀看了一眼身边的宇文述，故意压低声音说："谶语中说，李氏当坐天下。"

炀帝更加吃惊，追问道："哪个李氏？朕当如何应对？"

安迦陀见炀帝十分惊慌，急忙安慰说："陛下尽可放心，凡事都有应对之策，只要陛下将全国姓李的人全部杀掉，江山自然稳固。"

炀帝虽然杀人如麻，但听了安迦陀的话，也不免感到为难，说道："李姓是天下大姓，人口遍布全国，怎能斩草除根？如果杀的人太多，恐怕会激起民变，则局势不可收拾矣。"

宇文述也问安迦陀道："住持，除此之外，还有别的什么方法吗？"

安迦陀思索片刻，说："方法倒是还有，而且还不用杀那么多人。"

"那是什么方法，快快说来。"炀帝迫不及待地问道。

安迦陀说："请陛下想一想，虽然要夺大隋江山的人来自李姓，但千千万万的平民百姓肯定办不到，只有和陛下有亲密接触而且掌管兵权的大臣才有可能办到。所以，陛下只要认为身边姓李的大臣中有应此谶语的，及时除掉即可。因为皇上梦中洪水泛滥，所以这姓李的大臣的名字很可能叫洪、淼之类的。"

炀帝和宇文述听了安伽陀的话，深信不疑，开始细细地琢磨起来。

他们将朝中所有大臣想了一遍，却没有哪个姓李的人和洪、森二字有关。就在二人犯难的时候，宇文述突然想起自己的妹夫李浑。

李浑，字金才，是申国公李穆的第 10 个儿子。李穆死时，长子李惇早亡，按理应由长孙李筠袭爵，但李浑对爵位垂涎已久，于是暗中派侄儿李善衡将李筠毒死。文帝曾一怒之下将李氏亲族全部拘押，但最终也没有查出个结果，只能不了了之。

风声一过，李浑就抓紧活动。当时宇文述是太子杨广的左卫率，很受宠信。李浑找到宇文述，劝他游说太子，再由太子在文帝面前美言几句，让自己承袭爵位，并承诺如果成功，愿每年将国赋的一半送给宇文述。宇文述见妹夫找上门来，不便推辞，更想得到那丰厚的馈赠，就尽全力去按李浑说的做了，结果李浑如愿以偿地袭封申国公。

但李浑功成名就之后却食言了，一半的国赋只奉送了两年，往后就不再提及此事。宇文述觉得受到了戏弄，心中十分怨恨，经常酒后对外人大骂李浑，结果传到了李浑耳中，二人由此反目成仇。

宇文述暗暗发誓一定要寻找机会报复李浑，出出这口恶气，于是趁机在炀帝面前说尽李浑、李敏、李善衡叔侄三人的坏话，诬陷他们经常聚在一起密谋商议，鬼鬼祟祟，欲行不轨。

李敏的乳名叫洪儿，炀帝由此怀疑此人是谶语所说之"李"，且与自己的梦相应。炀帝忽然又想到自己的姨表兄李渊。李渊被派去镇守弘化郡（今甘肃庆阳县），不久前告病休养，正闲居家中。于是，炀帝让宇文述顺便调查李渊是真病还是另有企图。

宇文述接到圣旨后，非但没有调查李渊，反而让武贲郎将裴仁基①出面告发李浑谋反，并于当天派军队抄了李浑等人的家。又派左丞元文都、御史大夫裴蕴对李浑严加审讯，但连续审了几天，都没有取得谋反的证据。裴蕴据实向炀帝报告，炀帝不相信，让宇文述再去调查。李浑

---

① 裴仁基（？—619 年）：字德本，河东郡（今山西永济）人，隋朝将领。因功授任光禄大夫，后投降李密瓦岗军。

和李敏死不认罪，宇文述拿他们实在没有办法，只能在李敏的妻子宇文娥英①身上打主意。

宇文述把宇文娥英从狱中召来，对她说："你是皇上的外甥女，还怕找不到好人家吗？现在李敏、李浑他们犯了死罪，谁也救不了他们，对于夫人而言，现在唯一明智的方法是保全自身。如果你的口供做得好，保证不会受到牵连。"宇文娥英被宇文述这么一吓唬，心中没有了主意，只好听他摆布。

之后，由宇文述口述，娥英一字一句笔录，写下了这么一段口供："李家谋反的事李金才告诉过李敏，说：'根据谶语你应当做皇帝，现在皇上经常用兵，百姓不堪重负，这是老天爷要灭亡隋朝，我们应该把握好时机。如果皇帝再征讨高句丽，咱们一定会当将军，每一军1万多人，加起来就有5万军队。再发动各房的子侄内外亲戚还有此次出征的李家子弟，让他们分散在各部队等待机会。我和你先对御驾发起袭击，子弟们各杀了忠于皇帝的将领宣布起义，只需一天的工夫，天下就能被我们平定。'"宇文娥英写完，宇文述将信封上，再让宇文娥英在信封上亲笔写上加密字样，然后赶忙送进宫中。宇文述对隋炀帝说："李金才的案子终于有结果了，娥英写了揭发他们的信。"炀帝看完外甥女的信，十分震惊，对宇文述说："我的宗庙社稷几乎就要被颠覆了，幸亏亲家翁发现及时。"

于是，李浑、李敏和李氏族人共计32人被杀，其余不分老小都被流放到岭南。炀帝的外甥女宇文娥英也在几个月后被毒死了。这杀戒一开，炀帝与关陇豪族的关系也就日益紧张起来了。

李渊能够幸免于难，跟宇文述有很大关系。因为宇文述只想在李浑身上出口恶气，心思根本没在李渊那里。他得知李渊的一个外甥女王氏在后宫为姬侍，就告诉了炀帝。炀帝当即召来王氏询问李渊的病情，王

---

① 宇文娥英（？—615年）：南北朝时期北周公主，北周宣帝宇文赟和皇后杨丽华的女儿。

氏含糊其词地回答了。炀帝信以为真，想到一个病重之人不会有什么作为，于是便不再追究。

李渊听到这个消息后，惊得目瞪口呆，从此将自己关在家中，整天喝酒，自斟自饮，断绝与外人的往来。谁也没有想到，几年之后，应了安伽陀谶语的正是这个李渊！

二、雁门被围

自大业八年（612年）之后，炀帝经常睡不踏实，半夜里会突然惊醒，高呼有贼，然后长时间失眠，后来发展到必须由宫女摇抚着才能入睡。根据上述症状，炀帝似乎得了严重的恐惧症或急性抑郁症，这两种病都会伴随失眠、夜惊、做噩梦和惊哭，甚至出现懦弱和缺乏自信等症状。比较大业八年（612年）前后炀帝处理问题的方式，可以看出抑郁症对他的影响：他上台后虽然杀过高颎、贺若弼、薛道衡等前朝老臣，也杀过张衡那样的亲信，但除了杨勇，他其实很少杀自己家族的人。无论是发动叛变的杨谅，还是"图谋不轨"的堂兄弟杨纶、杨集，都是要么监禁、要么流放。但到大业十一年（615年），炀帝却在匆忙审讯后很快就处死了自己的外甥女和外甥女婿，说明此时的他已失去往日的自信，露出了色厉内荏的一面。

这段时间，炀帝和主管少数民族事务的大臣裴矩在汾阳宫谈论最多的是日趋紧张的隋朝与突厥的关系。大业初年，启民可汗与隋朝友善，为的是能与西突厥人对抗，自西突厥可汗归顺隋朝以后，启民可汗的儿子始毕可汗就开始怀疑隋朝对自己不怀好意。炀帝三征高句丽，原想东突厥也能出兵，但始毕可汗始终没有反应。从隋朝方面来讲，裴矩也在担心始毕可汗势力增强，于是故伎重施，企图拉拢始毕可汗的弟弟叱吉设，拜他为南面可汗，并提出要把隋朝的公主嫁给他为妻。但叱吉设为人胆小如鼠，拒绝了隋朝的联姻，表示自己没有南面称王的野心，始毕可汗知道此事后对隋朝更加怨恨。这样一来，裴矩的计谋也落了空。

东突厥人为什么变得如此难对付，裴矩对炀帝说，他们原本淳朴，但最近有几个很狡猾的西域胡人进入草原，专门给突厥人出谋划策，其中最难对付的就是史蜀胡悉，始毕可汗对他相当信任，如果能够用计将他除掉，也就相当于斩了始毕可汗的左右手。炀帝赞成裴矩的策略，于是派人去见史蜀胡悉，告诉他皇上准备了许多珠宝首饰在马邑（今山西朔州）与蕃客交易，谁去得早就能换到最好的珠宝。史蜀胡悉大概是个胡商，得到信息后非常高兴，没有告诉始毕可汗就私自带着部民，赶着牛羊马匹，不分昼夜地赶往马邑的集市，希望能买到大隋天子最好的珠宝。裴矩已提前在马邑城外埋下伏兵，史蜀胡悉进入隋军的圈套后，马上就被斩首了。

裴矩杀了史蜀胡悉，又骗始毕可汗说："史蜀突然带人前来，到达后又表示他已经背叛可汗，要求我们接纳他。可汗既然早就是隋的臣子，史蜀背叛可汗，我们自然不能答应。现在我们已经把史蜀给杀了，特意向你通报经过。"但始毕可汗很快就知道了事情的真相，东突厥也因此停止了对隋王朝的朝贡。

为了进一步抚慰始毕可汗，炀帝决定再次出巡北疆。大业十一年（615年）八月初五，炀帝率队出塞，他还想重现大业三年（607年）巡视启民可汗牙帐的情景，那次巡视提升了隋王朝在北疆少数民族中的威望。

炀帝出塞前曾通知始毕可汗，没想到，八月初八始毕可汗率领10万骑兵突然向炀帝的车驾发起了进攻。

这场突如其来的进攻完全出乎隋人的预料，始毕可汗在行动前甚至对妻子义成公主也保守秘密。因为没有料到始毕可汗会谋反，炀帝出行时并没有带太多军队，看到敌军来势凶猛，炀帝和手下十分惊慌。

八月十二日，炀帝带着人马退回雁门郡城（今山西代县县城），命齐王杨陈留在崞县（今山西原平市西南）阻断后面的追兵。

八月十三日，突厥骑兵包围了郡城，不久又有几十万骑兵穿过定襄（今内蒙古和林格尔）和马邑，直入雁门，将炀帝的人马围了个水泄不通。隋军手忙脚乱，找不到现成的材料，只好将民居拆了，赶建护城工事。但隋军与突厥交战，刚开始就很不顺利，雁门 41 城，很快就丢了 39 城，能守住的只剩下雁门和崞县。当时在雁门的兵民总共只有 15 万人，粮草也仅够用两个月。

在众多禁卫军士的护卫下，炀帝登上城墙，巡察战况。他遥望城外，看到满山遍野全是突厥军队的营帐，一眼望不到头，心中非常恐慌。城池近处，突厥人攻城的声势撼天动地，一浪比一浪高。无数骑兵像黑压压的蚂蚁，一边射箭一边扑向城下，箭矢如骤雨般射向城头，不时有躲避不及的隋军士兵中箭倒下，发出阵阵惨叫。士兵们有的忙着搬运砖石加固城头，有的则或背或抬将伤亡的弟兄弄到城下，乱成一团。

炀帝正站在城墙上的御盖下面亲自督战，突然一支利箭朝他飞了过来，他本能地抬起胳膊挡了一下，利箭走偏，射在御盖之上。他吓得面色蜡黄，再也顾不上督战，在禁卫军的搀扶下战战兢兢地走下城墙。回到御帐内，他一屁股跌坐在龙椅上，止不住伤心地大哭起来。直到这时，他才真正害怕起来，当年塞外出巡，亲临启民可汗牙帐的勇气和霸气完全消失了，甚至连大隋天子最基本的威仪也不见了，取而代之的是无比的惊恐和绝望。

皇帝的哭声惊动了随驾的大臣们，他们纷纷走进御帐内，站在炀帝面前面面相觑，一时不知道该怎样劝说才好。

炀帝哭了差不多半个时辰，情绪慢慢稳定下来，他用充满期望的目光看着大臣们，问道："现在形势危急，众卿可有退敌之策？"

然而，大臣们相互观望，谁也想不出一个好办法。

炀帝见状，不由得龙颜大怒，喝道："朕平日待你们不薄，现在你们却闭口不言，实在让朕失望至极，难道我们就这样眼睁睁地坐以待毙吗？"

大臣们看到皇上发火，吓得跪倒一片。关键时刻，宇文述主动请缨说："陛下，臣愿率领 5000 铁骑杀开一条血路，保护圣驾冲出去。

"好，爱卿现在就去集合兵马，准备突围！"炀帝立即命令道。

"陛下，臣认为不可。"纳言苏威劝阻道，"依当前形势判断，我们只有固守待援，才能保存一些优势，突厥人善于骑射，陛下如果冲出雁门，必然会被敌军包围，吉凶难料，千万不可冒此风险。"

民部尚书樊子盖也跟着劝道："陛下不可以突围，一旦发生不测，后果不堪设想。眼下只有固守雁门，尽力挫败敌人的进攻锐气。再者，突厥人用的是突袭之策，想必粮草不会太多，之所以攻势如此凶猛，就是要速战速决。鉴于此，我们固守待援，以静制动才是上策。"

"可是，援兵又会从哪里来呢？"炀帝疑惑地问道。

苏威回答说："陛下不可慌张，我们不但有援兵，而且还可以分为两路。一路为内援，陛下可以写下诏书，选派机警勇武之人冲出雁门，敕令各地方长官招募兵勇，驰援雁门。至于外援，陛下应该知道，按照突厥的习俗，可贺敦可以参与军机大事。始毕可汗的可贺敦义成公主毕竟是我大隋宗室之女，从她派来使者报告突厥偷袭的事情不难看出，她并没有忘记根本。现在那位使者还在城中，陛下可以修书一封，让他连夜出城，赶回去交给义成公主，晓以利害，让她劝说始毕可汗撤兵。"

苏威的话音刚落，虞世基又接着说："陛下，战场上的胜负，关键在于士气。常言说，重赏之下必有勇夫，陛下应当再登城抚慰，下旨重赏有功将士，以鼓舞士气，振奋军心。如此将士人人奋勇杀敌，雁门之险何愁不能化解。"

若是以往，大臣如此直言劝谏，炀帝早就不耐烦了，然而在这生死存亡之际，他一心只想活命，早已将皇帝的威仪和傲慢抛于脑后，于是接受大家的劝谏，准备固守城池。

在诸大臣的陪伴下，他鼓起勇气再次登上城墙，冲着将士们大声地说："诸位将士，突厥小贼看似强悍，不过是外强中干，只能逞一时威风罢了。只要我们坚守城池，全力抗贼，敌攻城不下，自会退去。朕意已决，要和大家一起，誓与雁门共存亡！如果得以保全，朕绝不会埋没了众将士的功劳，守城有功而无官阶者，直接授予六品，赐帛百段；有官者将依次升迁。"

将士们看到炀帝不顾生命危险来探望自己，都深受感动，群情激昂，誓与城池共存亡。

三、李世民妙计救主

八月二十四日，炀帝下诏招募天下兵马勤王。各地州县收到皇上的求救诏书后，都表现得十分积极踊跃，纷纷派出部队火速赶往雁门营救皇上，不想错过这个建功立业、升官发财的好机会。

隋朝大将云定兴得到炀帝遇险的消息后，也不敢怠慢，急忙率军救驾。然而，他兵少将寡，面对凶猛的突厥军队，心中又有些恐惧。当时，李渊和长子李建成正在山西讨伐叛军，李渊的次子李世民得到诏书后，也带领自己的部属投到云定兴的帐下前去救驾，成为一名营将。

李世民年方十六，英勇机智，作战勇敢。他向云定兴提议说："始毕可汗之所以敢围攻皇上，是因为他以为中原的救兵短时间内不会赶到。现在敌众我寡，如果贸然出兵，不但不能解除皇上的危机，反而有全军覆没的危险。不如采取疑兵之计，虚张声势，把队伍拉长，在军中增加旗帜、鼓角，白天让士兵们挥舞军旗，高声呐喊，几十里不断，夜晚再以鼓角相应，以此迷惑突厥，让他们认为救援大军已到，心中必然惊惧疑虑，则兵可退矣。"

云定兴认为李世民的建议非常好，于是传令下去，调集军旗、鼓角，队伍拉长，分开道路前进。白天沿路各军将士一边行军一边摇旗呐喊，弄得路上尘土飞扬，让突厥的探子无法分辨到底有多少人马。夜晚则鼓角齐鸣，声彻云霄，让人闻之胆寒。几路队伍同时赶到雁门附近，突厥探子看到隋军气势，果然上当，急忙报告始毕可汗，说隋朝大军已至。

这时，东都洛阳附近的各路勤王之师也相继赶到忻口（今山西忻州市北），又有义成公主派人送来急报，说北方有几个部族乘虚而入，入侵突厥，可汗大营告急。

始毕可汗顿时慌了手脚。雁门久攻不下，身后又来了大队援军，形成夹击之势，若再让那几个蛮族从北面断了退路，后果不堪设想。始毕可汗权衡再三，决定撤军。

九月十五日深夜，突厥兵悄悄地从雁门城下撤走，匆忙夺路北上，赶回自己的塞外老巢去了。炀帝派人到突厥兵营附近侦察，发现突厥大营已空。炀帝又派出 2000 骑兵追赶突厥军，双方在马邑交战，突厥老弱残兵被俘虏 2000 余人。

雁门关险些成了鬼门关，如今危机解除，城门洞开，云定兴率部将进城拜见炀帝。

经历了生死危难的炀帝，见到云定兴后有种恍如隔世之感，悲喜交加，不禁又潸然泪下。

九月十八日，炀帝离开雁门，经历了 37 天的围困，他已然颜面扫地，大业之雄图伟略成了过眼云烟。那个曾经雄心勃勃、积极进取的帝王已经不复存在，现在的他只想逃避现实，船在江都宫中。

回到洛阳后，炀帝本该奖赏士兵，但苏威说奖赏不可太重，应该多作斟酌。亲率大军打仗的樊子盖则认为不可失信于士兵。然而，炀帝听从了苏威的意见，他对樊子盖说："你打算收买人心吗？"樊子盖害怕了，不敢回答。

炀帝生性吝惜，当初平定杨玄感叛乱，应该授予功勋的人很多，于是他就改变军官级别：建节尉为正六品，以下为奋武、宣惠、绥德、怀仁、秉义、奉诚、立信等尉官，依次降低一级。这次守备雁门的将士有 17000 人，得到授勋的才 1500 人，都按照平定杨玄感时授勋的标准：打一仗得第一等功的晋升一级，此前没有勋位的仅授予立信尉，打三仗得第一等功的才做秉义尉。至于参加战斗却没有立功的人，打四仗晋升一级，不赏赐财物。将士们都愤愤不平，炀帝也因此失去了军心。

第十五章　兵变四起

一、罢免苏威

大业十一年（615年）九月十五日，炀帝离开雁门，经并州南返，回到东都洛阳的时候已经是十月初五了。在此之前，群臣对是返回西京长安还是东都洛阳有不同的意见。

苏威早就认为，三征高句丽返回长安之后，皇上就应当安于京师，不宜东巡西游。他在洛阳和汾阳都曾劝谏炀帝不能轻易出塞。这次雁门脱险南返并州，他依旧坚持己见，认为炀帝应当立即返回长安，坐镇西京。他说："陛下，如今四方盗贼不息，又刚刚摆脱了雁门突厥之围，军中士马都很疲劳，社稷也多受惊扰。陛下应直往西京，固守根本，养息天下，才是为国家大计着想。"

关中是形胜之地，朝廷的根基全在关中，这一点炀帝心里很清楚。平心而论，苏威的话很有道理。但是，炀帝不愿回到长安那个山河阻隔、四面闭塞的地方，因此，尽管苏威言之有理，他依旧觉得不顺耳。即便兵马疲弊，天下惊扰，回到哪里不都照样休养生息吗？所以，他对苏威的建议只是默默地听着，并没有表明自己的态度。

宇文述则和苏威的意见不同，他认为随驾北巡的臣将，眷属大多在东都，建议炀帝可以顺路先回洛阳，使群臣家眷安心，然后由潼关入关中，再去长安也不迟。

这话正合炀帝的心意，而且理由也合乎情理。文臣武将随驾出巡已有半年之久，每个人都有离思别愁，是人之常情，应该先让他们与妻儿团聚，方显皇恩浩大。什么坐守西京、深根固本，还是等以后再说吧。于是，炀帝决定由并州起驾，直奔东都。

大业十二年（616年）新年，未见各国的使节前来朝见，甚至各郡派到京城的朝集使也有20郡没有到达，这是因为起义的队伍截断了沿途交通。

三月三是上巳节，按照古有的风俗，上巳日百姓要外出踏青、游乐，文人雅士一般是戏水赋诗。今年的三月三，炀帝将戏水之乐定在西苑的内海举办。

当年为庆祝通济渠开河，炀帝在宫城积翠池边设宴大酺，何稠献上了他设计制造的七十二水戏，赢得了炀帝的连连喝彩。木偶水戏尽管精致新奇，但毕竟不是真人演出，总觉得有些不过瘾。为了筹备此次上巳节的游幸，炀帝早早就命一班学士撰写描绘了《水饰图经》，将古代的72件水事收入书中，又让朝散大夫亲自督促艺伎按照《水饰图经》中的故事排练成真人表演的傀儡戏。这时，72艘木船荡漾在水上，每船各演一出水事之戏，诸如：神龟负八卦出河，奉于伏羲；玄龟衔符出洛水；赤龙载图出河，奉于尧；丹甲灵龟衔书出洛，授予仓颉；尧舜游河遇五老人；禹遇神女于泉上；秦皇入海求仙……七十二戏各有其精妙绝伦之处，人物栩栩如生，加上钟磬筝瑟伴奏，令人耳目一新，直看得百官目瞪口呆、心花怒放。

除72艘水戏船外，还有十几只女乐酒船在水上穿行，时不时地为炀帝和众臣添酒助兴。

面对隆重的七十二水战，纳言苏威内心猛然感到一阵严冬般的冰冷，他对炀帝和国家的希望及信心之火开始逐渐熄灭。

苏威是京兆武功人，他的父亲苏绰曾任西魏度支尚书①，以革故鼎新而享誉朝野。文帝杨坚任北周丞相时，听闻苏威大名，又经高颍引荐，两人有过一席长谈，之后杨坚曾感叹："相见恨晚！"杨坚受禅称帝，拜苏威为太子少保，追赠其父苏绰为邳国公，让苏威袭爵。不久又让苏威兼纳言、民部尚书两个职位。

苏威与高颍同心辅佐文帝，治理国家，使大隋立国不几年就天下太平。文帝命令朝臣将旧法修改完善，成为一代通典。其中多数律令格式都出自苏威笔下，他也被公认为朝臣中的能人。

后来，苏威因受到何妥的陷害，被文帝革去官职，以开府身份回家，朝中许多名士也因此受到处罚。

过了没多久，杨广向文帝进言："苏威是个品行端正的人，只是被人所误罢了。"于是，文帝下诏复苏威爵邳公，任为纳言，重新得以重用。文帝在仁寿宫病重的时候，召杨广前往侍疾，命苏威留守京师。

杨广即位后，加苏威上大将军。高颍直言犯上被诛杀后，苏威又受牵连被免官。一年之后，又复起用，任为鲁郡太守，随后召还京师，拜为太常卿，继而加左光禄大夫、纳言。

到辽东之役时，苏威以本职兼任左武卫大将军，升任光禄大夫，赐宁陵侯爵位。这一年，又晋封房国公。苏威因自己年老，上表请求退休，但炀帝不同意，又让他以本官兼掌选举之事。第二年，苏威随炀帝征讨辽东，任右御卫大将军。

杨玄感造反时，炀帝把苏威请到军帐中，担心地对苏威说："杨玄感这个人很聪明，怎能不成为国家的忧患呢？"苏威说："那些明辨是非、审时度势的人，才是聪明人。杨玄感粗鄙简单，不是聪明人，不必为他忧虑，但是这恐怕会成为祸乱的开端。"因天下劳役不息，百姓思乱，苏威略微用这些话讽喻炀帝，但炀帝没有丝毫领悟。

---

① 度支尚书：中国封建社会主管国家财政税收的官吏。隋初仍置度支尚书，下领侍郎两人，金部、仓部侍郎各一人。开皇三年（583年）改度支尚书为民部尚书。

大业九年（612年），炀帝下诏说："房国公苏威气质襟怀温良宽宏，见识博雅气度宏大，早年在朝廷中担任重要职位，熟悉国家的典章制度，是先皇帝的旧臣，朝廷的老前辈。他是国家的栋梁，辅佐朕十分辛勤，遵守法律法规，自谦以遵守礼仪。……虽有涉及争论的事情，最终总会澄清，衡量时事事物，仍以朝廷为要，可让他任开府仪同三司，其余官爵不变。"

苏威一生仕途坎坷，但对朝廷忠心始终如一。五月初五端午节，百官群臣向炀帝献奇器珍玩，作为节日的祝贺。满朝文武中，唯独苏威一人敬献了一部《尚书》。

炀帝熟读史书，一眼就看透了苏威献《尚书》其中暗含的讽喻之意。《尚书》中有《五子之歌》。《五子之歌》说的是，大禹的儿子启作为夏朝君主开启了"父传子，家天下"的世袭君主制时代，然而继承王位的儿子太康因为没有德行，导致老百姓反感。太康贪图享乐，在外打猎长期不归，国都被后羿侵占。太康的5个弟弟和母亲被赶到洛河边，追述大禹的告诫而作《五子之歌》，表达了他们的悔意。苏威敬献《尚书》之意十分明显，这使炀帝很是恼火。

摆放在大殿里的各种珍玩虽然也琳琅满目，但比起往年却少了许多，因而苏威所献《尚书》陈列其中，显得格外刺眼。进献的礼品少，是因为许多州郡官员都没有派人前来祝贺。炀帝问及原因，苏威直言相告，说是近来四方盗贼日益增多，水路、陆路都不太平，许多州官派遣的使者中途遭遇抢劫，有的被打死，侥幸活下来的都逃走了。更有的州郡听说此事，再也不敢派人入朝进贡了。炀帝听后，将目光转向左翊卫大将军宇文述说："宇文卿，天下盗贼如此猖狂，这还了得吗？成何体统！"

宇文述心里有些慌乱，但表面上却强装镇定，说道："陛下，盗贼日渐增多之说不过是传言而已，极不确切。根据臣所调查，经过朝廷力剿，盗贼正逐渐减少，已不足为患。"

苏威对于宇文述等一味讨好谄媚的大臣厌恶至极，冷笑一声，冲着宇文述问道："哼，好一个不足为患，照你这么说，那些鸡鸣狗盗之辈比以前少了吗？"

炀帝也跟着问道："是吗？既然这样，爱卿你就说说，盗贼比以前少了多少？"

"这……"宇文述支支吾吾了好一阵子，实在说不出一个具体的数目，只好含糊其词地说："陛下，现在的盗贼应该不足之前的十分之一。"

炀帝对宇文述的回答信以为真，遂又转向苏威问道："苏爱卿，既然盗贼已经那么少了，为什么还会有州郡的使者被抢劫的事情发生？"

苏威瞥了一眼宇文述，不慌不忙地回答说："臣没有管理盗匪之事，不知道贼寇究竟有多少，不过臣觉得祸患不但没有减少，反而越来越多，而且距离京都也越来越近了，所以，臣的担心也在日益加重。"

炀帝听了苏威的话，有些不悦地说："朕知道了。"

苏威看到炀帝不耐烦的表情，知道自己的话已经引起了他的反感。不过，为了引起炀帝的重视，他非但没有住口，反而进一步说道："陛下，几年前臣只听说盗贼在长白山一带逗留，而现在却近在汜水。还有，从前征收的租赋和丁役数量可观，现在人口增加了不少，征收的租赋和丁役不增反降，原因在哪里？租赋是不是落入了贼寇之手，大量的丁役是不是都逃亡当贼寇了？陛下，臣绝不是危言耸听，而是有许多州县的长官为了逃避责任，采取了化多为少、化少为无的奏报方式，只报喜不报忧。长此以往，终将酿成大祸，后果不堪设想，陛下不得不慎重考虑。"

炀帝听了很不高兴。等大臣们都走后，御史大夫裴蕴留了下来，他对炀帝说："陛下，臣以为苏威出言不逊。他说天下盗贼有数十万之多，是对陛下治理江山的污蔑。"

炀帝受到裴蕴的蛊惑，也很生气，冷哼一声道："哼，苏威是想用盗贼来吓唬朕，朕先忍让他几天，早晚我要用事实堵住他的嘴！"

大业初年，裴蕴在朝官考核中成绩优异，炀帝见他擅长理政，就调任他为太常少卿。裴蕴深知炀帝喜爱声乐歌舞，便特意上书奏请召周、齐、梁、陈诸朝乐家子弟编为乐户。凡善音乐及倡优百戏者，都随时听候太常调遣。从此，各路声乐歌舞百戏人才，都会集东都乐府。乐府中又设置了博士弟子，教授技艺。一时间，宫廷乐人增至3万之多。炀帝很高兴，更加赏识裴蕴的智慧才干，迁任他为民部侍郎。

大业继承的是开皇、仁寿的承平治世，当时禁网疏阔，户口人丁隐漏的比较多。有的人本已年满19岁成为丁男，却将年龄故意说小，逃避赋役；有的人还不到60岁，却荒称年迈，免交租税。裴蕴做过地方官吏，很了解其中的弊端。他任职民部后，为革除户口隐漏之弊，提出实施大索貌阅之法。

所谓大索，就是搜索隐匿的人口；所谓貌阅，就是责令地方官吏亲自检查百姓的年龄、相貌、形状，查出那些本属于成丁年龄，却用诈老诈小的方法来逃避赋役的人。

这是前所未有的创举，炀帝当即准奏，并令官员严格执行。如有一人检查不属实，官员就要被解职，里正、里长都要被流徙边地。同时，采用奖赏告密的办法，如果百姓告发一人貌阅不实，就让被纠告之家代赋徭役。

到了年底，大索之法的实施取得了显著的效果，各郡核实计账进丁20余万，新附户口65万。不仅如此，自晋以来，历朝历代君王都感到十分头疼的问题——地方豪强大族荫占人户与国家争抢劳力，也得以从根本上遏制。炀帝临朝御览奏状，高兴地对百官说："前代没有贤才，以致产生户口冒充的情况。今天户口查实，全都是裴蕴的功劳。天下得贤人而治呀！"

不久，裴蕴被擢授为御史大夫，与苏威、虞世基等同为朝中重臣，参掌机要。

裴蕴虽具有政治方面的才能，但他最大的特长还是善于揣摩皇上的微妙旨意。身为御史大夫，凡皇上欲加罪之人，他必定想尽方法罗织罪名，加以惩治；皇上想宽恕的人，即使罪责再重，他也会千方百计地为其开脱，直到无罪释放。正因为他的这种才干，大大小小的案件，炀帝都交给他办理，连刑部和大理寺都不敢跟他相辩相争。凡有案情，裴蕴必定要先参透炀帝旨意，然后再作决断。他又巧言善辩，判轻罪还是重罪，全凭他信口雌黄，别人很难驳斥他。

这一次，裴蕴看到炀帝对苏威产生了反感，便想借苏威进献《尚书》一事置其于死地，于是他向炀帝进言，说苏威在高阳（今河北高阳县旧城村）任职时收取贿赂，滥授官职，惹得天怒人怨。高句丽之战后，他害怕突厥危言惑众，以镇抚关中为名，劝皇上回西京，其中必有不可告人的目的。炀帝正苦于找不到治罪苏威的理由，便命裴蕴彻查此事。

裴蕴接受任务后，立即着手进行调查，不久便罗织出一大串罪名：朋比为党、好为异端、怀挟诡道、徼幸名利，等等。恰在此时，又有人密报苏威暗中勾结突厥，图谋不规。炀帝下令将苏威逮捕入狱，等候斩首。

苏威怎么也没料到一部《尚书》会招来杀身之祸，与活命相比，刚正不阿已是无稽之谈。在刑部大狱里，他连夜给炀帝写了一纸奏表，陈述自己侍奉两代帝王 30 多年，劳心劳力却不能感动皇上，反而屡有过失，望皇上恕万死之罪！炀帝读过奏表，动了恻隐之心，念及苏威 70 岁有余，免其一死，罢官还乡。苏威总算捡回了一条性命。他从刑部出来，匆匆收拾了一下，没几天就起程上路，回了河东老家。

从此，炀帝的耳根子的确清静了很多，朝中大臣也不敢再谈论盗贼相关事情，这样天下似乎也就真的太平无事了，只是征发丁役租赋进展缓慢。

二、执意南下

炀帝对江南可谓情有独钟。先帝开皇到现在，皇上的离宫多兴建在北方，江南一带只有扬州江都宫一处，无法满足圣驾巡幸的需要。为了弥补这个缺憾，炀帝下令毗陵（今江苏常州）郡守集中 10 余郡兵力大约数万人，修了一座宫苑，周长 12 里，里面有 16 座离宫。在流觞曲水、山湖水池之间，从芳夏池的左边开始，依次是骊光宫、流英宫、紫芝宫、凝华宫、瑶景宫、浮彩宫、舒芳宫、懿乐宫、采壁宫、椒房宫、朝霞宫、珠明宫、翼仙宫、翠微宫、层城宫和千金宫。另外还有4座凉殿在清流环绕之中，分别取名为园基、结绮、飞宇、漏景。四周环以清泉流水，广种名花异木。毗陵宫苑的设计仿照洛阳西苑，但豪华程度却远远超过西苑。原计划还要在会稽造离宫，后来因形势紧张而没有施工。

这时的炀帝虽然仍不断征召民力大兴土木，但胸中已没有了威震四海、固守四方的壮志。他开始借酒浇愁，或者沉湎于玩乐巡游之中不能自拔。

大业十二年（616年）四月，大业殿的西院起了大火，炀帝以为是强盗打进了皇宫，吓得赶忙逃进西苑，躲在草丛里，一直到火熄灭才敢出来。本就睡不安稳的炀帝经过这次惊吓，病情又加重了几分。

这一年隋朝的形势已经相当严峻，起义的队伍此起彼伏。上一年，山西绛县（今山西新绛县）人敬盘陀造反，炀帝派樊子盖前去镇压。樊子盖不分青红皂白，将那里的房屋全部烧毁，投降的人也一律处死，结果激起民愤，造反的人越来越多。炀帝见形势不妙，下令以李渊代替樊子盖。李渊不杀投诚的人，而是把他们编入自己的队伍，这样做效果的确很好。但自大业殿那次火灾之后，炀帝变得更加偏执暴戾，对起义事件心怀抵触，加上群臣舞弊，使他对外界的情况更不了解了。

因为江淮地区农民起义军比较少，炀帝想到江都去。但前两次下江南的龙舟都在杨玄感反叛中被损毁，炀帝在大业十一年（615年）年底已下诏命令江都重新打造舰船。据说一共打造了数千艘，而且规模比之前的还要大，这么多的大船巨舰，只用了10个月便打造完成，速度快得让人惊讶。

大业十三年（617年）七月，龙舟被送到了东都。既然有了船，炀帝即刻就准备离开洛阳去江都。这时天下已是硝烟四起，皇帝应该坐镇西京长安，至少不应该离开居于天下中心的洛阳。然而，当前能给炀帝忠告的苏威已被罢官，庾质也在前一年死于狱中。

在隋朝走下坡路的时候，倒是一位宫廷卫士给了炀帝很多理智的劝告。这人就是右侯卫大将军赵才，一个跟随了炀帝几十年的老部下。这次炀帝下扬州，赵才担心国家危亡，自认为深受国恩，不能坐视不管，于是进宫劝谏说："如今百姓疲惫，国库空虚，盗贼纷起，命令行不通，但愿陛下回长安安定局势。我虽然是个粗人，但仍愿冒死劝谏。"炀帝知道赵才忠诚，但是听了他的话依旧很生气，便将他交司法部门关押，直到火气消了才把他放出来。后来赵才跟随炀帝到扬州，炀帝对他更加宠信。

若论亲疏，赵才是炀帝身边的宠臣，连他这样忠诚的臣子都进了大牢，还有谁敢再去劝阻皇帝？虽然很多文臣武将不愿意在这混乱的世道里远离家人，但炀帝决心已定，众人也只能默默跟随。最后敢站出来表示反对的，只是几个近日刚因战功授了个芝麻绿豆头衔的小人物。第一个是建节尉任宗，他自知人微言轻，为了引起炀帝的重视，奏疏写得危言耸听，结果炀帝当场把他杖死在朝堂。

七月初八，也就是炀帝下扬州的前两天，最受炀帝器重的樊子盖在洛阳去世了，享年72岁。炀帝对樊子盖的死十分悲痛，询问黄门侍郎裴矩，樊子盖有什么遗言。裴矩说："子盖临死前仍为雁门之围而感到耻辱。"炀帝听后长叹了一口气，他大概已经知道没有能力报这一箭之仇了。

七月初十，炀帝下达巡行江都的诏令，由越王杨侗留守东都。他把洛阳交托给关陇士族中较年轻的一代，自己则带着皇室宗亲、后妃宫女、文臣武将、僧尼道士，以及大批骁果禁军离开了洛阳。

炀帝车驾刚到洛阳建国门，第二个芝麻绿豆官——奉信郎崔民又出来劝阻，说现在满是"盗贼"，请皇上不要出行为好。奉信郎是监察机关的工作人员，属于谒者台360名郎官中的一员，责任是给朝廷报告消息，但在官员中的级别最低。身边的宠臣尚且不能劝阻炀帝，一个小小的信奉郎又算什么，他的下场自然比任宗更悲惨，先被砍了下巴，然后被斩首。

龙舟到了汜水，第三个芝麻绿豆官——奉信郎王爱仁上前谏炀帝还西京，炀帝依旧不听，下令将他杀头；到梁郡（今河南商丘市睢阳区），又有人拦车驾上书说："如果坚持下江都，天下就将不再归陛下所有了。"上书者同样被斩首。

就这样，一连有四个芝麻绿豆官为劝阻炀帝下扬州而送了命，八月底龙舟还是到了扬州。

炀帝到达江都后，江淮郡官前来拜见。炀帝只问送礼厚薄，如果礼厚就破格提升，如果礼薄就停职罢官。江都郡丞王世充献上精致的铜镜和屏风，马上升为通守；历阳郡丞赵元楷献上美味佳肴，立即升为江都郡丞。参与选官的左卫大将军宇文述、御史大夫裴蕴、黄门侍郎裴矩等都在收受贿赂。观德王杨雄的长子杨仁恭因为没有行贿，被贬到地方去和起义军打仗。

炀帝在江都的最后日子里还有个值得注意的地方，那就是他采取了两耳不闻窗外事的鸵鸟政策。如果说大业十一年（615 年）炀帝还会主动询问"盗贼"的动态，那么到大业十二年（616 年）以后，他对前方的消息连听都不愿听。他初到扬州时，各地传来的造反消息不计其数，裴矩身为黄门侍郎，即门下省的次官，主要负责向皇帝通报。但炀帝实在不耐烦，干脆让他回京城接待外宾，后来因为裴矩有病才没有去成。虞世基对炀帝的心思最为了解，知道炀帝不愿听到坏消息，所以对于前线告急求救的报告，他总是掐头去尾隐瞒实情，对炀帝说："都是些鸡鸣狗盗的小贼，只需地方官就能对付，陛下不用为此操心。"大业十三年（617 年），留守东都的越王杨侗派太常丞元善达向炀帝告急，希望炀帝速速返回京城。但炀帝一味听信虞世基的谗言，将元善达派到前线，结果元善达落到"盗贼"手中被害。从此，人人都闭上了嘴巴，没有人敢再提起"盗贼"之事。

三、瓦岗军起义

自王薄在长白山拉开起义的序幕以后，各地的起义可以说是持续不断，从今天的山东、江浙、广东、陕西一直蔓延至全国。大业十二年（616年），翟让在东郡（今河南滑县东）发动农民起义，因以韦城瓦岗寨（滑县南）为根据地，故称瓦岗军。翟让是隋朝小官吏，犯了王法被判死刑，越狱后高举反隋义旗。里瓦岗军成员大都是渔夫猎户，擅长使用长枪，常常劫持官府的马匹，或者拦截运河里的商船。后来因为李密的加入，占山为王、落草为寇的瓦岗军有了更加远大的战略目标。

原来，杨玄感兵败后，李密秘密进入潼关，结果被追捕的官军捉住。当时炀帝正在高阳县，于是，隋军打算把李密和他的同伙一起押送到那里去。在押送途中，李密和同伙用钱贿赂押送官员，趁他们不注意时逃走了。之后为了躲避官兵的缉捕，李密四处逃亡，几经辗转，来到了瓦岗寨，成了翟让手下一员大将。

在李密的率领下，瓦岗军打败了隋朝最勇猛的大将张须陀，一时威震四方，引得豪杰纷纷前来归附。翟让看到了李密的才能，对他更加敬重，让他建立牙帐，统领一支兵马，号称蒲山公营。起义军的实力空前壮大，李密认为夺取洛阳的机会已经到来，于是便和翟让商议此事，但翟让犹豫不决。李密认为炀帝正在扬州，守城的越王杨侗年轻，既没有作战经验，又没有主见，是个难得的机会。在李密的坚持下，翟让最终答应先派人到洛阳城内侦察之后再说。

然而，翟让派出去的一队探子不小心暴露了自己，与洛阳守军发生战斗，因寡不敌众全部被抓。杨侗从俘虏口中得知瓦岗军要攻打洛阳，立即加强防备，并派人疾驰扬州奏报炀帝。

这样一来，翟让觉得不仅不能攻打洛阳，荥阳也不可以再待下去了。李密则认为恰恰相反，劝说道："事已至此，洛阳非攻不可。兵法讲，先发制人，后发则制于人，我们现在正是先发之势。东都周围的百姓穷困饥饿，兴洛仓（在今河南郑州市巩义河洛镇七里铺村以东的黄土岭上）储存了大批谷米，距东都仅 200 里。我们率领精兵，轻装奔袭，兴洛仓守备薄弱，拿下它易如反掌。等东都得到消息，兴洛仓已落入我手。我们发粮赈济百姓，远近百姓定会依附我们，招募几十万兵勇并不是什么难事。到那时，即便朝廷大军来攻，我们也没有什么可怕的了！"

翟让被李密的一番话说动，但仍然没有取胜的信心，于是主动交出兵权，让李密负责攻打洛阳的具体战斗。

大业十三年（617 年）春，李密挑选 7000 精兵，疾驰阳城（今河南登封市）北，翻越方山，从罗口方向突袭兴洛仓，以迅雷不及掩耳之势拿下了这座全国最大的粮仓

兴洛仓修建于大业二年（606 年），此前一年，也就是在营建东都的同时，宫城东面已经修建了一座含嘉仓（在今河南洛阳市老城北）。当时年丰粮足，炀帝觉得不够用，于是又诏令在巩县东南原上修了这座兴洛仓。兴洛仓周围 20 多里，有 3000 座粮窖，每座窖可储粮 8000 石，这样算来，总共储粮 2000 多万石。此时已被炀帝挥霍了大半，然而对瓦岗军来说，获得兴洛仓现存的这些粮食已算是战果辉煌了。李密下令立刻开仓放粮。一时间，四方百姓扶老携幼，背筐挑担，纷纷涌进了兴洛仓。

果然不出李密所料，攻下兴洛仓使瓦岗军名声大振，归顺降附的人从四面八方纷至沓来。这使留守东都的越王杨侗十分惊恐，连忙命虎贲郎将刘长恭率两 25000 兵马抢夺兴洛仓。

杨侗计划兵分两路夹击瓦岗军，其中，刘长恭率部从正面进击，讨捕大使裴仁基领兵从汜水进入，偷袭瓦岗军背后。

刘长恭一路先行抵达兴洛仓。由于连夜行军，士兵们还没来得及吃早饭，刘长恭就下令先抢渡洛水，在石子河西摆下阵势，南北绵延十几里。

李密挑选骁勇善战的兵将分成 10 队，其中 4 队埋伏在横岭下，对付从后路来袭的裴仁基；6 队在石子河东摆阵，对付刘长恭。刘长恭见

瓦岗军没有多少人，根本没把他们放在眼里，挥师进攻。翟让先率队迎战，双方正厮杀得难解难分之时，李密又率部队横冲敌阵。疲劳与饥饿交迫的隋军，哪能抵挡得住李密部众的勇猛冲杀，瞬间便溃不成军。刘长恭趁着混乱脱下将军战袍，换上士卒服饰，抱头鼠窜，逃回东都。他手下的大多数士卒丧身于瓦岗军的刀枪之下。

这次瓦岗军击败刘长恭，缴获隋军全部辎重器甲后，更是声名远扬。

杀掉张须陀，攻克兴洛仓，打败刘长恭，接连几次大获全胜，使瓦岗军各位首领和将士更加信服李密的智慧和才干。他们心里明白，瓦岗军能有今日之声势，全靠李密出谋划策；而瓦岗军要想成就大事业，没有李密是绝对不行的，于是便推选李密为瓦岗军主，号魏公。

翟让原本就胸无大志，自认文韬武略远远不如李密，驾驭一支数十万人马的队伍已是力不从心，早就有意让位，所以对各位首领的附议也很赞成。

大业十三年（617 年）二月，瓦岗军在巩南（今河南巩县南）设坛场，李密即主帅位，杀牲歃血，改元永平。李密文书行下，称行军元帅府，魏公府设三司、六卫，元帅府设置长史以下官属，都归李密节度指挥。

李密拜翟让为上柱国、司徒、东郡公，也设长史以下官，但人数比元帅府少一半；又命单雄信为左武侯大将军、徐世勣①为右武侯大将军，各率领所部兵马；房玄藻为元帅左长史，李公逸为右长史，其他诸位首领也都有封拜。

如此一来，赵魏以南、江淮以北各支起义军纷纷响应，拥戴李密为盟主。齐郡（今山东济南）孟让、平原郡（今山东德州市陵城区）郝

---

① 徐世勣（594—669 年）：即李勣，字懋功，曹州离狐（今山东菏泽东明县）人，唐朝初年名将，凌烟阁二十四功臣之一。一生历事唐高祖、唐太宗、唐高宗三朝，随唐太宗平定四方，两击薛延陀，平定碛北；后又大破东突厥、高句丽，成为唐朝开疆拓土的主要战将之一。

孝德和王德仁、济阴郡（今山东荷泽市定陶区）房献伯、上谷郡（今河北易县）王君廓、长平郡（今山西晋城）李士才、淮阳郡（今河南淮阳县）魏六儿、谯郡郡（今安徽亳州）张迁、魏郡（今河南安阳）李文相、济北郡（今山东荏平县西南）张青特等都率义军归顺李密。李密分别授予他们官爵，各领部众。李密还设置了百营簿，用来登记各营归附情况，方便号令指挥。投奔瓦岗军的人如百川归海，源源不断，瓦岗军很快扩充至近百万人。

李密命部众修建洛口城，方圆 40 里，作为瓦岗军的大本营；又派房玄藻率兵东进，攻城略地，很快，安陆（今湖北南陆）、汝南（今河南汝南县）、淮安（今河南泌阳市）、济阳（今河南兰考县东北）等郡县多被瓦岗军夺取。

在声势浩大的瓦岗军的威胁下，巩县县令柴孝和与监察御史只能献出城池，向瓦岗军投降。这样一来，洛口城周围只剩下一个巩县东南百花谷的裴仁基了。

讨捕大使裴仁基受越王杨侗之命，与刘长恭奔袭兴洛仓，打算前后夹击瓦岗军，但他未能如期会合。等他到达时，听闻刘长恭已被打败溃散，便不敢贸然前进，就在百花谷筑垒自守。此时裴仁基害怕朝廷治罪，心中忐忑不安。李密打探到裴仁基处境不妙，便派人与裴仁基私下接触，劝他投降。正所谓天下没有不透风的墙，此事被监军御史萧怀静得知，便写信密报东都。裴仁基见已无路可退，干脆一不做二不休，杀了萧怀静，率部众投降李密，被李密授为上柱国、河东公。

裴仁基的投降，使李密又获得了一员勇将——秦琼[①]。秦琼原是来护儿帐下的一员干将，后跟随张须陀，因勇猛善战而备受器重。

有一次，秦琼随张须陀攻打卢明月义军。当时卢明月拥众 10 万，

---

① 秦琼（？—638 年）：字叔宝，齐州历城（今山东济南）人，隋末唐初名将，凌烟阁二十四功臣之一。瓦岗败亡后转投王世充，因王世充为人奸诈，又投奔李唐，跟随李世民南征北战。官至左武卫大将军、翼国公。

驻军下邳（今江苏睢宁西北）。张须陀只有15000多人马，因双方军力悬殊，他不敢贸然进攻，就在距下邳六七里处安营扎寨，双方相持了十几天。眼看隋军的粮草快要耗尽，张须陀说："我军因粮绝撤退，贼寇定会倾巢出击追赶，营内必然空虚。此时若用千余人袭击敌营，可以获胜。但是这样会有很大的风险，不知诸将谁愿前去？"

众将都低头不语，只有秦琼和罗士信愿意率兵前往。于是，张须陀命他们二人领2000兵马隐藏在芦苇丛中，自己带剩余兵马放弃营栅撤退。卢明月果然率全部兵马追赶。

秦琼和罗士信等卢明月追兵过去，立马率兵袭击敌营。栅门紧闭，二人就飞身攀上寨楼，杀死数十名守门士兵，拔掉了卢明月军的旗帜，营栅中瞬间乱成一片。秦琼、罗士信打开栅门，使部下冲进营栅之中，一阵浴血拼杀后，守营的卢明月士卒所剩无几。接着，他们又纵火焚烧了30多座营栅，刹那间，烈火熊熊，浓烟滚滚，直上云天。

正在紧追张须陀的卢明月，听说营中起火，赶忙率军急救大营。张须陀回师反击，大败卢明月义军。此战之后，秦琼、罗士信的勇猛远近闻名。

大海寺一战，张须陀战败自刎，秦琼带领余众归顺了裴仁基，现在又跟随裴仁基降附李密。

几乎同时，另一位豪杰勇士程咬金也投到了李密帐下。程咬金①是济州东阿人，年少骁勇，善用马槊，为防强贼，他聚集数百人保护乡里。兴洛仓之役后，程咬金仰慕李密大名，便千里迢迢率众南下，投奔瓦岗军。

李密选拔军中骁勇将士8000人，组成内军，也就是自己的卫队，任命秦琼、程咬金、单雄信、徐世勣为四骠骑，统领内军。李密经常说："这8000人足以当百万兵马使用！"

大业十四月（618年），李密觉得，攻打东都洛阳的时机成熟了，

① 程咬金（589—665年）：后更名为程知节，字义贞，济州东阿（今山东东平西南）人，唐朝开国大将，凌烟阁二十四功臣之一。隋朝末年，先后入瓦岗军，投王世充，后降唐。随李世民破宋金刚、擒窦建德、降王世充，以功封宿国公。参与玄武门之变，历任泸州都督、左领军大将军，改封卢国公，世袭普州刺史。

于是先遣总管、齐郡公孟让率领 2000 兵马夜袭东都，攻入东都外廓，放火掠夺丰都市（洛阳东市），到次日凌晨返回。这一举动使东都居民受到惊扰，纷纷逃入宫城，台省府寺到处都是难民。

随后，李密又派裴仁基、孟让带领 2 万人奔袭洛东仓（在今河南偃师市北），攻克这座东都的大粮仓，放火烧毁横跨洛水的天津桥，纵兵大掠，一旦得手就立即撤兵返回。

经过几番这样的侵袭，洛阳守军已惶恐不安。这时，城中有兵卒 20 万，轮流登城防守，铠甲昼夜不解。李密又率军攻打东都外围的偃师和金墉（旧洛阳西北角）。这两城，一座在洛阳以东 60 里，一座在洛阳西北 18 里，因防守牢固，瓦岗军无法攻下，只得退还洛口。

洛阳城中的粮食日益减少，但最缺少的还是柴草。当时城中府库内有堆积如山的布帛，官兵百姓就用这些丝绢布帛当柴草烧火做饭。许多百姓平生从未穿过绫罗绸缎，此时却用它来烧火，看着灶膛里的火苗，个个心疼不已。

李密退兵后，越王杨侗派人把粮米运进宫城，又调 5000 人屯守丰都市，5000 人屯守上春门，5000 人屯守北邙山，布成九营，首尾相接，以此解除瓦岗军进攻时隋军只能困守东都宫城的被动局面。

大业十四年（618 年）四月，李密率兵 3 万再次攻陷回洛仓，并大修营垒，威逼东都。越王杨侗派段达①、刘长恭率 7 万部众出城对战，两军在洛阳故城大战，隋军节节败退，不得不退回宫城。

瓦岗军威震中原，东都守军闻风丧胆，宫城倾覆指日可待。李密命记室祖君彦写了一篇讨伐炀帝的檄文，分发给天下郡县。这篇洋洋洒洒数千言的檄文，历数炀帝十大罪恶，公开向大业皇帝宣战。檄文中的"罄南山之竹，书罪无穷；决东海之波，流恶难尽"，成为流传千古的名句。

---

① 段达（？—621 年）：武威姑臧（今甘肃武威市）人，隋朝大臣，美须髯，善骑射。隋炀帝为宇文化及所弑后，拥越王杨侗即位于洛阳，封为陈国公。后联合王世充发动政变，建立郑国，拜为司徒。后被李世民打败，押解长安斩首。

四、晋阳兵变

正当瓦岗军在东都与官兵鏖战的时候，吕梁山又发生了一件惊天动地的大事——太原留守李渊在晋阳起兵。大隋的国基真的开始动摇了。

李渊的父亲李崶，北周时任安州总管，袭封唐国公。母亲是独孤皇后的姐姐。李渊比隋炀帝年长3岁，性格开朗，待人宽容，无论贵贱都能友好相处。文帝时，李渊先是在宫中任卫士，官职为千牛备身。因为独孤皇后是李渊的姨妈，所以他仕途顺畅，年纪轻轻就一直在地方做州刺史、郡太守。大业初年，李渊被调京任殿内少卿，大业九年（613年）升为卫尉少卿。炀帝对这位姨表兄还算信任，征辽东时，派他在怀远镇监督运送军饷。杨玄感叛变时，李渊被调往弘化郡（今甘肃庆阳），管理西北军事。但也有一件事，李渊常常用来说明炀帝对自己有所猜疑：有一次，炀帝在行宫召见群臣，唯独李渊未能到来。炀帝便向李渊的外甥女询问缘由，得知李渊因病卧床在家。炀帝面露不悦，又问了一句："会死吗？"这句话使李渊感受到了很大的压力。这以后，他韬光养晦，经常酗酒，收受贿赂，表现得特别颓废，以消除炀帝对自己的猜疑。大业十一年（615年），炀帝去汾阳宫，又派李渊负责镇压山西河东的起义；大业十三年（617年）又派他任太原留守。太原的地理位置和长安、洛阳一样举足轻重，也正是因为占据了这一有利地形，李渊父子起兵反隋才会最终取得胜利。

大业十三年（617年）七月，李渊和他的两个儿子李建成、李世民率领3万人马从太原出发，踏上了建立中国历史上最繁盛的大唐王朝的征途。李渊父子的目标是攻打隋都大兴城（即长安城），因为有李密的瓦岗军牵制着敌人，他们无须担心东都洛阳的隋军从背后偷袭。尽管如此，面对隋朝守将的顽强抵抗，李家军还是打得十分吃力。在通向潼关的路上，他们又因遇到暴雨而无法前行，只好驻军于距宋老生屯守的霍邑（今山西霍州市）只有50多里的贾胡堡（今山西灵石西南）。

暴雨一连下了好几天，军中粮食殆尽。李渊一筹莫展，这时又听说突厥要乘虚攻袭晋阳，李渊连忙召集将佐商议，想要撤回太原。

裴寂①认为宋老生、屈突通连兵据险，恐怕不会很快攻破。李密嘴上说要联合，但此人奸谋难算；突厥又一向言而无信，唯利是图，居心叵测；太原是一方都会，起义军将士的家眷都在那里，不如先救根本，然后再商议义举之事。

李世民却认为时令已近秋季，丰收时节，不必为无粮担忧。宋老生虽然据险霍邑，但他生性急躁，无勇无谋。李密留恋仓粟，不会远离东都西进。至于突厥欲袭晋阳一说，出使突厥的刘文静②还没回来，还不知道实际情况，不可轻易偏信谣传。归根到底，起义军既然举兴大义，奋不顾身以救苍生，就当先入长安，号令天下。如果退还太原，据守一城之地，跟盗贼流寇就没有什么区别了。

李渊的长子李建成也赞同李世民的意见，认为不能撤回太原。可是李渊决意北还，不愿再听两个儿子劝说，催促左右两军立即准备，相继出发，返回晋阳。

夜晚，李世民与李建成兄弟聚在一起，越发觉得撤回太原之事定败无疑。情急之下，李世民决定进帐再谏。

李渊刚刚睡下，忽闻帐外有人放声恸哭，仔细一听，竟是李世民。李渊赶紧召李世民进帐，问他为什么深更半夜号哭不止。

李世民擦掉眼角的泪水，恳切地说：“父亲，军中兵勇都是为义举大事而来，所以才有今日的士气。听说父亲要北还，许多人都暗中计议要解甲而去。如今的情势是进战则胜，退还则散。此处距霍邑仅50里，万一在回太原途中士卒散乱，宋老生肯定会乘机追讨，到时我们就只有

---

①　裴寂（573—629 年）：字玄真，蒲州桑泉（今山西临猗）人，唐朝第一任宰相。隋末曾任晋阳宫副监，后参与李渊太原起兵；唐朝建立后，担任尚书右仆射，封魏国公。

②　刘文静（568—619 年）：字肇仁，京兆武功（今陕西武功）人，唐朝宰相、开国功臣。唐朝建立后，出任纳言，成为宰相。后随李世民平定西秦薛仁杲，历任户部尚书、陕东道行台左仆射、鲁国公。武德二年（619 年）因与裴寂产生隔阂，并于酒后狂言，被李渊处斩。

死路一条了。想想我们兴师动众，却要落得如此悲惨的下场，我怎么能不悲怆呢！"

李渊听了儿子的一番话，猛然醒悟过来，后悔自己虑事太不周全。考虑到义军右军还未行动，正严阵以待，左军也因天气炎热不会走出太远，他命令李世民前去追赶。于是，李世民叫上大哥李建成，连夜向北追赶而去。

李世民兄弟走后，天刚蒙蒙亮时，义军门前来了一位白须老者，请门卫转告李渊，说三天后，雨将停止，大军应当向霍邑进发，一路不会遇到阻碍。说完，老者便突然不见了。门卫将此事转告李渊，李渊认为是神仙下凡帮助自己。三天后，雨果然停了。李渊当即命令将士曝晒锐甲行装，然后向霍邑进发。

霍邑守将宋老生听说李渊的兵马已到城下，赶忙登城察看，只见李世民、李建成兄弟领着几十名骑兵，手握马鞭对着城墙指指画画，似乎是在商议如何围城。宋老生不知是计，随即率领3万兵马从东、南门而出，发动攻击。

李渊与李建成在城东布阵，李世民在城南布阵，迎击宋老生的兵马。李渊这边交战后，兵力渐渐支撑不住。李世民趁机从南原引兵，从敌军背后猛攻，杀入宋老生的军阵。他纵马挥刀，砍倒了数十名敌兵，两把刀都砍钝了，鲜血浸透了衣袖，但依旧身先士卒，冲锋陷阵。这时，李渊也慢慢缓过劲来，挥师从正面进攻。李渊让士兵一边冲杀，一边放声大喊："已捉住宋老生了！""宋老生被我们捉住了！"

宋老生的部下听到喊声，顿时阵脚大乱，纷纷逃命。不管宋老生怎样气急败坏地大叫，都无济于事。宋老生看到败局已定，只好随士兵逃向城内，结果被李世民追上，一刀砍下马来。

到傍晚时分，李渊的部队攻占了霍邑城。太原至关中的第一道大门终于被打开了！

李渊命部队在霍邑休整10天再向西前进。就在这时，刘文静回来了，并带来了500名突厥士兵和2000匹战马。李渊高兴得合不拢嘴，对刘文静大加赞赏。刘文静得知霍邑已被拿下，表示下一步就可以从龙门（今山西河津西北）渡过黄河，攻克永丰仓（在今陕西华阳市东北），完全掌握关中了。

五、长安陷落

据守在河东（今山西永济西南）的左武侯大将军屈突通，听说李渊要从龙门西渡黄河，感知大事不好。河东城是通向长安的咽喉，按照原先的设想，李渊即使攻破了霍邑城，也肯定会直取河东，因为从这里西过黄河有蒲津桥可以通过，比从任何一地用船渡河都要便捷。所以，屈突通屯兵河东，而且没有把蒲津桥毁掉，是想以此作为诱饵，引李渊前来攻城。

谁知形势有变，如果李渊真的从龙门过了黄河，攻下永丰仓，再往长安就畅通无阻了，到那时就算想拦截也已经来不及。所幸河东去龙门不足150里，如果李渊的前锋到龙门，全部集结还需些时日。屈突通决定主动出击，拖住李渊。

屈突通派出2000勇武士卒夜袭龙门，把李渊立足未稳的先锋队几千人杀得落花流水，旋即撤回。这一做法让李渊始料未及。这时，李渊麾下将士已近10万，从龙门用船渡河不是一天两天就可以完成的，如果在渡河时再遭遇袭击，那可真就惨了。李渊大怒之下，率部直扑河东。

河东城墙高峻，易守难攻。屈突通紧关城门不出，李渊一连猛攻几天都没有得手，他想转而西进，又害怕屈突通从背后袭扰，造成进退两难、被困在河东城下的局势。

军中大将裴寂见李渊犹豫不决的样子，建议道："屈突通用强兵固守坚城，此时我军实在不适宜舍之而去。如果长安未攻下来，退兵时必定会遭到河东兵力的堵截。腹背受敌，是用兵的危道。只有先攻下河东，才可以西进。长安把屈突通视作援军，只要河东陷落，长安或许便可不攻自破。"

李世民的想法与裴寂恰恰相反，他认为兵贵神速，义军应当以屡胜之威，安抚归顺之众，长驱西行，长安守军望风生畏，智不及谋，勇不及断，夺取长安便如同秋风扫落叶。如果滞留河东城下，恰恰是给了长安之兵从容备战的机会，到那时，义军再攻长安必定耗费时日。若久攻不下，军心离散，大事将功亏一篑。

李渊认为他们说的都很有道理，思虑再三，决定采取折中的办法，留一支部队继续包围河东，自己率大部西取长安。

李渊率部渡过黄河，进至朝邑（今陕西大荔朝邑镇），驻扎在长春宫。三辅豪杰与关中士民纷纷前来归附，一天就有数千人。自秦汉以后，就称京兆尹、左冯翊、右扶风三个相当于郡的政区为三辅，因其管辖区域都是京畿之地，在关中举足轻重。三辅豪杰纷纷归顺，足见西取长安是人心所向。再向西行，一路有征无战，京兆诸县均派使者向李渊请降。李渊一路畅行无阻，很快就包围了京师长安。

大业十三年（617年）十月，李渊大军兵临城下，在长安城东春明门西北扎下大营。诸军汇集在长安，共有20万之众，李渊命令各军自筑营垒，不准入村庄侵扰百姓。他又几次派使者到长安城下，传书长安内史卫玄，申明尊隋的意图，请他打开城门。卫玄不予理睬。李渊无奈，只得下令攻城，并严明军纪："不得侵犯七庙宗室，违者诛灭三族！"

此时的长安，实际上已是一座空城。守军本来就不多，又见李渊大兵压境，顿时军心涣散，无力抵抗。仅三天工夫，长安城就被攻破。长安内史卫玄听说李渊进了京师，气得一句话也说不出来，当场气绝身亡。

守卫东宫的左右侍卫听说李渊率兵入城的消息后，吓得纷纷逃命，只有侍读姚思廉①还忠心耿耿地陪伴着代王杨侑。杨侑只有13岁，他预感到自己将要大难临头，吓得浑身颤抖，问姚思廉李渊会不会杀掉自己。姚思廉请他放心，说李渊不但不会杀他，还会拥立他当皇帝。

安慰过杨侑，姚思廉茫然地环顾四周，看着这座大殿若有所思。这里曾是专供太子居住的地方，然而，杨勇被黜，杨广即位，杨昭病死，自那以后就再没有立太子，大隋后继无人。如今又杀来个李渊，要立代王为帝。这个局面能维持下去吗？即便如此，又能维持多久？当年文帝的开皇盛世怎么就稍纵即逝了呢？

姚思廉正想着，忽然听到一阵嘈杂的脚步声，夹杂着喧嚣声，一群士兵破门而入，冲上殿来就要擒拿杨侑，被姚思廉喝住。随后，李渊也来到这里，喝退左右，请代王杨侑移居大兴殿。姚思廉搀扶着杨侑走出东宫，然后告别离去。

几天之后，李渊备法驾迎代王杨侑至天兴殿即皇帝位，也就是后来的隋恭帝，改元义宁，尊远在扬州的炀帝为太上皇。李渊任假黄钺、使持节、大都督、尚书令、大丞相，并被封为唐王。李渊又把武德殿作为丞相府，每天在虔化门处理日常事务。

十一月十九日，隋恭帝下诏说：“军国机务，事无大小；文武设官，位无贵贱；宪章赏罚，咸归相府。惟郊祀天地，四时柿禘奏闻。”并诏：“唐王剑履上殿，入朝不趋，赞拜不名，加前后羽葆鼓吹。”至此，隋朝的军政大权尽归李渊，皇帝就只剩下“郊祀天地”，与鬼神打交道的份了。

十一月二十二日，李渊以隋恭帝的名义，以李建成为唐国世子，仍封陇西公；以李世民为京兆尹，改封秦公；以李元吉为齐公。

---

①　姚思廉（557—637年）：字简之，京兆万年（今陕西西安）人，唐朝初期史学家。隋朝时任代王杨侑侍读；唐朝建立后，为李世民秦王府文学馆学士，后进任太子洗马，贞观年间任著作郎，后官至散骑常侍。受命修成《梁书》《陈书》。

尾声　魂断江淮

　　炀帝见中原大乱，长安已经落入李渊之手，想再北还已无可能，于是决定偏安一隅，把都城迁到丹阳来。丹阳是南陈的故都建康（今南京市），北有长江天堑，可以据守江东。大臣虞世基非常赞同炀帝的想法，说这是江东百姓期盼已久的大禹之举。但是，右侯卫大将军赵才却不同意迁都丹阳之事，并斥责虞世基欺君罔上，说江东潮湿，地域狭小，若迁都过来，内要供奉皇上和百官公卿，外要供给三军，百姓必定会不堪重负，然后生乱。

　　虞世基身居高位，从来没人敢公开指责他。现在一个小小的右侯卫竟敢如此无礼，他十分愤怒，反而诬陷赵才胡言乱语，诽谤朝廷，说江南乃肥腴之地，物产丰富，供给肯定不会有问题。赵才仍然不同意虞世基的意见，说即便供给不成问题，而随驾扬州的将士有15万之多，军中骁果人士多为关中人，来到扬州后十分思念家乡。如果听到北还的命令，必然非常高兴，作战起来也异常勇猛。如果他们听说要定都丹阳不再回家，军中逃亡者必定很多，后果不堪设想。

　　但炀帝对赵才的话很不以为然，反而扭脸问虞世基叛将窦贤的情况。虞世基说连同逃亡的士兵一同被追了回来，全部以叛逃谋逆罪斩首。

　　赵才意识到自己再说下去恐怕会惹恼炀帝，从而带来杀身之祸，于是告辞退出。果然，炀帝开始怀疑起赵才来，并吩咐虞世基派人跟踪监视他。

赵才走后，炀帝又问宇文化及①、宇文智及②等人对迁都丹阳的看法。众人不敢表露出丝毫不满之意，忙回答愿意遵从皇上的旨意。

宇文化及和宇文智及都是宇文述的儿子，曾犯罪该斩，但炀帝念及与宇文述的交情，免除了他们的死罪。宇文述死后，炀帝发现他们兄弟有其父遗风，忠勇能干，加上自己身边缺人，便任命宇文化及为右屯卫将军、宇文智及为将作少监；还让宇文化及承袭其父爵位，掌握侍卫大权。

司马德戡③也是炀帝宠信的一个侍卫将领。炀帝见他们几个都表示了忠君之意，心里踏实了许多，挥挥手说："你们都可以退下了。"

然而炀帝没有注意到宇文化及他们在表示忠心的时候，眼睛里隐藏的那种阴森冰冷的神情，一场大的变乱已在酝酿之中。

臣僚们都走后，虞世基又对炀帝说："陛下，赵才说的骁果思乡，也不全是妄言，还需早作安定之计为好。"

炀帝点点头说："这件事朕也想到了，不知爱卿有什么好办法？"

虞世基沉思片刻，说道："骁果人士都是青壮男子，所谓思乡，不过就是想女人罢了。陛下只需下诏，允许他们在此地娶妻生子。他们有了自己的家庭，就不会再惦念千里之外的妻室，自然也就能够安下心来。"

炀帝听了虞世基的话，连连点头说："此计甚妙，爱卿足智多谋，只是骁果人很多，由谁来为他们牵线说媒呢？"

---

①　宇文化及（？—619年）：代郡武川（今内蒙古武川西）人，隋末叛军首领，许国公宇文述长子。娶炀帝之女南阳公主为妻。炀帝在江都兵变中被杀后，被推为大丞相，后率军北归，被李密击败，退走魏县，自立为帝，国号"许"，年号"天寿"，立国半年，翌年被窦建德击败擒杀。

②　宇文智及（？—619年）：代郡武川（今内蒙古武川西）人，隋炀帝宠臣、许国公宇文述之子。隋末为将作少监，江都之变的主谋。宇文化及称帝后，被封为齐王。与宇文化及同时被杀。

③　司马德戡（580—618年）：扶风雍（今陕西凤翔县南）人，隋朝将领。大业初年，随杨素征讨汉中王杨谅，因功授仪同三司。后来在江都与宇文化及发动兵变，缢杀炀帝，推宇文化及为丞相。他被封为温国公，加光禄大夫。数日后调任礼部尚书，兵权被夺，于是图谋袭杀宇文化及，自立为主。事情败露后，被缢杀。

虞世基摇头说："陛下，无须说媒，陛下只要敕令将扬州城内外的寡妇和未婚女子全部招来，集中在宫监，然后让骁果人士前去挑选为妻即可。"

炀帝觉得这个办法很好，兴奋地说："好，既然这样，这事就交给爱卿办理。"之后便起身向后宫走去。

回到后宫，炀帝吩咐内侍准备酒宴，然后把萧后叫来，要一同饮酒。萧后却滴酒不沾，只坐在一旁看着炀帝一杯接一杯地喝个不停。过了许久，萧后终于忍不住问道："陛下真的要定都丹阳吗？"

炀帝点点头说："天下已经乱成这个样子，怕是不可挽回了，定都丹阳也是无奈之举。"

萧后不无担心地说："可是，臣妾听说军中怨言颇多，恐怕会发生不测。"

炀帝此时已微醉，挥了一下手说："不就是窦贤带了几个人想要逃回关中吗，已经被抓回来斩首了。"

萧后仍然不能放心，说道："恐怕不仅如此，臣妾还听说骁果将士也在密谋叛乱呢。"

炀帝心中一惊，酒也醒了大半，急忙问道："皇后听谁说的？"

萧后回答说："是前天一个内侍告诉臣妾的，他听到军中有几位将领私下议论，好像在密谋什么大事，所以便奏明皇上。"

"哦，原来是谣言啊！"炀帝长长地吁了口气，随后又说，"将造谣者斩首，以正视听即可。"

萧后大吃一惊，说道："皇上怎么不去查明事情真相，反而随便杀人呢？"

炀帝满不在乎地说："一个宫人竟敢乱言朝事，蛊惑人心，当斩。"

萧后不再作声。炀帝又喝了几杯，无意间看到一旁案几上的铜镜，就走过去对着镜子照起来。他捋捋胡须，拢拢头发，将自己打量了好一会儿，转身对萧后说："皇后你说，这么好的一颗头颅，会被谁砍下来？"

萧后正在思索着什么，忽然听到炀帝说出这样的话，惊慌地问道："陛下怎么能说这么不吉利的话呢？"

炀帝收起脸上流露出的悲伤，转而哈哈大笑，说："皇后，人活一世，草木一秋。富贵贫穷，欢乐痛苦，还有那凶吉祸福，都要交替轮回，无须认真，更无须悲伤，还是今宵有酒今宵醉吧！"说着，他又端起满满一杯酒，一饮而尽。

这时，殿外传来一阵歌声，清脆而委婉，是一个女子在吟唱：

河南杨花谢，河北李花荣。杨花飞去落何处，李花结果自然成。

炀帝听到歌声，就说："这是谁在唱反歌？杨花、李花，摆明是在说朕与李渊！"他一边说着，一边走出殿门。夜色朦胧，根本看不见一个人影。他立足细听，那歌声一会儿像在东，一会儿又像在西，飘忽不定，有时还像是来自星光稀疏的天空。

微醺的炀帝跟跟跄跄地踱回殿中，长叹一声道："这是天在唱，天在唱啊！"他索性端起酒壶，张开嘴"咕噜咕噜"地灌了进去。

一壶酒喝尽，炀帝一步一摇地走向书桌，铺开一张方笺，提笔写道：

求归不得去，真成遭个春。鸟声争劝酒，梅花笑杀人。

在炀帝四面楚歌之际，他的亲信、武贲郎将司马德戡却在策划谋反之事。大业三年（607年），司马德戡被授为鹰扬郎将，后又升武贲郎将。炀帝对司马德戡十分信赖，到江都后就让他统领骁果万人驻扎在东城。李渊攻下长安，骁果们都想叛逃回乡。司马德戡听说后就派人秘密调查，并找关系密切的朋友武贲郎将元礼、直阁裴虔通商议，决定把骁果们争取到自己这边来，准备一起叛逃。他们开始秘密串联，又争取到了内史舍人元敏，鹰扬郎将孟秉，符玺郎李覆、牛方裕，直长许弘仁、薛良，城门郎唐奉义，医正张恺等人参与此事。

司马德戡原计划在大业十四年（618 年）三月十五日发动兵变，抢劫十二卫军马，掠夺居民财物，然后结伙西归。宇文智及则认为："现在老天爷都要灭亡隋朝，各地英雄涌起，大约已有数万，既然发动兵变就要成就大业。"司马德戡表示赞同，赵行枢、薛良提议由宇文化及当头领。宇文化及为人胆小，而且没有谋略，听说要拉他下水，吓得头上直冒冷汗，脸都变了颜色，过了好久才答应下来。

司马德戡原想公开叛变，但又怕人心不齐，于是就想用计策来赢得骁果的支持。他对张恺说："你是有名的良医，受到朝廷重用，如果你们出面宣传，众人肯定会信服的。"于是，张恺来到骁果的营地，在认识的人中散布说："皇帝知道骁果都想叛逃，于是令医生酿造了许多毒酒，想在宴会时将大家全部毒死，只让南方人留在江都。"直长许弘仁也帮着传播谣言，骁果们一传十，十传百，发动兵变的形势就渐渐形成了。司马德戡利用士兵们的思乡情结，开始策划谋杀炀帝的计划。

大业十四年（618 年）三月十日，司马德戡召集手下骨干，宣布了行动方案，众人都表示愿意听从。五更时候，司马德戡把军队交给裴虔通，将宫门卫士全都替换成自己的人。裴虔通打开宫门，领了几百骑兵直接来到成象殿。

殿前值夜的是右屯卫将军独孤盛，他是炀帝做晋王时的部下。他的父亲原姓李，在与北齐作战时，被炀帝的外祖父独孤信俘虏，成为独孤家的家丁，并被赐姓独孤。独孤盛见裴虔通率兵进殿，不知发生了什么事。裴虔通说："生米已经煮成熟饭，不关将军的事，一旁待着便是。"独孤盛一听，知道裴虔通已经叛变，大声骂道："老贼，你算什么东西！"恼怒间，他连铠甲都没有顾上披，就领左右阻拦叛军进殿，结果被乱兵杀死。

隋炀帝大舅的儿子独孤开运也在值夜，他领了殿内兵数百人去敲玄武门，并对守门人说："现在装备都很齐全，只要皇帝亲自出来指挥，局面很快就能稳定下来。"守玄武门的都是炀帝亲自挑选的骁勇宫奴，待遇也十分优厚，炀帝甚至把宫女送给他们。但炀帝最信任的一个姓魏的司门已经被宇文化及收买，伪造一道诏书把那些武士全部支出了城，所以也就没有人理会独孤开运。

司马德戡和裴虔通进宫后不见炀帝，便向人打听，有个美人指点说在西阁，裴虔通便让她带路去抓炀帝。

炀帝正在睡梦之中，忽然被一阵嘈杂声惊醒，他急忙坐起，侧耳细听，窗外都是人们的奔走呼号声，伴随着闪烁晃动的火光。他还以为是草料场起火，立刻翻身下床，正穿衣间，一个声音在窗外大喊："陛下，骁果造反，就要冲进来了。"

炀帝跑出西阁，戍卫内侍早已不见了踪影。他又赶到大雷宫，灯火通明的大殿里更是空无一人。他突然明白了，这并不是突发的事变，而是一次谋划已久的反叛，只不过将他一个孤家寡人蒙在鼓里罢了。

炀帝茫然地在椅子上坐下，想理一理思绪，看看如何应对眼前的局势。

"皇上在这里！"随着一声大喊，涌进一群持枪提刀的将士，走在前头的是宇文化及、宇文智及、司马德戡和校尉令狐行达。

炀帝没有看见虞世基，心头一惊，问道："虞世基在哪儿？"

司马德戡说："陛下，虞世基已被斩首！"

"什么！你们……"炀帝恍然大悟，原来造反的正是这一伙人！

宇文化及说："陛下，军中上下见西还无望，不得已才出此下策！"

炀帝说："你们要回关中，朕答应了便是，何必如此兴师动众？行吧，传朕旨意，今天起程，即返长安！"

宇文化及笑了笑说："陛下，现在说这话，您不觉得为时已晚了吗？"

"你，你们要杀朕？朕有什么罪？"

"陛下误国之罪，李密的讨檄中都写得清清楚楚，难道还用得着我们几个再说吗？"司马德戡说着，又抖了抖手里的长刀。

炀帝低下头，轻声说道："朕实在是愧对天下，对不起百姓。可是，你们这些人哪个不是跟着朕享受富贵，如今为何要这样对朕？今天这事，是谁领的头？"

宇文化及说："陛下，普天同怨，并不是一个人的事。"

这时，从殿外传来哭声，炀帝 12 岁的小儿子——赵王杨杲哭叫着跑进来，拨开众人扑向他的父皇。他刚到炀帝膝下，令狐行达手起刀落，把他砍杀在地，鲜血溅了炀帝一身。

炀帝看着心爱的儿子就死在自己膝下，心中悲痛不已。他脸上的肌肉剧烈地抽搐着，双目紧闭，浑浊的泪水从眼角流落下来。

毕竟是帝王胸怀，过了一会儿，炀帝稳定了情绪，睁开眼睛擦掉泪水，质问令狐行达："小儿无辜，为何杀他？"

令狐行达咬牙切齿地说："因为他是败国君王的儿子！再说，这些年无辜死于陛下手中的，又何止一个小儿？"

"这么说，你们是非要朕死不可了？"

宇文化及回答："陛下不死，天下难安！"

炀帝绝望了，平心而论，他早就想过会有这样一天，而且他对生死早已看淡，只是觉得这一天来得太快了些。他平静地说："既然如此，去给朕拿鸩酒来！"

周围的人都站着一动不动。

炀帝气愤地说："天子自有天子的死法，怎么可以锋刃相加！王公诸侯的血流到地上都会使一方大旱，更何况天子之血！"

宇文化及淡淡地说："陛下可以不用流血。"

炀帝懂了，他环顾四周，殿里没有合适的东西，只有自己腰上的一条练带。他双手颤抖着解下练带，交给司马德戡，然后往椅子上轻轻一靠，闭上了双眼。

司马德戡接过练带，在炀帝脖子上缠绕一圈，练带的一头握在自己手里，另一头递给令狐行达。他们相互对视片刻，接着用力一拉，炀帝迅速闭上了双眼，片刻便没有了呼吸。

相传两代，存国 38 年的大隋王朝，就在这一瞬间灭亡了。

天亮后，萧后和一班内侍、宫女拆下漆床的木板，做了一口棺材，把炀帝和杨杲一起，浮厝于西院流珠堂。

义宁二年（618年）五月，隋恭帝被迫禅位于李渊，李渊在长安称帝，正式地建立了李唐王朝，建元武德，是为唐高祖。李世民任尚书令。不久，李渊又立李建成为皇太子，并封李世民为秦王、李元吉为齐王。

唐武德元年（618年）八月，江都太守、后御卫大将军陈稜经唐高祖李渊允许，找到炀帝的灵柩，将他安葬在江都宫西郊吴公台。武德三年（619年），再次改葬于扬州雷塘。这就有了晚唐诗人罗隐的那首诗：

入郭登桥出郭船，红楼日日柳年年。

君王忍把平陈业，只博雷塘数亩田。